EDUCANDO
HIJOS
DEL REINO

TONY EVANS
EDUCANDO HIJOS DEL REINO

DESARROLLE UNA FE VIVA EN SUS HIJOS

TYNDALE HOUSE PUBLISHERS, INC.
CAROL STREAM, ILLINOIS, EE. UU.

Educando hijos del reino

© 2018 Tony Evans.

Un libro de Enfoque a la Familia, publicado por Tyndale House Publishers, Inc., Carol Stream, Illinois 60188, EE. UU.

Enfoque a la Familia y el logo y diseño acompañantes son marcas registradas federalmente de Enfoque a la Familia, 8605 Explorer Drive, Colorado Springs, CO 80920, EE. UU.

TYNDALE y el logotipo de la pluma son marcas registradas de Tyndale House Publishers, Inc.

Visite Tyndale en Internet: www.tyndaleespanol.com y www.BibliaNTV.com.

Originalmente publicado en inglés en el 2014 como *Raising Kingdom Kids* por Tyndale House Publishers, Inc., en asociación con Enfoque a la Familia, con ISBN 978-1-58997-880-5.

Las citas bíblicas sin otra indicación han sido tomadas de la *Santa Biblia*, Nueva Traducción Viviente, © 2010 Tyndale House Foundation. Usada con permiso de Tyndale House Publishers, Inc., 351 Executive Dr., Carol Stream, IL 60188, Estados Unidos de América. Todos los derechos reservados.

Las citas bíblicas indicadas con NVI han sido tomadas de la Santa Biblia, *Nueva Versión Internacional,*® NVI.® © 1999 por Biblica, Inc.® Utilizada con permiso. Todos los derechos reservados mundialmente.

Las citas bíblicas indicadas con LBLA han sido tomadas de LA BIBLIA DE LAS AMERICAS®, © 1986, 1995, 1997 por The Lockman Foundation. Utilizada con permiso.

Las citas bíblicas indicadas con DHH han sido tomadas de la versión Dios habla hoy® – Tercera edición © Sociedades Bíblicas Unidas 1966, 1970, 1979, 1983, 1996.

Las citas bíblicas indicadas con RVC han sido tomadas de la versión Reina Valera Contemporánea © 2009, 2011 por Sociedades Bíblicas Unidas.

Todo uso de cursivas en el texto bíblico fue añadido por el autor para dar énfasis.

El uso de material de diversos sitios de Internet o las referencias a los mismos no implica apoyo a los sitios en su totalidad. La disponibilidad de sitios y páginas de Internet están sujetos a cambios sin previo aviso.

Ninguna parte de esta publicación puede ser reproducida, almacenada en sistemas de recuperación de archivos ni transmitida en formato alguno, así como por ningún medio (electrónico, mecánico, fotocopias, grabaciones o cualquier otro medio) sin previa autorización escrita de Enfoque a la Familia.

Diseño de la portada: Jennifer Ghionzoli

Fotografía de la línea de horizonte © PhotoDisc. Todos los derechos reservados.

Fotografía de la portada por Stephen Vosloo. © Enfoque a la Familia. Todos los derechos reservados.

Traducción al español: Adriana Powell Traducciones

Edición en español: Christine Kindberg

Para información acerca de descuentos especiales para compras al por mayor, por favor contacte a Tyndale House Publishers a través de espanol@tyndale.com.

ISBN 978-1-4964-2853-0

Impreso en Estados Unidos de América
Printed in the United States of America

24   23   22   21   20   19   18
7   6   5   4   3   2   1

*Que nuestros hijos florezcan en su juventud
como plantas bien nutridas;
que nuestras hijas sean como columnas elegantes,
talladas para embellecer un palacio.*

—Salmo 144:12

A mis cuatro hijos maravillosos: Chrystal, Priscilla, Anthony Jr. y Jonathan. Estoy profundamente agradecido a Dios por el honor y el privilegio de haberlos criado y de tenerlos como hijos. Su madre y yo los amamos.

—Papá

CONTENIDO

PRÓLOGO

¿Es usted madre o padre? Si lo es, probablemente se haya dado cuenta: la crianza de hijos no es tan sencilla como solía ser.

Hubo una época en la que tener hijos y educarlos era una experiencia con la que la mayoría de las personas se topaban como algo habitual, casi sin pensarlo. Era parte del orden natural. «Casa sin hijos, higuera sin higos» es lo que decían nuestros abuelos.

En aquellos tiempos, los matrimonios no siempre le dedicaban mucha atención al desafío de llegar a ser padres eficaces. Hacían lo que les era natural. Quizás eso haya sido suficiente en el pasado, pero en la sociedad de hoy, altamente tecnológica, acelerada y moralmente confundida, eso no basta. Hoy en día, las madres y los padres necesitan tener una estrategia, un plan: *especialmente* si son del tipo de padres a los que les interesa educar niños que puedan ser descritos como verdaderos hijos del reino.

Si usted está dentro de esa categoría, este libro es para usted.

«La educación de hijos del reino —dice Tony Evans— implica supervisar de manera intencionada la transmisión de fe de una generación a la otra, de tal manera que los niños aprendan a vivir toda su vida constantemente bajo la autoridad divina de Dios». Eso es algo que nos interesa profundamente aquí, en Enfoque a la Familia. De hecho, las ideas de Tony sobre este tema se ensamblan perfectamente con los objetivos de nuestra iniciativa GEN3, una campaña diseñada para animar a las personas a que formen matrimonios y familias que valgan la pena reproducir *en las próximas tres generaciones*. Es una meta con la que todos podemos entusiasmarnos.

¿Cómo pueden los padres crear en el hogar un ambiente que fomente y facilite este proceso? En las siguientes páginas, el Dr. Evans brinda una respuesta detallada. No nos sorprende que sus estrategias para la crianza de hijos vayan de la mano con los principios bíblicos venerables que hemos promovido en Enfoque a la Familia durante más de treinta años (principios que hemos resumido y definido como «Las doce cualidades de una familia sana»).

La primera de estas cualidades es un *matrimonio fuerte*. El matrimonio merece atención especial por derecho propio, desde luego, pero un matrimonio sólido también tiene un impacto directo sobre el desarrollo de niños sanos.

La siguiente es que las familias florecientes *se comprometen* unos con otros. Toman los pasos necesarios para desarrollar un sentido de «lo nuestro» profundamente arraigado entre ellos. Hacen hincapié en la lealtad, la unidad y la interdependencia, y desarrollan tradiciones y rituales que se convierten en la base para vínculos duraderos.

Estos hogares además están edificados sobre un *cimiento espiritual compartido* que incluye la asistencia a la iglesia, los devocionales familiares y la disciplina moral. Al fin y al cabo, los padres no pueden legar una fe que no posean.

La buena *comunicación* (el compartir sentimientos de manera transparente y habitual) es otra característica importante de las familias del reino. También lo es un sentido fuerte de *estar vinculados*. Los niños disfrutan un alto grado de calidez y de apego en el hogar cuando las relaciones con mamá y papá se caracterizan por el juego, la diversión, el humor, las comidas compartidas y un alto nivel de participación de los padres. Los miembros conectados y comunicativos de la familia aprenden a *honrarse* mutuamente con demostraciones prácticas de amor incondicional, las cuales, a su vez, les dan la *resiliencia* necesaria para poder superar cualquier tormenta. Al tener la capacidad de ser flexibles y adaptables ante las circunstancias, pueden enfrentar los desafíos de la vida de una manera positiva.

Es importante añadir que los hogares que se basan en el amor y en la gracia se caracterizan por *las expectativas y la disciplina coherentes*. Las reglas claramente expresadas suelen producir hijos seguros y responsables. Y cuando los hijos están seguros y son responsables, están dispuestos a *asumir la responsabilidad* con los demás miembros de la familia al trabajar juntos por los objetivos en común.

Si reúne todo esto, lo que obtendrá será un grupo intergeneracional de *individuos sanos* que entienden quiénes son, de dónde vienen sus bendiciones y qué significa ser autónomos e interdependientes al mismo tiempo. Las personas como estas tienen una capacidad única de llegar a otros. Son de *mentalidad comunitaria* en su acercamiento al mundo exterior. Sus relaciones con las personas del otro lado de la puerta de su casa están marcadas por fuertes *habilidades sociales*.

Así es como se ve una verdadera *familia floreciente*. Y de eso trata *Educando hijos del reino*.

¿Quiere saber más? ¡Entonces, ha llegado al lugar correcto! El Dr. Tony Evans conoce el tema al derecho y al revés. Él ha señalado el camino y está listo para guiarlo a un nivel completamente nuevo en la crianza de los hijos y la interacción familiar.

El viaje comenzará cuando le dé vuelta a la página.

—*Jim Daly*, presidente de Enfoque a la Familia

INTRODUCCIÓN

Me criaron para tener un amor por aprenderme de memoria las Escrituras. Cuando Tony y yo criamos a nuestros hijos, nos pusimos de acuerdo en darle prioridad a enseñarles a los niños la Palabra, en el espíritu de Deuteronomio 6. Nuestro objetivo era que la Palabra de Dios fuera un tema de conversación, un símbolo de nuestra cultura familiar y un mensaje que impregnara cada habitación de nuestra casa.

Una de las formas en que lo hicimos fue colgando en las paredes murales artísticos con versículos bíblicos. Yo los compraba y Tony los colgaba. Hoy todavía tenemos las paredes de nuestra casa decoradas con versículos como «En cuanto a mí y a mi familia, nosotros serviremos al Señor» (Josué 24:15), «Dios los salvó por su gracia cuando creyeron» (Efesios 2:8) y, mi favorito: «Yo soy la vid; ustedes son las ramas. Los que permanecen en mí y yo en ellos producirán mucho fruto» (Juan 15:5).

Además de la Palabra, compraba la decoración que resaltara la importancia del hogar y de la familia. Palabras tales como «Lugar de reunión» y «La familia importa» transmitían el alto valor que le dábamos a nuestro hogar. Colgada en una de las paredes de la cocina, hay una obra de arte enmarcada que dice: «Graba en tu corazón que los seres a quienes amas son los regalos más preciosos de la vida». Eso es exactamente lo que procurábamos que nuestros hijos hicieran: amar la vida, amar a Dios y amarse unos a otros.

No solo les transmitimos a nuestros hijos la importancia que tienen Dios y su Palabra, sino que, además, buscamos ayudarlos a entender la importancia individual y única que tiene cada uno de ellos para nosotros y para el reino de Dios.

Hay una colección especial de letreros alineados verticalmente justo al lado de la entrada que divide nuestra sala del pasillo que conduce a las habitaciones. Cada letrero tiene el nombre de uno de nuestros hijos. En ellos, se lee: Anthony, *el invaluable*: «Dichoso el que pone su confianza en el Señor» (Salmo 40:4, NVI); Chrystal, *la que sigue a Cristo*: «Porque para Dios somos el aroma de Cristo entre los que se salvan y entre los que se pierden» (2 Corintios 2:15, NVI);

Priscilla, *llena de honra*: «Pero yo pondré mis ojos en el SEÑOR, esperaré en el Dios de mi salvación; mi Dios me oirá» (Miqueas 7:7, LBLA); Jonathan, *el don misericordioso de Dios*: «El SEÑOR [...] da gracia y gloria. [...] No negará ningún bien a quienes hacen lo que es correcto» (Salmo 84:11).

Ahora, estamos coleccionando obras de arte significativas con mensajes que sean relevantes para nuestros nietos.

Los mensajes inspiradores de la Palabra no solo eran presentados de una manera artística. También comprábamos tarjetas para memorizar las Escrituras y las usábamos con nuestros hijos cuando nos sentábamos a la mesa para cenar. Tony y yo dirigíamos a nuestros hijos mientras leíamos, hablábamos y aprendíamos de memoria muchas de ellas.

Incluso hoy en día, una vez por mes, cuando nos reunimos en familia, nuestros nietos recitan de memoria los versículos que se han aprendido.

Nuestro deseo fue, y sigue siendo, practicar la Palabra de Dios para cumplir los mandatos de Deuteronomio 6 de mantener las palabras de Dios delante de nuestros hijos y aun de nuestros nietos. Tenemos la esperanza de alentarlos siempre a que experimenten a Dios como una parte natural de estar en nuestro hogar. Incluso mientras escribo esta breve reflexión, estoy mirando el cuadro que descansa sobre la repisa de nuestra chimenea, que dice: «El Espíritu de gracia está en el hogar de los Evans — Zacarías 12:10».

—*Lois Evans*

PRIMERA PARTE

CÓMO ESTABLECER UNA MENTALIDAD DEL REINO

1

ESTE NO ES EL REINO MÁGICO

La cosa comenzó como un típico viaje de vacaciones de los Evans. Mi esposa, Lois, y yo reunimos en el carro a nuestros cuatro hijos, los cuales no paraban de crecer, y partimos en una aventura de la carretera. Sonidos de expectativa alegre llenaban al carro porque nuestro destino ofrecía promesas de aventura, fantasía y diversión. Fue el primero de muchos viajes a Disneyland, pero se destaca en mi memoria de manera especial porque la historia que parecía un cuento de hadas estuvo a punto de convertirse en una tragedia.

Era el mes de agosto (mi época de vacaciones), así que las calles y los senderos sinuosos de Disneyland estaban abarrotados de otra gente que disfrutaba de sus vacaciones de verano. El elevado volumen de los visitantes se nos venía encima por todos lados, e íbamos en manada con la muchedumbre. Sentía que andaba caminando más como pato que como humano.

Al caminar pegados unos a otros a la fuerza, íbamos charlando amigablemente. (Esto sucedió antes de que los teléfonos celulares fueran omnipresentes, de manera que mi familia y yo teníamos la cómoda libertad de poder hablar entre nosotros). Las conversaciones animadas iban y venían entre Lois y yo y nuestros cuatro hijos: Chrystal, Priscilla, Anthony Jr. y Jonathan.

Ya que todos los niños tenían la estatura suficiente para subir a la mayoría de las atracciones veloces, disfrutábamos a fondo el rato que estábamos pasando, yo incluido. Pero la alegría desapareció en algún punto entre un lado del parque y otro, cuando nos dimos cuenta de que uno de nuestros hijos había dejado de participar de la conversación. Jonathan, el menor, no estaba con nosotros.

A punto de cumplir siete años, Jonathan nunca nos había dado muchos motivos para preocuparnos. Casi nunca se portaba mal ni requería de atención especial para hacerlo obedecer las reglas familiares. Jonathan tenía (y todavía tiene, al día de hoy) una conducta firme pero dulce. Como era tan obediente, nadie tenía el ojo especialmente atento a lo que él hiciera... ni siquiera yo. Con cada paso que yo daba dentro del Magic Kingdom, me había dejado cautivar más y más por el aroma de la buena comida y por los sonidos de las atracciones y de la música. La promesa de la aventura me devoraba.

No estoy seguro de quién fue el primero en darse cuenta, pero pronto empezamos a preguntarnos: «¿Dónde está Jonathan?», «¿Dónde creen que habrá ido?», «¿Cuál fue el último lugar donde alguno lo vio?».

La preocupación dio paso al pánico cuando la realidad aterradora nos invadió: no encontrábamos a Jonathan en ninguna parte. Rápidamente, nos dividimos en grupos y empezamos a volver sobre nuestros pasos lo mejor que podíamos. Decidimos encontrarnos de nuevo en un lugar elegido, después de un determinado tiempo. Pasaron diez minutos; luego, veinte. Seguíamos sin tener noticias de Jonathan. Nos reunimos, nos separamos y volvimos a buscar.

La preocupación dio paso al pánico cuando la realidad aterradora nos invadió: no encontrábamos a Jonathan en ninguna parte.

Esta vez, le informé a un agente de seguridad, y el personal de Disney también comenzó a buscarlo. Pasaron treinta minutos; luego, cuarenta. Jonathan no aparecía.

El corazón me latía más rápido que nunca. Mis ojos examinaban la multitud mientras buscaba a mi hijo. *¿De dónde salió toda esa gente?*, me preguntaba mientras serpenteaba entre la muchedumbre tan cortésmente como podía con prisa. Habían pasado cincuenta minutos; luego, sesenta. Todavía no había señales de Jonathan.

Los sonidos de las atracciones de pronto se volvieron una molestia. El olor de la comida me daba asco. Lo que había sido un lugar placentero tan solo una hora antes se había convertido en un caos y en un centro de angustia. Me di cuenta de que, sin mi hijo, este no era ningún reino mágico.

Y entonces... ahí estaba, a lo lejos. Cuando lo vi inicialmente, Jonathan estaba mirando unas chucherías en una tienda de regalos, sin darse cuenta de la aflicción a la que nos había sometido a todos. Jonathan se había dejado llevar por el espectáculo, los sonidos y los *souvenirs* que Disneyland había puesto de una forma tan atrayente para que él les prestara atención. Estaba tan abstraído que se había separado para disfrutarlos todos él solo y ni siquiera se había dado cuenta de que se había perdido.

Jonathan me sonrió, y corrí hacia él, queriendo abrazarlo y darle una nalgada al mismo tiempo. Estaba agradecido de que estuviera vivo, pero también estaba decepcionado porque se había separado de nosotros. Con esas emociones contradictorias, lo rodeé con mis brazos. En ese momento, la historia del hijo pródigo se volvió muy real en mi mente. Indudablemente, las semejanzas entre los actos de Jonathan y los del hijo rebelde de la parábola no eran del todo similares, pero el concepto de encontrar al hijo que alguna vez había estado perdido y de correr hacia ese niño con el corazón lleno de frustración y de euforia me pareció mucho más plausible que nunca antes. Mientras Jonathan estaba perdido, yo hubiera entregado cualquier cosa que tenía para encontrarlo. Eso era lo que sentía, a pesar de saber que era él quien había decidido alejarse de nosotros. Eso era lo que sentía, a pesar del remordimiento irritante que tenía por haberme distraído tanto con las actividades que había alrededor de mí como para perderlo de vista. Ambos habíamos contribuido al problema de nuestro propio modo, pero, como padre, yo era el responsable a fin de cuentas.

El camino de la crianza de los hijos del reino

Padres, algunos de ustedes recién están comenzando el camino de educar hijos del reino y tienen los ojos llenos de la alegría de esos padres que se paran en la fila para subirse a una de las atracciones divertidas de Disneyland. Otros padres tienen hijos adolescentes que caminan con el Señor y que van por la buena senda, pero ustedes buscan sabiduría para saber cómo guiarlos

No somos perfectos

por Priscilla Shirer

Mi familia no era perfecta. (Estoy segura de que mi papá y mi mamá estarían de acuerdo con eso). Pero mis padres se ocuparon de que la nuestra fuera una familia sumamente encaminada y con propósito. Trabajaron mucho para crear, intencionada y deliberadamente, un ámbito donde pudieran transmitirnos a mis hermanos y a mí los principios en los que ellos creían.

Sin embargo, es solo por medio de la mirada retrospectiva que llega con la edad que realmente podemos empezar a agradecer y entender el esfuerzo y el impulso que implicaba un proceso como ese. Cuanto más años pasan, más fácil me resulta reconocer el sacrificio y la perseverancia que requiere una crianza de los hijos tan intencionada, por no mencionar lo crítico que es darle a un hijo toda oportunidad de madurar hasta que se convierta en un adulto de bien. En el momento, realmente no lo entendí. Los límites y la disciplina de nuestra educación me parecían estrictos. Pero ahora los entiendo.

Lo entiendo.

Papi y mami nos hicieron vivir en una especie de burbuja. La vida hogareña fue acolchonada con la guía de la Palabra de Dios, la disciplina de las lecciones de vida (como el ahorro de dinero y el dar el diezmo), los modales («¡No apoyes los codos sobre la mesa!») y la ética laboral. Nos divertíamos muchísimo con nuestros amigos, pero jugábamos más en nuestra casa que en las de ellos porque mis padres eran muy cuidadosos acerca del tipo de influencias que pudiéramos encontrar en cualquier otro lado. Por supuesto, eso significaba tener que tomarse el trabajo agotador de limpiar las pisadas llenas de lodo de una docena de niños sudados que entraban y salían de la cocina buscando algo para comer y para refrescarse durante los partidos de baloncesto y de Ping-Pong. Pero nuestros padres tenían un motivo para hacerlo. Y lo hacían por nosotros.

Cuando no estábamos en casa, estábamos en la iglesia o en la escuela: una sencilla y pintoresca escuela cristiana que reforzaba las lecciones que nos enseñaban en nuestra casa. Entramos a la escuela pública durante los años de la secundaria. Pero, aun entonces, mis padres se involucraron mucho en nuestros estudios y en nuestras amistades. Vigilaban, administraban, pastoreaban.

Es como que tenían este *saber* interior, una consciencia profunda e íntima de la cultura. Sabían que su trabajo como padres no podía ser pasivo. Sabían que tenían que luchar agresivamente contra los valores viles y la moral de la gente común, contra la lujuria grosera que trataba de filtrarse en nuestros pensamientos y en nuestro corazón, en nuestras actitudes y opiniones, en nuestros actos y emociones.

Entonces, se pusieron los guantes... y entraron en la pelea.

Y ahora que soy mayor, estoy muy agradecida por ello. Puedo ver todo con más claridad. Reconozco las arrugas que tienen alrededor de los ojos, que fueron talladas por las largas noches y por la disciplina en amor.

De hecho, nunca pensé que diría algo así, pero... yo también quiero tener esas arrugas. Y estoy trabajando lo más que puedo para lograrlas.

Es por eso que, esta noche, voy a sentar a estos tres hijos míos alrededor de la mesa familiar, como lo hacían mis padres, y les enseñaré la Palabra de Dios. No caeré rendida ante la tentación de dormirme y desligarme de su educación, de sus amistades, de sus influencias. Junto con su padre, seré intencionada y decidida en la vida de ellos, en cada uno de los preciosos días que Dios nos permita vivir bajo el mismo techo con ellos, hasta que desplieguen las alas y se vayan de nuestro nido... y se hagan el propio suyo, donde (ojalá) el ciclo continuará.

por la transición de la inocencia juvenil a los tiempos más turbulentos que los esperan en la próxima parte del parque. Y hay otros cuyos hijos pueden haberle dado la espalda al Señor. Su cuento de hadas se ha transformado en una tragedia, y ustedes quieren saber cómo señalarles a sus hijos el camino de regreso a casa. Y otros quizás estén enfrentando los desafíos de tener una familia ensamblada cuyos miembros tal vez no tengan ganas de siquiera estar allí en el parque.

Este libro los encontrará a cada uno de ustedes en un lugar diferente en su trayectoria de crianza. Independientemente de dónde estén, si ponen en práctica los principios que estamos a punto de analizar, disfrutarán de sus frutos en el hogar. Al poner en práctica intencionadamente estos principios, fortalecerán uno de los principales atributos de un hogar sano: la honra. Honrarán a sus hijos dándoles un lugar de mucho valor cuando les concedan el tiempo y la energía necesarios para educarlos bien.

Donde sea que se encuentre en el camino de la crianza de hijos, Dios tiene algo para decirle. Nunca es demasiado pronto ni demasiado tarde para empezar a poner en práctica los principios bíblicos para la crianza de los hijos y ver cómo Dios produce el crecimiento y el fruto. Quizás tenga remordimiento por algo que ocurrió y las malas decisiones que tomó en el pasado, pero ahora no es el momento de dejar de esforzarse. Como dice el dicho: solo un tonto se tropieza con algo que tiene detrás. Aproveche el día de hoy y empiece ahora, si todavía no lo ha hecho. Yo sentí remordimiento de no haber vigilado más de cerca a nuestro hijo menor aquel día en Disneyland, pero eso no significa que no haya hecho todo lo posible por encontrarlo.

Así como Jonathan se dejó llevar por el espectáculo, los sonidos y los aromas del parque, es fácil que los chicos se dejen llevar por lo que nuestro mundo pone delante de ellos de una manera tan tentadora: las redes sociales, la televisión, los juegos y los grupos de sus compañeros. Es posible que ni se den cuenta de que se han apartado del recorrido de la familia. Como padre, su responsabilidad es encontrarlos, guiarlos y traerlos de vuelta.

La crianza de hijos del reino en un mundo caído

Para los padres, es muy fácil dejarse llevar por el espectáculo, los sonidos y los aromas de sus profesiones, del entretenimiento, de la vida social y aun de los compromisos de la iglesia, tanto que pierden de vista a sus hijos, así como me pasó con Jonathan. Porque los padres han desatendido sus responsabilidades hacia sus hijos, hay caos en el reino (vea Isaías 3:12).

Gracias a Dios, la anécdota de haber perdido a Jonathan en Disneyland tuvo un final feliz. Pero no todas las anécdotas de Disneyland terminan así. Esas historias no suelen llegar a los titulares porque los agentes policiacos de relaciones públicas suelen ocultarlas, pero el Magic Kingdom tiene su propia cuota de finales trágicos.

A lo largo de los años, han habido personas que, efectivamente, perdieron la vida en Disneyland o en Disney World. Una visitante murió cuando el cable que retenía un ancla enorme se rompió sobre el barco pirata. Una enfermera certificada presenció la escena y corrió a tratar de salvar a la víctima. Luego, un colega mío que conoce a la enfermera me contó que ella le dijo: «Me tomó completamente desprevenida. En un momento, todo era felicidad y la vida parecía perfecta; y, al minuto siguiente, una mujer se estaba muriendo ante mis ojos. La mañana que te despiertas para ir a Disneyland, no se te ocurre que podrías ir a ver morir a alguien»[1].

Sin embargo, la tragedia no ha alcanzado solo a los visitantes del parque. Gracias al enorme éxito que tuvo Walt Disney, pudo comprar una casa nueva para sus padres en North Hollywood, cerca de los estudios de producción de Disney. Pero, menos de un mes después de haberse mudado a la casa, la mamá de Disney murió asfixiada a causa de una caldera que no había sido instalada correctamente.

Evidentemente, el Magic Kingdom no siempre es tan mágico a final de cuentas.

Tampoco lo es el reino del mundo en el que nacemos, un reino que nos rodea a diario (vea Efesios 2:1-4; Mateo 12:25-26). Así como el mundo ostenta el brillo del éxito y la tentación de la carne, también conlleva una promesa de muerte (vea Proverbios 14:12; 16:25; Mateo 7:13; 1 Corintios 15:21-22). A pesar de esta realidad, hay muchas maneras de quedar fácilmente absortos y distraídos por lo que le atrae a nuestra naturaleza pecadora. No solo podemos perdernos y, por ende, no cumplir con nuestro deber en la crianza de hijos del reino, sino que nuestros hijos también pueden caer en la trampa (vea 2 Timoteo 2:26), particularmente si nosotros, como padres, carecemos de las herramientas y de las capacidades necesarias para criar a

Evidentemente, el Magic Kingdom no siempre es tan mágico a final de cuentas.

nuestros hijos de buena manera porque no tuvimos modelos de una buena crianza de hijos.

Es difícil para un padre o una madre transmitir una fe ajena. La mejor manera de incentivar a sus hijos a tener una fe propia es que ellos sean testigos de la fe de usted: no solo por lo que usted les dice, sino por sus acciones.

También es difícil transmitir los conocimientos prácticos que usted todavía no ha puesto en práctica en sus propias situaciones. Educar bien a los hijos requiere de un crecimiento personal intencionado en el arte de vivir bien, ya que buena parte de la crianza de hijos gira en torno a la capacidad innata del niño de seguir el modelo de los pensamientos y los actos de sus padres. La primera responsabilidad de la buena crianza de hijos es que usted mismo esté en proceso de maduración y desarrollo como una persona sana en todos los aspectos: espiritual, físico, mental y social.

No hace mucho, fui a Baltimore a visitar a mis padres y presencié el daño causado cuando personas jóvenes crían hijos prematuramente. Mientras estaba sentado en el frente de la casa, miraba al barrio en el que había crecido y me llené de tristeza por lo que vi. En los hogares ya no había familias formadas por papá y mamá. Por todos lados, las ventanas estaban tapadas con tablas, un símbolo tangible del estado interior.

No muy lejos de la casa de mis padres, había dos mujeres jóvenes que hablaban en una voz suficientemente alta para que pudiera escucharlas. Ambas eran madres solteras y se quejaban de lo difícil que se les hacía la vida por tener que educar a sus hijos y, a la vez, tratar de sobrevivir.

En medio de la charla, una de las mujeres me miró y me dijo algo; no recuerdo qué. Le respondí y me uní a su conversación preguntándoles cómo se llamaban. Les pedí que me contaran sus historias. Cuando empezaron a hablar, la desesperación se traslucía en sus palabras. Lo que decían estaba repleto de frases tales como «No soy», «No puedo» y «No sé».

—¿Cómo se las arreglan? —pregunté, queriendo saber si la asistencia pública realmente les alcanzaba.

—Mis dos hijos y yo vivimos con mi abuela —replicó una de las mujeres. Hizo una pausa y luego añadió, susurrándome—: Y vendo drogas. Esa es la única manera que conozco para lograrlo.

Su amiga agregó, quizás tratando de ofrecer una coartada:

—No tenemos nadie que nos ayude.

En otras palabras, no tenían ninguna esperanza de un futuro más promisorio para ellas mismas, mucho menos para sus hijos. Al fondo de los problemas de estas dos mujeres (y al fondo del corazón de las personas que hay por todo nuestro país) está la desesperanza que resulta de una crianza deficiente. Somos testigos de una generación de personas sin padres —por negligencia, por abuso o por simple ausencia—, quienes se están convirtiendo ellos mismos en padres. Y, de esta manera, el ciclo se perpetúa.

Ya conoce las estadísticas. Casi el 50 por ciento de niños en los Estados Unidos está creciendo en hogares de madres o padres solteros. Cada año, unos tres millones de niños dejan de asistir a la escuela. El 75 por ciento de todos los crímenes en los Estados Unidos son cometidos por personas que abandonaron la escuela secundaria[2]. Cada año, alrededor de un millón de adolescentes quedan embarazadas, sobrecargando aún más la economía que ya es precaria por los gastos de casi diez mil millones de dólares en impuestos al año[3], por no mencionar el altísimo costo emocional, físico y espiritual que sufren esas madres jóvenes y sus hijos. Las iglesias ya no atraen a nuestros jóvenes como sucedía en el pasado. Como consecuencia, las iglesias en los Estados Unidos cierran sus puertas a un alarmante ritmo de más o menos ocho a diez mil cierres por año[4].

Estos asuntos no son solo problemas urbanos; también sobrecargan a las comunidades suburbanas. En la última década, el consumo de drogas en los suburbios ascendió a más del doble[5]. El homicidio ahora está en segundo lugar entre las principales causas de muerte en los jóvenes entre los quince y los veinticuatro años de edad[6]. El acoso escolar se ha convertido en una epidemia. La desesperanza ha alcanzado un máximo histórico. Los antidepresivos se consumen casi al mismo ritmo que las vitaminas, ya que

Somos testigos de una generación de personas sin padres —por negligencia, por abuso o por simple ausencia—, quienes se están convirtiendo ellos mismos en padres.

más de cuatro millones de adolescentes ingieren algún tipo de medicamento para la mente[7].

No es necesario que repase más estadísticas porque usted ya ha visto las tendencias alarmantes en los noticieros vespertinos, en Internet o en los periódicos. La cultura en la cual estamos procurando educar a nuestros hijos no se parece en absoluto a un reino mágico, a pesar de que se proclame a sí misma como tal en las marquesinas de la vida.

Permítame que ilustre qué quiero decir a través de una historia. Hace mucho tiempo, había un carnicero que vendía carne de cerdo. Nunca había comprado cerdos; sin embargo, mataba cerdos salvajes de a cientos. Un día, un hombre de una localidad vecina le preguntó:

—¿Cómo hace para atrapar a todos esos cerdos salvajes?

El hombre le contestó:

—Es fácil. Coloco afuera un comedero con una gran cantidad de comida, a una altura suficientemente baja para que lleguen los cerditos. Entonces, cuando los cerditos se acercan a comer, sus padres los siguen. Mientras se acostumbran a hacerlo todos los días, yo empiezo a levantar una valla durante la noche. Solo un lado. Cada noche, hago lo mismo, un lado a la vez, hasta que lo único que me queda es una entrada. Después de un tiempo, entran, sin prestarle atención a nada más que a la dulzura de la comida, y yo cierro la entrada sin que ellos se den cuenta de lo que ha sucedido.

Para educar a nuestros hijos con aptitudes no solo para sobrevivir, sino también para prosperar en el mundo, necesitamos educarlos con la capacidad de discernir qué les pone por delante este mundo como anzuelo para hacerlos caer en la esclavitud, ya sea una esclavitud emocional, espiritual, económica o relacional. Tenemos que enseñarles a nuestros hijos cómo encontrar las vallas que Satanás quiere erigir en su mente y en su corazón (2 Corintios 10:5). Necesitamos educarlos en un entorno de discernimiento. Porque, a pesar de que vivimos rodeados de las influencias demoníacas del príncipe de la potestad del aire en un mundo lleno de conflictos, de tentaciones seductoras y de rebeldía, nosotros no pertenecemos a este reino y hemos recibido la capacidad de vencerlo. Pues Dios «nos rescató del reino de la oscuridad y nos trasladó al reino de su Hijo amado» (Colosenses 1:13).

La mentalidad del reino

Padres, ustedes han sido llamados a educar hijos del reino... en el reino *de Dios*. Y su reino funciona de acuerdo con sus normas y bajo su autoridad. En el reino de Dios, él dicta el programa, y nosotros tenemos que promoverlo. En el reino de Dios, la gloria es de él, y nosotros debemos reflejarla. En el reino de Dios, él proporciona la cobertura de pacto, bajo la cual nosotros debemos someternos y prosperar.

La crianza de los hijos del reino implica supervisar intencionadamente la transmisión de la fe de una generación a la otra, de tal manera que los hijos aprendan a vivir consecuentemente toda la vida bajo la autoridad divina de Dios.

El mandamiento «sean fructíferos y multiplíquense» (Génesis 1:28) no fue dado solamente para que los padres tuvieran seres parecidos a ellos. Más bien, fue dado para que *Dios* tuviera seres parecidos a él. La creación de la humanidad fue hecha para que el hombre fuera un portador de la imagen de Dios mismo. Este concepto está plasmado en Génesis 1:26: «Hagamos a los seres humanos a nuestra imagen». Por lo tanto, el destino de las personas en general (y de la familia en particular) es reflejar a Dios en el reino visible con base en su realidad en el reino invisible. Esto obviamente no significa reflejar cómo se mira Dios, ya que ninguno de nosotros sabe qué aspecto tiene él verdaderamente. El sentido de esto es que nosotros debemos reflejar su naturaleza, su carácter, sus valores y sus principios.

Es fundamental que los padres les enseñen a sus hijos la importancia de someterse a la autoridad legítima de Dios en la vida de ellos. Es mediante esa sumisión a él que los padres pueden

La crianza de los hijos del reino implica supervisar intencionadamente la transmisión de la fe de una generación a la otra, de tal manera que los hijos aprendan a vivir consecuentemente toda la vida bajo la autoridad divina de Dios.

tener su mayor influencia e impacto para él. Adán y Eva debían poner a sus hijos bajo el gobierno divino como reflejo de su propia sumisión a Dios, y nosotros, como padres, debemos hacer lo mismo. La familia debe ser la réplica de la imagen de Dios en la historia. Los hijos son portadores de la imagen de nuestro gran Dios y Rey, el cual busca promover el programa de su reino: la manifestación visible de su dominio completo sobre cada área de la vida.

Reino no es una palabra de la que escuchemos hablar frecuentemente en los círculos cristianos; por lo tanto, antes de continuar, permítame establecer la escena. Dios tiene un programa: glorificarse a sí mismo a través del avance de su reino. La palabra griega que usa la Biblia para «reino» es *basileia*, que significa «soberanía» o «poder real»[8]. Intrínseco a este gobierno o soberanía está el poder. Entonces, cuando hablamos del reino, también estamos hablando de un rey y de un soberano que tiene poder.

Ahora bien, si hay un soberano, también tiene que haber:
- gobernados (los que están bajo su gobierno);
- un reino (el ámbito sobre el cual gobierna el soberano) y
- reglas (normas generales que dirijen la relación entre el soberano y los gobernados).

El reino de Dios incluye estos tres elementos. Él es el Soberano absoluto de toda la creación y su autoridad es definitiva.

Al fondo del programa del reino está la realidad de que no hay una división entre lo sagrado y lo secular. Todo en la vida es espiritual porque toda la vida está bajo el gobierno de Dios. Por lo tanto, cada asunto es un reflejo de la naturaleza y de los principios de Dios relativos a esa área específica y, por consiguiente, refleja y promueve los planes de Dios en la historia.

Dios ha puesto a Jesucristo como el soberano sobre todos los reinos de los seres humanos (vea Mateo 28:18; Colosenses 1:13-18). Su reinado debe ser representado a lo largo de la historia a través de quienes forman parte de su reino (vea Mateo 28:19; Efesios 1:22-23).

Y, en caso de que esté preguntándoselo, no existen reinos intermedios. En la creación, solo hay dos gobiernos: el reino de Dios y el reino de Satanás. Usted se somete a uno o al otro. Educar hijos del reino incluye orientarlos hacia el reino de Dios, a los principios de Dios y a la realidad de su programa para el mundo.

Dios los bendijo

Es importante observar que, previo al día en el que Dios pronunció la orden «sean fructíferos y multiplíquense», la Biblia dice que «Dios los bendijo» (Génesis 1:28). En otras palabras, Dios les dio a Adán y Eva todo lo necesario para cumplir lo que les había ordenado. A final de cuentas, la verdadera definición de la bendición es que Dios provee los recursos para que usted haga lo que él le pide. Eso implica tanto disfrutar como extender la provisión de Dios para su vida. La bendición no es solo para los padres; también es para el beneficio de los hijos, los cuales extenderán la imagen de Dios en su pueblo. Esta bendición permitió que Adán y Eva poblaran la tierra y, también, extendieran la bendición de Dios por todas partes para los que vendrían después de ellos al fundar sus propias familias. Esa es la misma bendición que está disponible para usted, en su rol de padre.

Dios instituyó a la familia como un conducto para la bendición, para proveer tanto la oportunidad como el marco dentro del cual los individuos pueden, en conjunto, llevar a cabo el plan de Dios en la historia. Ese plan conlleva, particularmente, la implementación del reinado o señorío de Dios en la tierra. Mi definición de *señorío* significa gobernar en nombre de Dios de manera que toda la vida sea puesta bajo su autoridad. Los hijos son el medio que Dios estableció para someter al mundo bajo el señorío de Jesucristo.

La razón por la que Satanás ataca continuamente a la familia es porque la familia fue creada específicamente como el canal a través del cual el reino de Dios se reproduciría, al ser educados los hijos del reino para convertirse en padres del reino en sus propios hogares en el futuro. Ese es precisamente el motivo por el que tener hijos y criarlos es tan fundamental para el programa de Dios. Dios predijo que la descendencia de la mujer destruiría a la serpiente (vea Génesis 3:15). Y, en el Nuevo Testamento, Pablo escribió que las mujeres se salvarían al tener hijos (vea 1 Timoteo 2:15). Cuando las mujeres dan a luz y crían hijos compasivos, ellas participan del reino de Dios, que domina al reino de Satanás. En este sentido, cuando una mujer del reino trae al mundo una nueva vida y la educa para la verdad de Dios, tiene el privilegio de simbólicamente revertir lo que le ocurrió a Eva en el jardín (1 Timoteo 2:14).

Por medio de la crianza, educamos a hijos del reino para que sean hombres y mujeres del reino, de manera que los propósitos de Dios se manifiesten plenamente en la tierra y para que innumerables otras personas sean guiadas a conocer la salvación de Jesucristo. Entonces, la crianza de hijos del reino es algo más que una responsabilidad social; es, en el fondo, un imperativo espiritual y teológico. Los padres del reino educan hijos del reino para que lleven a cabo los planes y los propósitos que Dios tiene para las familias, no los que propone la cultura. Nuestra cultura está intentando redefinir el matrimonio y la familia de manera que ya no sean un reflejo del diseño de nuestro Señor. Es fundamental que nosotros seamos para nuestros hijos modelos de crianza y de matrimonios consagrados, para que ellos tengan la oportunidad de ver de primera mano cómo son las familias del reino.

Lamentablemente, en la actualidad, nuestra cultura cristiana se ha tragado la manera que la cultura secular redefine a los hijos como una carga más que como una bendición. Si reducimos el tamaño de nuestra familia limitando la cantidad de hijos que traemos al mundo, también reducimos nuestra capacidad de ser bendecidos. Las Escrituras dicen que los hijos son un regalo de Dios. En el Libro de los Salmos, leemos: «Los hijos son un regalo del Señor; son una recompensa de su parte» (127:3). Los hijos son una bendición, pero, irónicamente, son la única bendición que en nuestra vida a menudo procuramos limitar. Pero si consideráramos a los hijos a través del cristal del señorío y de la influencia del reino (como los ve Dios), creo que tendríamos una actitud distinta acerca de cuántos hijos hemos de tener, así como la prioridad que les damos una vez que lleguen.

La crianza de hijos del reino es algo más que una responsabilidad social; es, en el fondo, un imperativo espiritual y teológico.

Sin embargo, para educar hijos capacitados para cumplir con su papel en el reino de Dios, tendremos que encarar nuestra crianza de los hijos intencionadamente. Al fin y al cabo, es mucho más fácil formar a un niño que reparar a un adulto. Y esto es así aun si usted encara solo o sola esta tarea monumental. Muchas personas que leen este libro están criando a sus hijos sin la ayuda del otro padre. Quizás usted enviudó, se divorció, nunca se casó o está casado con un cónyuge que no comparte sus mismos valores, o que no participa en el desarrollo de sus hijos. Cualquiera que sea el caso, deje que las Escrituras lo alienten a saber que usted puede hacerlo bien. Nunca subestime el poder de Dios cuando recurre a él como fuente de fortaleza, sabiduría y provisión (Filipenses 4:13).

La Biblia nos cuenta que Timoteo, uno de los grandes líderes de la iglesia primitiva, tuvo un padre griego que, aparentemente, había rechazado a Dios. Su padre nunca leyó *Un hombre del reino* y, ciertamente, no vivía a la altura de ese título. Aun así, sin embargo, Timoteo terminó sirviendo fielmente a Dios gracias a la influencia de su mamá y de su abuela.

Es mucho más fácil formar a un niño que reparar a un adulto.

Si usted está educando a sus hijos solo, acuérdese de Timoteo. Téngalo presente y recuerde qué hizo Dios por medio de él. Aunque usted sea una madre soltera o un padre soltero, Dios tiene un plan para sus hijos. Encomiende su camino a Dios en todo lo que haga, y sus hijos recibirán los beneficios de tener un padre y/o madre que es un modelo del discipulado bíblico.

Los hijos del reino no necesitan padres perfectos. Los hijos del reino necesitan padres decididos que busquen entender y aplicar los principios de Dios en su hogar. Yo los felicito por elegir este libro y por usar otros recursos para prepararse mejor para ser padres sujetos a Dios.

Que Dios guíe y bendiga su esfuerzo por educar hijos del reino, para que viva la gran dicha de ver a sus hijos y a sus nietos caminando en la verdad de Dios (vea Proverbios 17:6; 3 Juan 1:4) y causando un impacto para el reino. Sin importar cuáles hayan sido sus éxitos o sus fracasos hasta ahora, mi deseo es que este libro lo ayude a alcanzar el siguiente nivel en su meta de educar hijos del reino.

2

Aser y el Elefante

¿Conoce a Mayzie, la pajarita perezosa del libro del Dr. Seuss, *Horton Hatches the Egg* (Horton empolla el huevo)? Ella se quejaba:

Estoy cansada y aburrida.
Tengo calambres en la pierna
De estar sentada aquí, simplemente sentada, día tras día.
¡Es mucho *trabajo*! ¡Cómo lo odio!
¡Preferiría *mucho* más jugar!
Me iría de vacaciones, echaría a volar para descansar,
¡Si pudiera encontrar a *alguien* que se quedara en mi nido![1]

Si alguna vez ha tenido niños pequeños en casa, es probable que les haya leído los libros del Dr. Seuss una infinidad de veces. Tal vez, incluso, ya se sepa algunos de memoria.

El Dr. Seuss combina habilidosamente un estilo juguetón con una sutileza del lenguaje; pero, en general, no es conocido por transmitir enseñanzas morales. Una de las excepciones es *Horton Hatches the Egg*. Este relato ingenioso sobre la crianza de los hijos invita a los lectores a observar los elementos más esenciales de ser padres. En las páginas de este libro, aparecen el compromiso, la capacidad de vincularse, la ternura, la resiliencia, la fuerza, el carácter y la bondad. Posteriormente, esos atributos son transmitidos del padre o la madre al hijo.

Horton Hatches the Egg es el relato de una familia ensamblada. La historia comienza con Mayzie, quien renuncia a la difícil tarea de la maternidad y encuentra a un elefante que puede ocupar su lugar. Horton, un elefante honorable, se sienta durante meses sobre el huevo y repite estos versos, que se han vuelto famosos:

> Quise decir lo que dije
> y dije lo que quería decir. [...]
> ¡Un elefante es fiel
> un ciento por ciento![2]

La vida familiar de Horton con el huevo de Mayzie termina planteándole todo tipo de desafíos. La tarea además lo lleva a muchos lugares inesperados, donde sufre adversidades y hasta tiene que soportar las críticas de sus amigos. Luego, unos cazadores lo capturan, lo meten en un barco (donde vive una peligrosa aventura en el mar) y, finalmente, lo meten en un circo itinerante. Pero Horton se mantiene firme empollando el huevo.

Cuando el circo llega a Florida, Mayzie, quien de manera egoísta ha estado de vacaciones ahí todo ese tiempo, divisa su huevo y decide reclamarlo, ahora que todo el trabajo ha sido hecho.

Sin embargo, cuando la vida que estaba dentro del huevo sale de la cáscara, resulta que se parece a Horton. Se desarrolló con la forma de un ave-elefante. De este modo, Horton y su nuevo bebé son devueltos inmediatamente a la selva para que vivan felices sus días, mientras que Mayzie recibe el castigo por su pereza y su irresponsabilidad.

Es una historia para niños, pero transmite abiertamente un mensaje para adultos: la buena crianza de los hijos es fruto del compromiso, la dedicación, el amor y el arduo trabajo. La buena crianza de los hijos también trae una vida de recompensas.

Las familias ensambladas

Actualmente en los Estados Unidos, la unidad familiar ya no está compuesta fundamentalmente por hijos biológicos en casa. A menudo, tenemos «familias ensambladas», donde uno o ambos padres crían hijos que no engendraron. Estoy muy familiarizado con este concepto porque la familia de nuestra hija Chrystal es una familia ensamblada. Aunque es ideal tener a dos padres biológicos, las características de fondo que hay en un hogar sano no están ligadas solamente a la genética. Más bien, están relacionadas con los principios del reino en cuanto a la crianza de los hijos, los cuales ejemplifica un elefante llamado Horton: el compromiso, la capacidad de vincularse, la ternura, la resiliencia, la fuerza, el carácter y la bondad.

Sea cual sea la conformación de su familia, siempre está la esperanza de que usted puede crear un hogar del reino. Quédese en el nido y descubrirá que los principios de este libro pueden transformar a su familia.

El elefante Horton no es el único elefante que tiene enseñanzas morales para dar. De hecho, podemos aprender mucho de un grupo de elefantes machos adolescentes huérfanos del parque Pilanesberg, en Sudáfrica, los cuales empezaron a comportarse de manera revoltosa. Estos elefantes habían alcanzado una edad con períodos de altos niveles hormonales, lo que causaba que su comportamiento se volviera más agresivo. Como habían quedado sin la influencia de sus padres, estos elefantes machos adolescentes se volvieron sumamente peligrosos: incurrían en conducta violenta de un momento a otro. Los guardaparques decidieron resolver la situación al agregar mentores al ámbito natural de los elefantes.

Cuando los machos adolescentes se separan de la manada en la selva, los machos mayores se convierten en sus mentores. Como consecuencia, los machos adolescentes se someten a la presencia y al poder de los machos mayores que hay entre ellos. De hecho, aprenden a manejar de manera responsable sus incrementos hormonales para que sean productivos para la manada, en lugar de ser destructivos.

Cuando los guardaparques introdujeron a los elefantes machos adultos en el área donde vivían los adolescentes, el resultado fue exactamente el que habían previsto. Donde hubo caos, ahora había calma. Los elefantes «padres» completaron el ambiente para que los elefantes jóvenes recibieran la guía que necesitaban para vivir bien[3].

Aunque no podemos comparar a los elefantes con los humanos en cada punto, los principios evidentes en sus interacciones reflejan lo que los psicólogos observan en los adolescentes actuales. Hay tantos adolescentes que viven una vida caótica simplemente por la falta de involucramiento y entrega de sus padres. La crianza de los hijos es tan esencial para el desarrollo de un niño a hombre y una niña a mujer, que muchos (si no la mayoría) de los problemas que nos hostigan como país hoy en día serían erradicados si solo controláramos ese aspecto. En lugar de esperar que la Casa Blanca o el gobierno arregle todos los males del país, deberíamos ocuparnos de hacerlo en nuestra propia casa. El país marcha como marcha la familia.

Cuando la familia se desintegra, todo lo que debería edificarse sobre ese fundamento sagrado se viene abajo con ella. Y por ello, el reino de Dios en la tierra (formado por el cuerpo de Cristo) está ahora cosechando los frutos de la devastación de la desintegración familiar. Cuando los padres no les dan a los hijos las herramientas necesarias para resistir las embestidas de la cultura, la ola creciente del secularismo arrasa con una generación de hijos como si fueran castillos de arena en las playas de la vida.

> *En lugar de esperar que la Casa Blanca o el gobierno arregle todos los males del país, deberíamos ocuparnos de hacerlo en nuestra propia casa.*

Como vimos con la ilustración de Horton, con los elefantes machos, y de acuerdo con lo que he visto personalmente en muchos hogares ensamblados exitosos, el compromiso familiar es un rasgo que está por encima del ADN y que puede producir grandes resultados. Un fuerte sentido de compromiso es el fundamento de un hogar sólido y plenamente funcional. Los aspectos del compromiso incluyen la dependencia mutua, la lealtad, la honestidad y la confianza, así como el desarrollo de metas y sueños en común como familia.

El compromiso se enfoca en el desarrollo adecuado de un niño. De hecho, el desarrollo de un niño es tan importante que, en tiempos bíblicos, cada vez que un muchacho era apartado para convertirse en rey, muchas personas se ocupaban de formarlo para enseñarle cómo ser el rey. Pero, en algún momento, hemos llegado a convencernos de que los príncipes y las princesas del reino de Dios no necesitan ningún tipo de preparación importante. Tal como lo vimos en la ilustración de los elefantes, el ejemplo dado por los padres y su involucramiento en la vida de los jóvenes causan un impacto. Dicho impacto se ve en la vida de un hombre del cual muchos de ustedes nunca han oído hablar: Aser.

Un fuerte sentido de compromiso es el fundamento de un hogar sólido y plenamente funcional.

La familia ensamblada de Aser

Seamos sinceros: los libros de las Crónicas no son la lectura más fascinante que hay. Pero, escondido en medio de una infinidad de nombres difíciles de pronunciar, está uno de los mayores tesoros que tenemos en cuanto a la crianza de hijos del reino. Se llamaba Aser, que en hebreo significa «feliz»[4]. En 1 Crónicas 7 (así como en Génesis 46:17), leemos la genealogía de sus descendientes. Comienza con sus cinco hijos: cuatro varones y una mujer. Al ser la única niña del grupo, no hay duda de que su hija, Sera, ocupaba un lugar especial en el corazón de Aser. Lo sabemos por diversas razones.

La literatura rabínica judía dice que Sera en realidad era la hijastra de Aser, lo cual convierte a Aser en el padre de una familia ensamblada. Era hija de una mujer llamada Hadurah, quien había enviudado joven. La historia relata que Hadurah se casó con Aser cuando Sera tenía solo tres años y que él la crió como si fuera su propia hija.

Tan amada y bien recibida fue Sera en la familia que es la única nieta mencionada en todo el linaje de Jacob, su abuelo.

Sin embargo, la piedad y la virtud no eran características que Aser pudiera haberse atribuido cuando era joven, aunque posteriormente vivió una vida marcada por una gran sabiduría. En su juventud, Aser hizo algo terriblemente malo, de acuerdo con el criterio de cualquier persona. Participó de la conspiración egoísta y despiadada de lanzar a un pozo a su medio hermano, José, y luego venderlo como esclavo a una caravana nómada que se dirigía hacia Egipto.

Quizás debido a su propia maldad en el pasado, la culpa que le sobrevino al ver el sufrimiento de su amado padre y el hambre que padeció su pueblo al comienzo de los siete años de sequía, Aser vivió una transformación. Quizás fue algo que le sucedió cuando vio el ejemplo del espíritu caritativo, misericordioso y lleno de gracia que tuvo José para con su familia. No sabemos qué fue lo que realmente produjo su transformación, pero lo que sí conocemos es el legado de gran sabiduría, fe, carácter y servicio que dejó para su pueblo. Es un legado que ha impactado a sus descendientes por generaciones.

El legado de Aser debería darnos esperanza, especialmente a quienes posiblemente no comenzaron la crianza de los hijos con el pie derecho. Aser cometió errores al principio: grandes errores que perjudicaron a su familia de origen. Ciertamente no tenía todo bajo control. Además, se crió en uno de los hogares históricamente más disfuncionales que haya registrado la Biblia. Sumado a todo eso, tuvo la carga de su propia familia ensamblada (de cuatro hijos y una hijastra), y además se casó con una mujer que ya había estado casada. Quizás, para la mayoría, Aser no llegaría a producir nada duradero.

Pero lo hizo. De hecho, el suyo es un legado inmenso y un modelo para los padres del reino en la actualidad.

Ese legado está registrado para nosotros en 1 Crónicas 7:40, donde podemos leer: «Cada uno de estos descendientes de Aser fue cabeza de un clan patriarcal. Eran todos hombres selectos, guerreros poderosos y líderes destacados. El número total de hombres disponibles para el servicio militar era veintiséis mil, tal como aparecen en sus registros genealógicos».

No me sorprende que Aser fuera un hombre feliz. No miraba a sus cinco hijos como si lo sacaran de quicio. Más bien, fue un hombre satisfecho que cuidó de manera intencionada a sus hijos y a los que estaban a su cargo. Como consecuencia, él y sus descendientes realmente vivieron el resto de su vida conforme con la bendición de su padre: «Moisés dijo lo siguiente sobre la tribu de Aser: "Que Aser sea más bendito que los otros hijos, que sea estimado por sus hermanos, que bañe sus pies en aceite de oliva. Que los cerrojos de tus puertas sean de hierro y de bronce, que vivas protegido todos los días de tu vida"» (Deuteronomio 33:24-25).

Educando líderes

El primer principio sobre la crianza de los hijos que podemos aprender de la vida de Aser es que sus hijos fueron «cabeza de un clan patriarcal». Aser crió a sus hijos, y también a su hija, para que fueran líderes. No se dedicaban a holgazanear, comer y ocupar un espacio en la casa. Según 1 Crónicas 7:40, estos hombres maduraron para cumplir con un rol de liderazgo. (En la Biblia, «ser cabeza» se refiere a un lugar de liderazgo dentro del hogar). Aser tomó en serio su rol como cabeza de hogar, y así formó líderes que dirigieran a sus propias familias a su vez.

Como líderes, Aser y sus hijos marcaron las pautas y el rumbo para sus hogares y para las generaciones siguientes. Una de las peores cosas que le puede pasar a una familia es que los padres y las madres no cumplan con sus roles de liderazgo. Quieren ser llamados padres y madres sin dedicarse a la crianza. Pero «ser cabeza» en la Biblia no es un título; es una responsabilidad. Para reivindicar ese título, el líder debe sostener la responsabilidad que conlleva.

No puedo decir que quiero ser un predicador y no querer predicar. No puedo decir que quiero ser pastor y no querer pastorear a mi congregación. Sería aceptar el título y abusar de él. De la misma manera, los padres y las madres tienen que cumplir con las responsabilidades que vienen con el rol, y eso incluye preparar a los hijos para que hagan lo mismo.

En segundo lugar, Aser crió a sus hijos para que sobresalieran en todo. Es algo que podemos captar de la terminología con la que se les describe en su presentación. La Biblia dice que eran hombres «selectos». En la cultura histórica judía, era excepcional que se registrara mucho sobre las mujeres, pero, teniendo en cuenta otros versículos que se refieren a Sera, podemos inferir que ella también llegó a convertirse en una mujer selecta.

Los descendientes de Aser pasaron a convertirse en hombres «selectos»; estas personas crecieron hasta llegar a ser de lo mejor en todo lo que hacían. Aser y su esposa educaron hijos selectos, que tenían un firme carácter ético y aceptaban sus responsabilidades. Tenían pautas exigentes que no les permitían conformarse con la mediocridad. Como padres, probablemente hayan transmitido sus altas expectativas a sus hijos. Las expectativas claramente expresadas, junto con un seguimiento consecuente, producen hijos responsables.

Ellos me dicen «mami»

por Chrystal Evans Hurst

Ellos me dicen «mami». Es una palabra de cuatro letras que mis hijos usan todo el día, todos los días, cientos y miles de veces por día. Significa...

Te necesito...

Me duele...

Ayúdame...

¿Podemos hablar?

Ámame... y...

¿Qué hay de comer?

Usan esa palabra con mucha libertad. La usan un montón. La usan cada vez que necesitan encontrarme.

¿Por qué? Porque saben que yo tengo la clave.

Saben que tengo la clave para cualquier cosa que pueda aparecer en sus platos para la cena de esa noche.

Saben que, si hay alguien que puede sacar esa astilla, soy yo.

Saben que si alguien los va a amar, soy yo.

Pero ese simple nombre significa muchas cosas más. Significa que yo soy la responsable, junto con mi esposo, de enseñarles a ser rectos. Significa que tengo que formar su corazón y su carácter de tal manera que los prepare para los planes que Dios tiene para su vida. Significa que aprenderán de mí cómo educar a sus propios hijos algún día.

Y eso da miedo.

Es un poco inquietante pensar que uno podría malograr a sus hijos, ¿no?

Sé que no soy perfecta, pero, de cierto modo, ese hecho se ve sumamente magnificado bajo la lupa del rol que juego en la vida de mi familia.

La historia de Aser me reconforta. Él tampoco hizo las cosas como se deben desde el principio.

Y, después, cuando creció y se hizo un hombre, no logró tener una familia idónea. Pero eso no impidió que sus hijos se convirtieran en líderes distinguidos por su valentía, su excelencia y su influencia.

Mis padres hicieron un excelente trabajo al criarnos. En serio, lo hicieron. Ellos le dirán que no tienen muchos remordimientos. Es maravilloso escuchar eso.

Pero yo quiero animar a quienes tal vez estén leyendo este libro de educar hijos del reino y están pensando: *Bueno, esto no aplica para mí. Yo malogré demasiado la cosa como para ser una influencia positiva en la vida de mis hijos.*

Fíjese en Aser.

Él también metió la pata. Después de tomar malas decisiones, se entregó a hacer bien las cosas para seguir adelante.

Fíjese en la familia ensamblada.

Una familia perfectamente nuclear no fue un prerrequisito para que Dios obrara por medio de Aser para traer al mundo personas consagradas.

Fíjese en el impacto.

Como le escuché decir a mi padre muchas veces: «Dios puede dar en el blanco con un palo torcido». Y, a pesar de que Aser (y quizás usted y yo) tal vez no haya tenido un buen comienzo, Dios puede hacer milagros.

Entonces, en la medida que avance en la lectura de este libro y vaya armándose de conocimiento para su recorrido en la crianza de hijos...

Sepa que, cuando sus hijos le llamen, «mami» y «papi» no son títulos para tomarse a la ligera.

Usted no es cualquiera.

Usted tiene un lugar decisivo y un valor importante en la vida de sus hijos, ahora y en el futuro que vivirán.

Y, si elige tener un hogar del reino, empezando a partir de ahora mismo, podrá causar un impacto más grande de todo lo que pueda imaginar.

Estos hijos no fueron de los que tratan de arreglárselas mientras se quedan a vivir con mamá y papá mucho después de haber llegado al punto de desarrollo físico que les permite poder trabajar y ganarse su propio sustento. Tampoco fueron jóvenes adultos que postergaban todo lo posible sus responsabilidades en la vida, dedicándose a obtener un título universitario tras otro. Aser no crió a sus hijos para que fueran así. Al contrario, los crió con un espíritu de excelencia e integridad. A pesar de que él no tenía los mejores

Las expectativas claramente expresadas, junto con un seguimiento consecuente, producen hijos responsables.

antecedentes, procuró superar su propia naturaleza, encaminando a sus hijos a un plano más alto del que él había vivido.

Padres del reino, si están satisfechos con que sus hijos sean mediocres, entonces es probable que lo único que resulte sea mediocridad. Si no suben el estándar, ¿de qué manera vivirán sus hijos algo mejor? Corren el riesgo de que sus hijos se conviertan en adultos mediocres que se casarán con cónyuges mediocres porque es lo único que conocen y entienden. Pero si ustedes suben el estándar, ¿qué podría pasar? Sus hijos podrían volverse como los hijos de Aser. Podrían educarlos para que sean lo mejor de lo mejor, para que apunten a la excelencia en todo.

En esta época, en una sala llena de personas y sin asientos disponibles, me sorprende que los hombres dejen que las mujeres se queden paradas durante un largo rato. Mi padre me hubiera reprendido severamente si yo alguna vez hubiera dejado de pie a una dama por mucho tiempo mientras yo me quedaba sentado. Hoy en día, tenemos una generación de niños que están creciendo sin la mínima noción de etiqueta, de cortesía básica, respeto, honra, excelencia e integridad. ¿Por qué? Porque tenemos una generación de padres tan distraídos por los espectáculos, los sonidos y los aromas de las aventuras de la vida que, así como si nada, se conforman con la mediocridad de su propia vida y la de sus hijos. Así es más fácil. Sin embargo, los niños banales normalmente se convierten en adultos banales... y, a la larga, eso no es más fácil en absoluto.

Obviamente, no todos van a sobresalir en todo. Educar hijos del reino que son «selectos» significa que aprovecharán al máximo su potencial personal y los dones que Dios les ha dado. Tal vez no sean los mejores de la clase en todas las materias, pero, sea cual sea la finalidad para la que Dios los creó, lo harán con cierta excelencia, y todo lo demás lo realizarán lo mejor que puedan.

La tercera lección que podemos aprender es que Aser crió guerreros. Según 1 Crónicas 7:40, Aser educó «guerreros poderosos». Esta es la descripción de hombres de valor, dispuestos a arriesgarse para la mejoría del conjunto. Otra traducción dice «fuertes y valientes» (LBLA). Una persona valiente está dispuesta a tomar una posición cuando es necesario tomar una posición. Aser crió hijos que se transformaron en adultos con convicciones.

Demasiados hijos nuestros se rinden ante la presión de sus pares en lugar de mantenerse firmes en el combate. Son indecisos, y pocas veces, o nunca, toman una posición ante algo. Para educar hijos del reino, debemos infundirles un corazón valiente, un espíritu que se mantenga fuerte a pesar de los retos y de los enemigos que puedan llegar a enfrentar en un día cualquiera. Las Escrituras nos dicen que Satanás «anda al acecho como un león rugiente, buscando a quién devorar» (1 Pedro 5:8). Un hijo del reino debe estar adecuadamente provisto de conocimiento y de sabiduría para la batalla espiritual que lo rodea. Aser educó hijos que estaban preparados.

Por último, Aser educó hijos que servirían a otros. Llegaron a ser mentores. Leemos que eran «líderes destacados» o «jefes de príncipes» (LBLA). Fundamentalmente, Aser fue un mentor de líderes, quienes luego ocuparon puestos de influencia en el reino como mentores de otros. Un príncipe es un rey en espera. Al educar a príncipes, los hijos de Aser influyeron en la sociedad. Padres, recuerden que las familias fuertes siempre están relacionadas con la comunidad de alguna manera. Un hogar sano no es un hogar aislado; es un hogar en el que los miembros de la familia reciben el estímulo para involucrarse en las actividades locales, así como en las oportunidades de servir a la comunidad y más allá de la misma.

Los hijos de Aser no solo se cuidaban a sí mismos (hombres selectos), a sus propios hogares (cabezas de clanes patriarcales), a sus propias comunidades (guerreros poderosos); también se ocupaban de su país (líderes destacados). Aser crió hijos del reino que entendían que la estabilidad y el avance del reino comenzaban con ellos y se difundían por medio de sus familias a sus congregaciones y a sus comunidades y, por último, causaban un impacto en su país.

Lamentablemente, muchos padres y madres de hoy han perdido de vista el impacto a largo plazo que sus hijos causarán algún día. Como consecuencia, algunos padres y madres pasan más tiempo entrenando a sus perros que a sus hijos. Pocas veces juegan con ellos, estudian la Biblia con ellos, los llevan a la iglesia, hablan de lo que les enseñaron, los corrigen cuando están equivocados, les dan una visión y algo con lo cual soñar, desarrollan su carácter, les inculcan virtudes piadosas, etcétera. No hacen estas cosas, o las hacen a medias, y después se preguntan por qué sus hijos terminan así. En lugar de disfrutar los ciclos generacionales de victoria que vivieron Aser y su esposa, terminan cayendo en ciclos generacionales de fracaso, los cuales sus hijos transmiten a sus nietos, y el ciclo continúa. En lugar de transmitir patrones positivos, transfieren un ADN de derrota.

Primera de Crónicas 7:40 concluye con este resumen de la exitosa crianza de los hijos: «El número total de hombres disponibles para el servicio militar era veintiséis mil». Recuerde que Aser solo tuvo cuatro hijos y una hija. Sin embargo, cuando esos cinco hijos criaron a sus propias familias, hubo 26.000 hombres selectos y valientes (sin incluir a las mujeres valientes que, sin duda, también había).

Algunos padres y madres pasan más tiempo entrenando a sus perros que a sus hijos.

Nunca olvidaré el nacimiento de mi primer hijo. Nuestras dos hijas nacieron primero, así que cuando Lois dio a luz la tercera vez, yo estaba sentado ansiosamente en la sala de espera afuera de la sala de partos con mi mente fija en una sola cosa: ¿será un varón esta vez? Yo quería desesperadamente tener el legado de un hijo. Cuando lo vi por primera vez, estaba tan emocionado que, sin siquiera pensarlo, se me escapó: «Se llama Anthony Tyrone Evans Jr». Le puse mi nombre porque estaba muy emocionado de tener el legado de un hijo.

A medida que fui madurando, Dios comenzó a desarrollar en mí la habilidad de ver su creación más como él la ve. Dios obró en mí para que yo empezara a pensar como un rey. El legado es mucho más que el simple hecho de continuar el apellido de la familia. El legado implica transmitir la cosmovisión y la perspectiva del reino, ya sea a hijos o a hijas. Tal vez porque en la cultura estadounidense pensamos que nuestras hijas crecerán y adoptarán el apellido de otro, no siempre las vemos a través del cristal de dejar un legado. Sin embargo, cuando vivimos como padres con la perspectiva del reino, entendemos cada vez mejor que no solo estamos transfiriendo nuestro apellido a través de nuestros hijos; estamos transfiriendo el nombre de Dios, su carácter y el programa que él tiene para su reino. Les recordamos a nuestros hijos que ya no llevan solo nuestra sangre en sus venas; tienen la sangre de Dios, sangre de realeza.

Muchos de nuestros hijos posiblemente también tengan que luchar con problemas de identidad étnica. Una de las lecciones más importantes que mi padre me inculcó durante mi infancia, mientras crecía en un país desgarrado por la desigualdad racial y la injusticia, fue que yo no debía identificarme en primer lugar según mi identidad étnica, sino por mi ciudadanía en el reino. Mi padre siempre me enseñó a recordar que, como ciudadano del reino y como hijo del Rey, sangre real corre por mis venas. Si las personas me insultaban o me trataban injustamente, él siempre me recordaba que eso no era el reflejo de quién era yo; solo quería decir que ellos no se daban cuenta de que yo era un príncipe del reino de Dios.

Padres, actualmente en nuestro país hay un mundo de príncipes y princesas que no tienen a nadie que les diga realmente quiénes son, como mi padre me lo decía a mí o como Aser se lo dijo a sus cuatro hijos, a su hijastra y a todos sus nietos. Nadie estudia la Biblia con ellos, ni los llevan a la iglesia, los corrigen cuando se equivocan, los instruyen acerca de la vida, les enseñan cómo tratar a los demás ni les dicen qué significa ser responsables y tomar decisiones sensatas. Esto ha resultado en una especie de castración espiritual en nuestros varones jóvenes y de infertilidad espiritual en nuestras mujeres jóvenes. Esta cultura les ha quitado su realeza sin ni siquiera reconocerlos como príncipes y princesas.

> *Mi padre siempre me enseñó a recordar que, como ciudadano del reino y como hijo del Rey, sangre real corre por mis venas.*

Hoy en día, nuestro país necesita hombres y mujeres que cumplan con el llamado supremo de ser padres y madres del reino. Nuestro mundo necesita padres y madres que actúen como escoltas para guiar prudentemente a sus hijos hacia el futuro mientras se ocupan, a la vez, de la transferencia de la fe según el pacto. Padres y madres que, como en el juego de damas, caminen con sus hijos a través de la vida hasta que finalmente alcancen su meta: el momento cuando cada hijo e hija pueda pararse con la cabeza bien erguida y decir: «Coróneme».

Y, de allí, a repetir el mismo ciclo en sus propio hogares.

Es un elefante

Un día, un padre decidió llevar a su hija al zoológico. La niña le preguntó si podía invitar a algunas amigas, y su padre estuvo de acuerdo; así que invitó a diez amigas para que los acompañaran. En el zoológico, las pequeñas corrieron hasta donde estaban ofreciendo paseos sobre los elefantes. Entusiasmada, la niña comenzó a saltar de alegría y le preguntó a su padre si podían subir todos a dar un paseo en elefante. El padre miró el precio, lo multiplicó por once y negó con la cabeza.

—Es demasiado caro —dijo.

—¿Demasiado caro? —respondió la hija—. Pero, papi, es un elefante.

—Sí —dijo él—, pero cuesta mucho dinero.

—Lo sé, papi —dijo ella—, pero eso es porque es un elefante.

El padre miraba el precio. La hija miraba el tamaño. A él le parecía demasiado caro porque solo veía el costo, pero a ella no le parecía tanto comparado con el tamaño del elefante. Padres, educar hijos del reino cuesta mucho tiempo, energía, inversión y muchas otras cosas, pero cuando usted deje de mirar el precio y, en cambio, se fije en el tamaño del legado que está produciendo, se dará cuenta de que vale todo lo que pueda invertir.

3

LOS HEREDEROS NATURALES

Hoy en día, vivimos en el mundo de la subcontratación. Todo, desde la fabricación hasta el servicio al cliente y desde la programación de computadoras hasta el desarrollo de páginas web, suele ser enviado al exterior por las grandes corporaciones que necesitan limitar sus nóminas de sueldos, sus costos en recursos humanos y el espacio destinado para oficinas. Como las opciones de subcontratación se han multiplicado, hasta las empresas pequeñas ahora la consideran una alternativa viable para reducir costos y, a la vez, ampliar los ingresos netos.

Sin embargo, reflexione conmigo qué pasaría si el duque y la duquesa de Cambridge optaran por externalizar la crianza y la instrucción de su pequeño, el príncipe George. ¿Qué sucedería si confiaran la enseñanza y el cuidado principal solamente a niñeras situadas fuera del palacio? Los medios de comunicación lo aprovecharían al máximo, pero eso no es todo: el príncipe George no recibiría la formación adecuada que necesita para alcanzar, algún día, todo su potencial como el heredero natural de Gran Bretaña.

Aunque los niños no siempre hacen lo que se les dice, sí harán lo que vean hacer. Para que el príncipe que está en la línea sucesoria al reinado sepa cómo cumplir su rol, tanto en el palacio como fuera de él, el príncipe George necesita la guía y el modelo de su padre, William. También necesita la devoción y la crianza que le da su madre, Kate.

Educar hijos del reino implica algo más que simplemente externalizarlos al mandarlos a la escuela dominical los fines de semana y a la escuela durante la semana. Se necesita algo más que acceso a la televisión o a los grupos de jóvenes de su edad. Implica algo más que lo que sus hijos aprenderán nave-

Aunque los niños no siempre hacen lo que se les dice, sí harán lo que vean hacer.

gando por Internet o mandándose mensajes por celular con sus amigos. Para que usted pueda educar debidamente a su hijo como el heredero o la heredera natural que es, necesitará tiempo, atención, inversión y preparación. Las familias sanas deben ser intencionadas para transmitir las cualidades necesarias para que ellos prosperen en las relaciones, en el trabajo, en la moral, en los buenos modales y en el liderazgo, así como en la realización personal y en el propósito para su vida.

Se dice que a comienzos de la monarquía británica, el heredero natural recibía un tipo de educación completamente diferente al resto de sus hermanos. Desde muy pequeño, este niño era rodeado de éxito para inculcarle la mentalidad de liderazgo triunfante. Por ejemplo, los juegos eran arreglados para que el niño siempre ganara, generando de este modo la confianza necesaria para cuando llegaran después las guerras que debería pelear. La monarquía dedicaba una instrucción diversa e intencionada dirigida a preparar al joven heredero para su ascenso definitivo al trono.

Nuestro Rey tiene un reino, y sus hijos tienen un lugar importante en él: una posición que requiere de una instrucción y una preparación especializadas para que ellos experimenten una vida victoriosa en el reino. Cuando sus hijos confían en Jesucristo como su salvador, acceden a un puesto de realeza y de sacerdocio, y se convierten en herederos o herederas junto con Cristo. En el libro de Romanos, leemos: «Pues su Espíritu se une a nuestro espíritu para confirmar que somos hijos de Dios. Así que como somos sus hijos, también somos sus herederos. De hecho, somos herederos junto con Cristo» (8:16-17).

Primera de Pedro 2:9 dice: «Ustedes [...] son un pueblo elegido. Son sacerdotes del Rey, una nación santa, posesión exclusiva de Dios».

Y en Apocalipsis leemos: «Y la has transformado en un reino de sacerdotes para nuestro Dios. Y reinarán sobre la tierra» (5:10).

Cuando usted mira el rostro dulce y angelical de su hijo pequeño, no solo está viendo a un angelito; está contemplando realeza. Y, como miembro de la realeza, su hijo necesita recibir la preparación adecuada para un monarca del reino de Dios. Recuerde que en la medida que las piernas de los niños se estiran, sus alas se acortan. Por lo tanto, necesitarán la mentalidad para vivir de acuerdo con el reino de manera sana, como fundamento para poder navegar por la vida con una naturaleza pecaminosa que tiene el potencial de descarrilarlos y en un mundo cuyo objetivo es derrotarlos.

Sobrevivir y prosperar

Una de las enseñanzas más fundamentales sobre cómo educar hijos del reino se encuentra en el libro de Deuteronomio. Los israelitas están a punto de entrar a la Tierra Prometida. Y aunque la Tierra Prometida alberga muchas promesas y mucho potencial, también ampara una multitud de verdaderos desastres. Los cananeos, los hititas, los jebuseos y demás están en el territorio, dispuestos y capacitados para defenderlo de ser conquistado. Las dificultades rodean al pueblo de Israel, y el choque cultural los aguarda. Por eso, Moisés les indica que si no quieren solo sobrevivir sino además prosperar, en esta tierra de oportunidades, la familia debe convertirse en el lugar principal donde la fe sea transmitida. Para lograrlo de generación a generación en esta tierra, tendrán que lograrlo de una generación a la otra en sus hogares.

El punto de partida para transmitir la fe es, desde luego, la salvación de sus hijos. Lo mejor que los padres pueden hacer por sus hijos es llevarlos al Señor. En cuanto su hijo tiene la capacidad cognitiva de entender tanto el pecado como el evangelio, usted tiene la oportunidad de guiarlo o

Para lograrlo de generación a generación en esta tierra, tendrán que lograrlo de una generación a la otra en sus hogares.

guiarla para que conozca la salvación a través de Jesucristo. Sin embargo, sea prudente para no precipitar este proceso; muchos niños no recuerdan su experiencia de salvación porque eran demasiado pequeños cuando sucedió. Mientras usted procura transmitirles el evangelio, los niños necesitan realmente entender por cuenta propia el pecado y su necesidad de ser perdonados. Además, después de que sean salvos, asegúrese de no presionarlos para que se bauticen, sino deles la oportunidad de que comprendan completamente lo que expresa públicamente el bautismo. De esta manera, ellos pueden iniciar su declaración de fe y, también, podrán recordarla cuando crezcan.

La razón principal por la que estamos perdiendo a nuestros jóvenes actualmente es porque el hogar ya no es el lugar donde se transmite la fe. Padres, el propósito más importante del hogar es la evangelización y el discipulado de sus hijos. Ustedes no pueden dejar en manos de terceros este componente vital de la crianza de sus hijos. El discipulado de sus hijos e hijas requiere tiempo y dedicación, a pesar de que su tiempo y su dedicación estén repartidos en muchas otras cosas en este momento. Yo luché mucho en esta área en los primeros diez años de nuestra familia. Me costó mucho decidir dónde debía invertir mi tiempo y con qué comprometerme, en gran medida porque tengo esto de la «hombría» en mi personalidad: si yo puedo hacer algo, no quiero que otro hombre lo haga en mi lugar. Hasta el día de hoy, no permito que el botones lleve mi equipaje cuando viajo. Cuando se acerca para recogerlo, pienso: *¡No necesito que levantes algo por mí! ¡Suéltalo... yo puedo solo!*

Por ese motivo, yo intentaba cumplir con todas las otras responsabilidades de la casa (cortar el pasto, cambiar el aceite del carro, reparar cosas), aunque mis energías y mi tiempo eran escasos porque estaba comenzando una iglesia, dirigiendo a mi familia, asistiendo al seminario y sirviendo a las personas. Finalmente, un día tuve que dar un paso atrás y reconocer que era demasiado. Era más de lo que podía hacerme cargo. En ese momento, decidí pagar a alguien para que hiciera las cosas que no requerían que yo las hiciera personalmente, como cortar el pasto, reparar las cosas de la casa y hacer el mantenimiento del carro. Y, aunque me costó aceptarlo, fue una decisión que tuve que tomar para desocupar mi tiempo y poder concentrarme en las cosas que necesitaba hacer, como enseñarles la Palabra de Dios a mis hijos con regularidad. Ese no es un llamado insignificante, y demanda tiempo y dedicación.

Leamos lo que dijo Moisés:

> ¡Escucha, Israel! El Señor es nuestro Dios, solamente el Señor. Ama
> al Señor tu Dios con todo tu corazón, con toda tu alma y con todas
> tus fuerzas. Debes comprometerte con todo tu ser a cumplir cada
> uno de estos mandatos que hoy te entrego. Repíteselos a tus hijos
> una y otra vez. Habla de ellos en tus conversaciones cuando estés en
> tu casa y cuando vayas por el camino, cuando te acuestes y cuando
> te levantes. (Deuteronomio 6:4-7)

Moisés dijo que los padres tienen que enseñarles a sus hijos con esmero
y continuamente: cuando estén sentados en casa, cuando salgan a caminar,
cuando vayan a la cama y cuando se levanten. Esa lista resume prácticamente
cada momento posible. Sin embargo, para la generación actual de padres,
el hogar ya no es el principal lugar para el desarrollo espiritual. Educar a su
hijo es mucho más que educar a su hijo. Se trata de formar el futuro. Moisés
comenzó sus instrucciones declarando que esto se trata de una tarea multi-
generacional que conlleva una promesa orientada al futuro. Mire los primeros
dos versículos de Deuteronomio 6:

> Esos son los mandatos, los decretos y las ordenanzas que el Señor
> tu Dios me encargó que te enseñara. Obedécelos cuando llegues a la
> tierra donde estás a punto de entrar y que vas a poseer. Tú, tus hijos
> y tus nietos teman al Señor su Dios durante toda la vida.

La tarea de ser padres del reino es impartirles a sus hijos la cosmovisión bíblica; ellos, en su momento, les comunicarán la misma cosmovisión bíblica a sus nietos para que sea realizada en el futuro, de manera que las generaciones venideras no solo sobrevivan, sino que también prosperen.

Educar a su hijo es mucho más que educar a un hijo. Se trata de formar el futuro.

Un punto de vista del reino

La cosmovisión es el lente mediante el cual una persona ve la vida. Influye en las decisiones, los valores y las responsabilidades porque es el entramado mediante el cual la persona piensa y funciona. Padres, si a su hijo le proveen de un hogar, ropa, alimentos y educación, pero no le proveen el fundamento de la cosmovisión bíblica, no han cumplido con su papel de proveedores. Si un jugador de béisbol batea un jonrón, pero no toca la primera base cuando da la vuelta a las bases, no anotará cuando cruce la base de *home*. De la misma manera, sus hijos necesitan que usted cubra todas las bases para vivir una vida productiva en el reino o, cuando lleguen al momento de crear sus propios hogares, carecerán de las habilidades necesarias para transmitirles esa fe a sus hijos.

Las madres y los padres deberían ser las influencias espirituales dominantes en la vida de sus hijos. De la misma manera, un matrimonio sólido impacta de manera directa sobre la crianza de hijos fuertes. Una de las mejores cosas que un padre puede hacer por sus hijos es amar bíblica y visiblemente a la madre de los niños. Si su matrimonio no es fuerte espiritualmente, entonces, el primer énfasis de su crianza de los hijos debe ser el fortalecimiento de su relación con su cónyuge. Las parejas cuyo matrimonio es débil son más propensas a relegar en otros la crianza de sus hijos.

La tarea de la iglesia es complementar la formación que ustedes están dándoles a sus hijos, como también discipularlos a ustedes como padres y madres. Lo que se predica los domingos no debe ser el único alimento espiritual que sus hijos reciben en toda la semana. Usted no les sirve la cena a sus hijos solo un día a la semana. Legalmente, eso se consideraría negligencia. De manera similar, es negligencia espiritual no honrar a sus hijos al brindarles las herramientas que necesitan para desarrollarse espiritualmente. Ahora, permítame hacerle una pregunta, antes de que sigamos ahondando en el tema: ¿qué tan seguido se sienta usted con sus hijos con la intención de impartirles una cosmovisión bíblica?

Sé que su agenda quizás esté muy cargada y que lo más probable es que esté cansado cuando llega a casa. Pero eso no significa que haya sido eximido de su responsabilidad. Cuando mis hijos todavía estaban en casa, fue una de las épocas más atareadas de mi ministerio. Con la aparición explosiva de Promise

Alimentarse de las palabras de Dios
por Jonathan Evans

Recuerdo vívidamente la hora de la cena en la casa de los Evans: todos sentados, listos para comer la comida maravillosa que había hecho mi mamá, y esperando con entusiasmo toda la diversión y la risa que tendríamos a la mesa. Sin embargo, el momento de la cena en la casa de los Evans, cosa que sucedía todas las noches sin falta, era mucho más que comer una buena comida y divertirse. Recuerdo que la hora de la cena era el marco en el que mi padre y mi madre me enseñaban la Palabra de Dios. Mi padre nos guiaba en los devocionales y nos hacía leer a cada uno una Escritura y hablar sobre su significado. Recuerdo que, todas las noches, me recordaban que la Palabra de Dios debe ser el centro de nuestra vida y que debemos tomar todas las decisiones mediante ella. Me enseñaron que la Palabra de Dios es lo único cierto en un mundo incierto. En la mesa familiar, aprendí cómo vivir de acuerdo con la verdad en un mundo lleno de mentiras, cómo servir al Dios verdadero en un mundo de dioses falsos. Ahora que soy mayor, me doy cuenta de que la mesa familiar del hogar de los Evans fue el lugar donde mis hermanos y yo descubrimos el reino de Dios. Ahora que tengo más de treinta años, y que tengo esposa y tres hijos propios, me sorprendo al ver que repito con mis hijos lo que mis padres comenzaron conmigo. Todas las noches, sin falta, cenamos juntos, y mis tres hijitos están aprendiendo, lentamente pero seguro, acerca del reino de Dios.

Keepers (Cumplidores de Promesas), el crecimiento rápido y exponencial de nuestra iglesia y nuestro ministerio nacional levantando vuelo, yo estaba bajo muchas presiones (y con justa causa) por las reuniones, los eventos en los que debía hablar, la administración y cosas por el estilo. Sin embargo, que yo recuerde, me perdí muy pocas (si es que alguna) de las cenas familiares cuando estaba en la ciudad. Y cuando no me encontraba en la ciudad, Lois cumplía excelentemente con la tarea de continuar con la rutina del discipulado en nuestro hogar. Además, limitaba mis viajes a lo que todos los miembros de la familia consideraran aceptable.

La constancia para relacionarse con sus hijos, ya sea durante la cena familiar o en otro lugar, es esencial para discipularlos. Como dijo Moisés, debemos hablar con ellos en la mañana, en la tarde y en la noche acerca de las cosas de Dios. Hubo ocasiones en las que, por error, me comprometí a hablar en una conferencia cuando al mismo tiempo tenía un evento familiar. Recuerdo haber tomado un vuelo para volver de alguna conferencia a casa (pagando yo los gastos) para poder asistir a alguna de las actividades escolares de mis hijos. Una vez escuché que mi hija Priscilla le contaba a una amiga que, durante su niñez, nunca supo realmente que su padre era un predicador prominente a nivel nacional, por la simple razón de que yo siempre parecía estar disponible. Hoy, los comentarios como este me animan el corazón porque, a pesar de que en ese momento me haya sentido cansado y hasta frustrado por el esfuerzo y por el gasto (mi familia dará testimonio de que no me gusta gastar dinero) necesarios para estar presente en ambas actividades, yo sabía que el valor y la honra que procuraba transmitirles a mis hijos por medio de mis acciones valdrían la pena.

Lo más que pude, prioricé estar para ellos en las actividades normales y cotidianas porque eso marcaba la pauta de la disponibilidad y la estabilidad en nuestro hogar. Llevar a los chicos a la escuela siempre fue mi deber, así como el momento de hacer la tarea al final de cada día. Yo me ofrecí a hacer este trabajo porque quería honrar a mis hijos de esa manera. Dirigir los devocionales de los niños, los estudios bíblicos y sus modales eran cosas que sucedían habitualmente alrededor de la mesa. A los varones les enseñamos a hacer sentar a una dama a la mesa. Las niñas aprendieron cómo permitir que un caballero las hiciera sentar respetuosamente. Y siempre que mis hijos me llamaban, sin importar si estaba en una reunión o no, atendía la llamada. Padres, ser accesibles comunica el compromiso y el valor que tienen hacia sus hijos más claramente que cualquier otra cosa que puedan hacer. Pónganse la meta de ser más accesibles para sus hijos si esto todavía no es una fortaleza de su hogar.

Ahora que mis hijos han llegado a ser adultos —no perfectos, pero sí temerosos de Dios y sirvientes del reino—, estoy agradecido por cada momento que invertí en ellos. Mis hijos buscan continuamente (aunque a veces les cuesta hacerlo) darle la prioridad a Dios y a sus preceptos en su vida. No podría estar más orgulloso de los hombres y las mujeres del reino en los que se han convertido. Los cuatro sirven en el ministerio y los cuatro me asombran con su entendimiento espiritual, su profundidad, su madurez y su dedicación a sus familias. Si aún no los conoce, llegará a conocerlos un poco a través de los aportes que han hecho en las páginas de este libro.

Padres, yo entiendo lo que es estar *ajetreado*. Ya pasé por eso y todavía paso ajetreado. Los entiendo en cuanto a eso. Pero, cuanto más ajetreados estén, más importante es que se hagan tiempo para sus hijos. Si van a educar hijos del reino, ellos deben ser la prioridad.

También entiendo el *cansancio*. Sé cómo es llegar a casa después de un día sumamente atareado y bullicioso, y solo tener ganas de sentarse frente al televisor. En nuestro hogar, pusimos la regla de que el tiempo para ver televisión sería significativamente limitado durante la semana. A los niños les permitíamos ver treinta minutos por día, lo cual significaba que eso es lo que nosotros, como padres, también veíamos mientras ellos estaban despiertos. Reconozco que hubo días en los que no cumplí con esa regla, cuando encendía la televisión y simplemente me quedaba sentado ahí mientras mandaba a los niños a que fueran a hacer otra cosa.

Sin embargo, traté de no hacer un hábito de la ruptura de esa regla. Verá, fijar criterios en su hogar no significa ser legalistas y no cometer errores jamás. Sí quiere decir que usted apunta a la excelencia y que da lugar a la gracia cuando experimenta uno de esos días agobiantes. Siempre que apunte alto, serán más las veces que llegará al objetivo que las que no. La crianza de hijos del reino no es crianza perfecta. La crianza de hijos del reino es crianza con propósito.

Siga adelante y ponga horarios para las reuniones familiares y para dar guía y dirección familiar. Las instrucciones de Moisés estaban compuestas de un enfoque detallado

> *La crianza de hijos del reino no es crianza perfecta. La crianza de hijos del reino es crianza con propósito.*

en cuanto a la crianza de hijos: «cuando estés en tu casa», «cuando vayas por el camino» y «cuando te acuestes y cuando te levantes» [Deuteronomio 6:4-7]. Esto describe una casa como si fuera una maquinita de juegos en la que, sin importar dónde vayan sus hijos, no pueden escaparse de aprender a tener la mentalidad del reino y la cosmovisión bíblica.

Moisés llegó a decir: «Átalos a tus manos y llévalos sobre la frente como un recordatorio. Escríbelos en los marcos de la entrada de tu casa y sobre las puertas de la ciudad» (Deuteronomio 6:8-9). Dios y sus preceptos tienen que estar *en todas partes*. Sea en una placa colgada en la pared, en el proyecto diario de aprenderse de memoria versículos de las Escrituras, en una nota escrita para su hijo y puesta en su lonchera, en una canción que se escucha en las bocinas o, simplemente, en las palabras que salgan de su boca, el punto de vista de Dios debería dominar el ámbito de su hogar. De esa manera, Dios se convertirá en el punto de referencia para su hijo o hija cuando esté en la escuela, con sus amigos, con su equipo de práctica deportiva y hasta la edad adulta, cuando su hijo o hija forme su propio hogar.

Mamá y papá del reino, no le deleguen el crecimiento espiritual de sus hijos a otra persona. Moisés dijo que es trabajo *de usted* formarlos con esmero. Debe crear una dinámica que cause el efecto de una cuerda elástica, para que si sus hijos, al crecer, se apartan de Dios, vuelvan a él porque están tan saturados de él que no pueden escapar de su influencia ni de su presencia.

Y, mientras la responsabilidad principal de formar a sus hijos recae en usted, parte de esa responsabilidad implica buscar de manera intencionada las cosas que complementen o sumen a esa formación. Hay padres y madres que literalmente se mudan a otra casa para brindarles la mejor escuela posible a sus hijos. De la misma manera, busque la mejor iglesia posible dentro de la cual pueda educar a sus hijos para reafirmar los valores que esté enseñándoles en casa.

En estos días, veo que está surgiendo un alarmante modelo de crianza: para muchos padres, es mucho más importante que sus hijos alcancen un puesto en un equipo deportivo, a que se integren al reino de Dios. Llevan a sus hijos a béisbol, a fútbol, a baloncesto o a cualquier otro deporte con puntualidad, pero a la iglesia no. Sin embargo, educar de manera intencionada a los herederos y a las herederas del reino implica meterlos a propósito en un ámbito donde aprenderán, entenderán y aplicarán una mentalidad del reino.

Dos fundamentos de una mentalidad del reino

Antes de que los israelitas llegaran a la Tierra Prometida, fueron liberados de Egipto y desarrollados en el desierto. La Tierra Prometida (Canaán) era su destino. Sin embargo, no era ningún paraíso. Su destino involucraba la provisión de Dios, pero también venía plagado de obstáculos, tentaciones y desafíos. A causa del mundo de pecado en el que vivimos, el destino de su hijo también tendrá obstáculos, tentaciones y desafíos económicos, relacionales, emocionales, espirituales, educativos y profesionales.

Para que sus hijos lleguen a concretar su destino, es necesario que se libren del pecado, que maduren a través de la santificación y que dependan de Dios para ocupar el rol divino que él les revelará en el plan de su reino. Para lograrlo, es importante que desarrolle en sus hijos dos fundamentos de una mentalidad del reino: acordarse de Dios y temerle.

Acordarse de Dios

La siguiente porción del pasaje de Deuteronomio dice:

> El SEÑOR tu Dios pronto te establecerá en la tierra que juró darte cuando hizo un pacto con tus antepasados Abraham, Isaac y Jacob. Es una tierra con ciudades grandes y prósperas que tú no edificaste. Encontrarás las casas muy bien abastecidas con bienes que tú no produjiste. Sacarás agua de cisternas que no cavaste y comerás de viñedos y olivares que no plantaste. Cuando hayas comido en esa tierra hasta saciarte, ten cuidado de no olvidarte del SEÑOR, quien te rescató de la esclavitud de Egipto. Teme al SEÑOR tu Dios y sírvele a él. Cuando hagas un juramento, hazlo únicamente en su nombre. (Deuteronomio 6:10-13)

Tal como Moisés les recuerda a los israelitas en este pasaje, a veces, cuando disfrutamos de las bendiciones y de la provisión de Dios, podemos olvidarnos de él. Ahora que el televisor es más grande, la familia tiene menos tiempo juntos. Ahora que las camas son más cómodas, las sillas alrededor de la mesa parecen más duras. Lamentablemente, la provisión de Dios a veces puede eclipsar el debido lugar de Dios en nuestro corazón.

Es por eso que, después de que los israelitas habían comido, Moisés les enseñó que tenían que dar las gracias una vez más. La oración por los alimentos no debía hacerse solo antes de comer; también debían hacerla después de comer, como un recordatorio de la fidelidad de Dios y como una manera de reconocerla. «Cuando hayas comido hasta quedar satisfecho, asegúrate de alabar al SEÑOR tu Dios por la buena tierra que te ha dado» (Deuteronomio 8:10). Después de que los israelitas se saciaran con la comida que Dios había hecho crecer en su tierra, tenían que bendecirlo por esa tierra. Debían recordar continuamente a Dios, no fuera que, rodeados de comodidades, se olvidaran de él completamente.

En nuestra sociedad, estamos viviendo un momento en el que muchas familias disfrutan la bendición de la mano de Dios. Yo recuerdo haber crecido en una época en la que unos *jeans* nuevos eran una rareza, pero los niños de hoy reciben mucho más que *jeans* habitualmente. Aunque es bueno gozar de la provisión de Dios, también puede ser peligroso. La satisfacción material puede llevar rápidamente al hambre espiritual. Por eso, Moisés les ordenó a los israelitas que todos los días les enseñaran a sus hijos los preceptos de Dios, para que no se olvidaran de él en medio de su éxito.

Es fácil acordarse de Dios durante una prueba, cuando parece que no hay nadie más a quién recurrir. Pero la verdadera prueba de fe se produce en esos momentos cuando parece que todo está bien. La verdadera fe nunca se olvida de su verdadera Fuente. Pero cuando desconecta la bondad de Dios del Dios bondadoso, usted se ha alejado de su destino. El destino siempre conduce hacia Dios; está ligado a promover su reino y darle la gloria a él.

Cuando desconecta la bondad de Dios del Dios bondadoso, usted se ha alejado de su destino.

¿Qué quiere decir olvidarse de Dios? No necesariamente significa que falte a la iglesia. Significa que la guía de Dios ya no dirige sus decisiones. Significa que, en su mente, el poder de Dios ya no supera en importancia al poder suyo.

Olvidarse de Dios lleva al orgullo, y el orgullo da lugar a la rebeldía. Moisés comparte este concepto en el siguiente pasaje:

En tu abundancia, ten cuidado de no olvidar al SEÑOR tu Dios [...] para que nunca se te ocurriera pensar: «He conseguido toda esta riqueza con mis propias fuerzas y energías». [...] Pero una cosa te aseguro: si alguna vez te olvidas del SEÑOR tu Dios y sigues a otros dioses, y les rindes culto y te inclinas ante ellos, sin duda serás destruido. Tal como el SEÑOR destruyó a otras naciones en tu paso, así también tú serás destruido si te niegas a obedecer al SEÑOR tu Dios. (Deuteronomio 8:11, 17, 19-20)

Incorporar en sus hijos una mentalidad del reino que ponga a Dios en primer lugar y como el centro de todo en la vida los prepara no solo para alcanzar su destino, sino también para mantenerse en él. Si alguna vez ha visto a una tortuga encima de una cerca, sabe que alguien la puso ahí, porque las tortugas no pueden subirse a las cercas. De la misma manera, todo éxito que tengan como padres o madres (y como adultos), así como todo éxito que logren sus hijos durante su crecimiento, será el resultado del favor de Dios y de su provisión. Él es el origen de todo lo bueno (Santiago 1:17). Proteja esa mentalidad dentro de su hogar, acordándose de Dios en todo lo que haga.

Tener temor de Dios

Además de enseñarles a sus hijos que se acuerden de Dios, educarlos con la mentalidad del reino significa enseñarles el temor del Señor.

En la Biblia, la palabra *temor* combina la noción de «asombro» y la noción de «terror». Cuando las junta, significa tomar algo muy en serio. Por ejemplo, analicemos la electricidad. La electricidad es algo bueno: conserva fríos los alimentos y calienta nuestras casas.

No hace mucho, mientras estábamos en medio de una tormenta de hielo en el invierno de Dallas y la temperatura descendía casi a -18 grados centígrados, recibí un llamado de atención sobre lo buena que es la electricidad. Como consecuencia de la tormenta, cientos de miles de hogares se quedaron sin luz, incluido el nuestro. Durante días, Lois y yo nos acurrucamos junto a la única fuente de calor de la casa (una fogata de gas), mientras nos acordábamos de cuán importante es la electricidad.

Pero esa misma electricidad que puede mantenerlo abrigado también puede freírlo. No le aconsejaría que meta un destornillador en un enchufe. La misma electricidad que puede iluminar su casa también puede hacer que se le pongan los pelos de punta. Es peligrosa. La electricidad debe ser manipulada adecuadamente o lo lastimará.

Generar una mentalidad del reino en su hogar incluye inculcar un sano temor de Dios. Sí, Dios quiere que sus hijos alcancen su destino. Sí, Dios tiene un plan para ellos. Él quiere guiarnos y dirigirnos, pero también requiere nuestra reverencia y respeto. Dios es un Dios celoso; y cuando el temor que le corresponde legítimamente a Dios se pone en otro lugar, él no se lo toma a la ligera. Moisés les dijo a los israelitas que si ellos veneraban a los ídolos en lugar de a Dios, «se encenderá su enojo contra ti y te borrará de la faz de la tierra» (Deuteronomio 6:15).

Aquí Moisés le hablaba a la sociedad de todo el país, pero el principio es el mismo: la comunión rota con Dios causa que él retire su favor y su bendición. Él quiere ser reconocido como el máximo definidor y la autoridad suprema sobre su hogar y en la vida de sus hijos. Dios no compartirá su honra con ídolos, con nada que opaque el debido lugar que él tiene en la vida de usted. Su Palabra lo deja explícitamente claro: «No rindas culto a ninguno de los dioses de las naciones vecinas» (Deuteronomio 6:14). A decir verdad, ni siquiera compartirá su gloria si ese ídolo resulta ser usted.

El rey de Babilonia, Nabucodonosor, cometió un error terrible luego de que su reinado fue establecido. Dijo: «¡Miren esta grandiosa ciudad de Babilonia! Edifiqué esta hermosa ciudad con mi gran poder» (Daniel 4:30).

Rápidamente, Dios le recordó cuál es la verdadera fuente de todo lo bueno. Así prosigue el relato:

Mientras estas palabras aún estaban en su boca, se oyó una voz desde el cielo que decía: «¡Rey Nabucodonosor, este mensaje es para ti! Ya no eres gobernante de este reino. Serás expulsado de la sociedad humana. Vivirás en el campo con los animales salvajes y comerás pasto como el ganado. Durante siete períodos de tiempo vivirás de esta manera hasta que reconozcas que el Altísimo gobierna los reinos del mundo y los entrega a cualquiera que él elija». (Daniel 4:31-32)

En otras palabras: «Nabucodonosor, yo soy Dios, y tú no». Las Escrituras cuentan que, a continuación, el rey se volvió loco y que pasaron siete años antes de que Dios le devolviera la cordura.

La razón por la que tantos hijos nuestros no han alcanzado su destino como adultos es que han sido criados con una mentalidad demasiado ligada a la cultura. Mentalidad, además, muy egocéntrica. Pero usted no puede adorar al dios de la cultura, o convertirse usted mismo en un dios, y seguir teniendo al único y verdadero Dios. Él no compartirá su gloria con nadie.

Educar hijos del reino es más que cantarles dulces arrullos que hablan de Jesús. Significa presentarles, regularmente, al Rey de reyes y Señor de señores. Requiere enseñarles que Dios es sumamente exaltado y que reina por encima de todo. Que su Palabra es la ley sobre la tierra. Que su nombre es el nombre sobre todo nombre, ante el cual toda rodilla se doblará.

Nuestro Dios es la esencia y la pureza de la realeza y el autor y definidor de nuestro destino. Si usted tiene la esperanza de que sus hijos reinen bien en su tierra prometida como los herederos y las herederas que son, debe entregarles las llaves del reino para que lo hagan; debe asegurarse de que se acuerden del Rey y que tengan temor de él.

4

LA VIDA FUERA DE LAS PAREDES DEL PALACIO

No hace mucho, algunos padres de la iglesia que pastoreo me preguntaron si podía ir a hablarles personalmente a sus hijos estudiantes del último año de secundaria. Querían que yo me reuniera con ellos antes de que concluyeran el último año y se marcharan a la universidad.

Estos padres habían hecho todo lo posible para darles a sus hijos un fundamento cristiano sólido. Habían escogido cuidadosamente a qué secundaria debían ir sus hijos y habían hecho grandes sacrificios por el bien de su desarrollo. Sin embargo, a medida que se preparaban para sacar a sus hijos jóvenes adultos al mundo (muchos de los cuales asistirían becados a universidades seculares), estos padres estaban preocupados de que los fundamentos de sus hijos no fueran lo suficientemente fuertes para resistir las pruebas que su fe estaba a punto de encarar.

Yo estaba más que feliz de pasar un rato de mi tiempo personal con estos jóvenes adultos, con la esperanza de fortalecer los principios que les habían enseñado sus padres: principios pertinentes a vivir como seres sanos, ahora que iban a salir a hacerlo solos. Principios tales como respetar los límites de los demás tanto como los propios, desarrollar las habilidades del pensamiento crítico y crear una vida equilibrada emocional, espiritual, física y mentalmente.

Quería alentar a estos jóvenes a que mantuvieran la fe en medio de una sociedad sin fe. Quería compartir con ellos cómo podían, con sabiduría y eficacia, ir contra la corriente cuando la corriente va en contra de Dios. Cómo podían actuar con valor y honestidad cuando más necesitaran hacerlo.

Cuando nos reunimos, los jóvenes tenían algunas preguntas muy importantes para hacerme, y disfruté nuestra conversación. Se notaba que eran maduros y que querían hacer las cosas bien. Pero también supe que probablemente no tenían noción de la intensidad del secularismo que pronto enfrentarían cuando pasaran de sus hogares a la sociedad más amplia. Por este motivo, busqué reforzar los principios bíblicos de vivir para el reino específicamente dentro de un contexto secular. La mayoría de esos principios los saqué del libro de Daniel.

Los hijos deben aprender cómo, con sabiduría y eficacia, ir contra la corriente cuando la corriente va en contra de Dios.

A decir la verdad, la mayoría de las cosas que compartí con ellos provenía de los ejemplos que nos dieron cuatro muchachos adolescentes en el Antiguo Testamento. ¿Qué mejor manera de enseñarles a los jóvenes adultos cómo mantener su fe y su pureza en un entorno desconocido que con modelos a seguir de un grupo de su propia edad? Como probablemente haya notado con sus propios hijos, los adolescentes a veces se desconectan de los adultos cuando queremos instruirlos o aconsejarlos. Sin embargo, es raro encontrar a un adolescente que no le preste atención a lo que está diciendo o a lo que le muestra otro adolescente.

De hecho, una de las iniciativas de participación escolar más exitosas que hemos implementado, los High School Heroes (Héroes de la Secundaria), busca sacar provecho de esta verdad. Primero, identificamos a los estudiantes de secundaria en el ambiente de la escuela pública que demuestren las virtudes y las cualidades de carácter de la vida del reino. Una vez elegidos, les encontramos un mentor y hacemos que hablen a grupos de chicos y chicas más jóvenes y a niños y niñas del ciclo básico de su mismo sistema escolar para alentarlos a caminar por la senda positiva. A los estudiantes más jóvenes les fascina cuando los estudiantes mayores les hablan de la importancia de tomar las decisiones correctas, de estudiar, de la pureza moral y de otros principios de la vida del reino.

Si la ciudad de Babilonia del Antiguo Testamento hubiera tenido un grupo como Héroes de la Secundaria, no me cabe ninguna duda de que los cuatro jóvenes a los que estamos a punto de analizar como ejemplo en este capítulo hubieran estado entre los elegidos. Estos muchachos demostraron tener cualidades que exigen respeto y que los disponen para el éxito futuro.

Cuatro muchachos en Babilonia

Antes de que nos aboquemos directamente a los cuatro muchachos de Babilonia, quiero dedicar un rato a explorar el proceso que la sociedad secular a menudo lleva a la práctica (a veces, a sabiendas, y otras veces, simplemente por la naturaleza de dicha sociedad) para eliminar los valores cristianos y la cosmovisión del reino en quienes los tienen.

En la época en la que vivieron estos cuatro jóvenes, Babilonia era conocida como una sociedad pagana. Además, era muy poderosa. Acababa de arrancar a Jerusalén de las manos debilitadas del pueblo de Israel. Al hacerlo, no solo se apropiaron de una gran parte del pueblo de Israel, sino además de los objetos sagrados de Dios, los que transfirieron a un ámbito nuevo y aún más vil.

El primer pasaje que leemos en el libro de Daniel dice:

> Durante el tercer año del reinado de Joacim, rey de Judá, llegó a
> Jerusalén el rey Nabucodonosor de Babilonia y la sitió. El Señor
> le dio la victoria sobre el rey Joacim de Judá y le permitió llevarse
> algunos de los objetos sagrados del templo de Dios. Así que
> Nabucodonosor se los llevó a Babilonia y los puso en la casa del
> tesoro del templo de su dios. (Daniel 1:1-2)

Fíjese que Babilonia no asedió a Jerusalén únicamente por sí misma. Recibió ayuda de lo alto. Dice que «el Señor le dio la victoria» a Babilonia sobre Jerusalén. Fue consecuencia de la rebeldía israelita contra Dios. Como su pueblo seguía alejándose cada vez más de él, Dios los entregó al mundo secular. De hecho, terminó entregándolos completamente al dominio de una nación que no sabía nada de Dios.

Antes de que los cuatro muchachos llegaran a Babilonia, mientras aún estaban en Jerusalén, sus padres deben haberles inculcado las virtudes del reino de manera intencionada. Jerusalén ya estaba espiritualmente desencaminada. La situación en Jerusalén antes del asedio no parece demasiado distinta a lo que tenemos ahora en nuestra nación.

Cuando el pueblo de Israel siguió confinando a Dios a la periferia de su vida y dejándolo al margen en su rebeldía, Dios retiró su mano de bendición, privilegio y protección. Él permitió que el corazón de ellos se endureciera y que su mentalidad se volviera cada vez más opaca. No era la Jerusalén que alguna vez se había basado firmemente en la Palabra de Dios. Las familias ya no hacían eco del grito de batalla de Josué: «Pero en cuanto a mí y a mi familia, nosotros serviremos al SEÑOR» (Josué 24:15). El pueblo hacía lo que quería, lo que les parecía bien a su propio criterio.

Asimismo, el país en el que usted y yo vivimos, donde tratamos de mantener a las familias del reino y educar hijos del reino, no es el mismo país que aquel en el que nacimos. A una velocidad endiablada, presenciamos la degeneración de nuestro país. En cada área que se pueda mencionar, observamos la desarticulación espiritual de una cultura que está implosionando sobre sí misma.

A pesar de que en nuestra tierra siempre hubo maldad, pecado y negatividad, en la mayoría de los casos al menos estábamos en posición de decir, colectivamente, dónde reconocíamos la maldad, el pecado y la negatividad. Pero todas esas definiciones ahora fueron dejadas de lado y reemplazadas por nuevas definiciones.

Nuestra sociedad solía definirse dentro del marco judeocristiano. En aquellos días (no tan lejanos), hasta los no cristianos entendían, valoraban y respetaban la cosmovisión bíblica. Sin embargo, eso ha dejado de ser nuestra realidad. Este cambio tiene implicaciones agobiantes, pero la peor tragedia es que hasta la cosmovisión y las opiniones de los cristianos parecen estar cambiando conforme a la sociedad secular y con la misma velocidad. Es como si la iglesia ahora creyera que Dios revisa las encuestas de opinión de la población antes de decidir qué es legítimo y qué no.

Es probable que la atmósfera de Jerusalén haya sido muy poco diferente de la cultura cristiana actual en Estados Unidos. Pero Babilonia también podría compararse fácilmente con la cultura secular de nuestro país. Precisamente en esta secularidad y en este humanismo se encontraban los cuatro muchachos.

Luego el rey ordenó a Aspenaz, jefe del Estado Mayor, que trajera al palacio a algunos de los jóvenes de la familia real de Judá y de otras familias nobles, que habían sido llevados a Babilonia como cautivos. «Selecciona solo a jóvenes sanos, fuertes y bien parecidos —le dijo—. Asegúrate de que sean instruidos en todas las ramas del saber, que estén dotados de conocimiento y de buen juicio y que sean aptos para servir en el palacio real. Enseña a estos jóvenes el idioma y la literatura de Babilonia». (Daniel 1:3-4)

En otras palabras, los dirigentes babilonios dijeron: «Enfoquémonos en la próxima generación». Al tratar de captar las mentes y las voluntades de los jóvenes y adolescentes (y, efectivamente, «babilonizándolos»), estos líderes sabían que descubrirían los mayores recursos para el futuro de su civilización. Por lo tanto, intentaban despojar el legado espiritual que los jóvenes israelitas tenían y, simultáneamente, capitalizar sus fortalezas mientras los redirigían a una nueva manera de pensar y de vivir.

Una de las formas que eligieron para hacerlo fue trasladando a los jóvenes elegidos a Babilonia. Esto es similar a lo que sufren muchos de nuestros hijos cuando salen del hogar y del entorno cristiano para insertarse en el ámbito universitario. Si tiene en cuenta la enorme cantidad de horas que los hijos pasan en las instituciones educativas seculares y las compara con la cantidad de tiempo que los padres oran con ellos, que los guían en la Palabra de Dios y que los llevan a la iglesia, están alarmantemente desproporcionadas. Un traslado a un ámbito secular dominante es una de las primeras maneras de presentar un desafío a la cosmovisión del reino.

Otra de las formas en que los babilonios trataron de despojar a estos jóvenes israelitas de su legado espiritual fue aislándolos. Después de reubicarlos, se aseguraron de que los jóvenes únicamente tuvieran contacto con la cultura babilónica y nada

> *Un traslado a un ámbito secular dominante es una de las primeras maneras de presentar un desafío a la cosmovisión del reino.*

más. De ninguna manera querían que la orientación teísta y centrada en Dios de estos muchachos fuera reafirmada por lo que leyeran o aprendieran. En lugar de eso, los aislaron para estar rodeados de la literatura y el idioma de los caldeos.

De hecho, en el versículo 5, descubrimos que los babilonios sabían que eso no sucedería de un día para el otro, así que optaron por un plan de tres años para darles el tiempo suficiente para que el legado israelita fuera reemplazado por las creencias babilónicas. Básicamente, el objetivo era que estos jóvenes asistieran a una escuela babilónica ubicada en una ciudad babilónica, donde eran educados por maestros babilonios, mientras los obligaban a leer solamente literatura babilónica y a hablar el idioma babilónico para que, al cabo de tres años, pensaran, actuaran, hablaran y caminaran como babilonios. La cultura dominante tendría un efecto dominante sobre ellos.

Mientras los adoctrinaban en el modo de vida babilónico, el rey también quería que aprendieran a comer como ellos. En el versículo 5, leemos: «El rey les asignó una ración diaria de la comida y del vino que provenían de su propia cocina». De esta manera, los israelitas experimentarían la ostentación de Babilonia. Se trataba de algo más que la comida y la bebida: era *lo más selecto* de la comida y la bebida del rey. Era «vivir a lo grande». Con tal que los jóvenes israelitas disfrutaran de las comidas y de las bebidas más selectas, indudablemente resistirían con menos fuerza cualquier otro tipo de propaganda que les fuera impuesta por el Imperio babilónico. Esto es como los tragos gratuitos que ofrecen en los casinos de juego u otros negocios, donde los dueños de los lugares quieren disminuir el pensamiento racional de los consumidores potenciales para que estén más predispuestos a apostar su dinero o para gastarlo en alguna compra[1].

Mientras los jóvenes israelitas comenzaran a juntarse con la gente del rey y disfrutaran de la comida y la bebida más selecta, les sería más fácil adoptar todo lo demás que venía con la cultura, incluso sus nombres.

¿Por qué no tomas otro nombre?

En la tragedia teatral *Romeo y Julieta*, Shakespeare escribió estas palabras famosas: «¿Por qué no tomas otro nombre? La rosa no dejaría de ser rosa, y de esparcir su aroma, aunque se llamase de otro modo»[2]. Aunque el dramaturgo inglés no le atribuía demasiado mérito a un nombre, Dios tiene una idea muy distinta sobre su importancia.

Nuestro nombre es lo primero que recibimos cuando llegamos a este mundo. Si tenemos suerte, nuestros padres lo han elegido cuidadosamente y con amor. A lo largo de la historia, los nombres han tenido significados específicos, y esos significados les brindan poder. Pese a que la cultura actual no le preste demasiada atención al significado de un nombre, la Biblia no oculta su importancia. Quizás ningún pasaje ilustre de una manera más bella la importancia de un nombre como Isaías 43:1, que nos dice: «No tengas miedo porque he pagado tu rescate; te he llamado por tu nombre; eres mío».

En los tiempos bíblicos, el nombre significaba mucho más que una nomenclatura. Los padres escogían nombres cargados de significado, a menudo tanto para el presente como una esperanza para el futuro. Los padres de los cuatro muchachos que estaban en Babilonia siguieron esta tradición. Les pusieron a los niños nombres hebreos llenos de significado, presuntamente porque los padres querían dejar un legado espiritual. Podemos deducirlo al analizar las terminaciones de los cuatro nombres. En Daniel 1:6, leemos: «Daniel, Ananías, Misael y Azarías fueron cuatro de los jóvenes seleccionados, todos de la tribu de Judá». Dos de los nombres terminan con la desinencia hebrea *el*. Los otros dos terminan con *ías*. *El* es la forma singular de la palabra hebrea para Dios, *Elohim*; mientras que *ías*, que se encuentra al final de la forma hebrea de *aleluya*, proviene de otro nombre de Dios, Jehová.

Es razonable especular que, cuando estos padres trajeron a sus hijos al mundo, les pusieron a propósito nombres que los bautizarían diariamente con el recuerdo de Dios. Cada vez que estos muchachos escucharan su nombre, recordarían al Dios en cuya imagen fueron hechos y a quien debían ofrecerle su vida para servirlo. Aunque en esa época Jerusalén estuviera habitada por personas que se rebelaban contra Dios, los nombres de estos cuatro jóvenes israelitas indicaban que sus padres tenían en mente un estilo de vida distinto para sus hijos. Hay claras evidencias de que Daniel, Ananías, Misael y Azarías fueron educados como hijos del reino.

Las lecciones que aprendí en Los Ángeles
por Anthony Evans Jr.

Sonó el teléfono, y del otro lado había alguien de la NBC preguntándome si podía ir a Hollywood y participar de un nuevo espectáculo televisivo llamado *The Voice* (*La voz*). Así es como empezó. Hasta ese momento, hace un par de años, nunca me había metido de lleno en la cultura secular. Nunca había entendido el significado de «vivir fuera de las paredes del palacio». Cuando recibí la invitación para estar en *The Voice* y luego decidí mudarme a Los Ángeles, estaba confundido. Nunca había cantado fuera de nuestra iglesia y me preguntaba si era malo ir a vivir y trabajar en un entorno secular como ese. Nunca olvidaré el llamado que le hice a mi papá mientras trataba de resolver esto y lo escuché decir, en los primeros tres minutos de la conversación: «Siempre que no hagas concesiones en cuanto a tu fe, quiero que vayas y que la pases muy bien». Esas fueron las palabras que me dieron la libertad para vivir lo que considero que ha sido una experiencia que me cambió la vida.

Ahora sé qué significa tener que tomar la decisión de ser contracultural todos los días, porque la mayoría de mis amigos en Los Ángeles no son cristianos. Los confunde qué hacemos «nosotros» en la iglesia y no les gusta lo moralizante que creen que somos «nosotros».

Sería muy fácil adaptarme a una nueva manera de pensar en una ciudad como esta. Pero hay un par de cosas que hicieron mis padres que me hacen evocar mis creencias básicas cuando son desafiadas. Si está preguntándose qué hicieron, le aseguro que no tiene nada que ver con pastorear una iglesia de diez mil miembros, con estar en más de quinientas estaciones radiales o con haber publicado innumerables libros o haber recibido invitaciones para hablar en un montón de lugares. Todas esas cosas no significan nada para mí como hijo de unos «padres cristianos conocidos». Lo que hicieron mis padres no fue otra cosa que ser un ejemplo vivo de algo que ahora llevo grabado en mi consciencia. Fue ver a mis padres tomar decisiones para seguir al Señor a pesar de las circunstancias. Fue el tiempo que pasamos reunidos a la mesa mientras me enseñaban qué quería decir tomar decisiones diarias para reconocer la presencia de Dios en mi vida. A veces, como cualquier otro «entrenamiento», lo sentía como algo categóricamente retórico, pero, ahora, «vivir fuera de las paredes del palacio» me ha dado la oportunidad de experimentar este entrenamiento como un reflejo. Recuerdo las Escrituras y tomo decisiones automáticamente como un reflejo, gracias al entrenamiento que recibí: así como todo atleta repite un movimiento hasta que se transforma en memoria muscular, para que lo recuerde sin tener que «pensar» en ello. Eso es lo que hicieron mis padres. Ciertamente, vivieron y nos dirigieron por el camino correcto (vea Proverbios 22:6). Y este entrenamiento, aunque a veces fue difícil, me ha dado un ejemplo claro de qué significa realmente y cómo es confiar en el Señor de todo corazón.

Los babilonios también conocían la importancia de un nombre, así que una de las primeras cosas que hicieron fue cambiarles el nombre a los cuatro jóvenes. En lugar de Daniel, Ananías, Misael y Azarías, los llamaron Beltsasar, Sadrac, Mesac y Abed-nego. Al asignarles nombres nuevos, los babilonios procuraron cambiar la identidad de los cuatro jóvenes.

«Sin embargo, Daniel...»

Aunque los jóvenes no parecían tener demasiada elección sobre lo que estaba sucediendo alrededor de ellos o en cuanto al cambio de sus nombres, Daniel trazó una línea respecto de un tema: la comida. En el versículo 8, leemos una frase muy importante: «Sin embargo, Daniel...». Lo más probable es que los padres de Daniel no lo hayan criado para que aceptara algo sin analizarlo en detalle. Quizás él sabía que no podía mantener su nombre porque eso lo ligaba demasiado a su legado espiritual. Tal vez sabía que tenía que vivir en Babilonia y estudiar la cultura babilónica. Sin embargo, con una fe firme, quizás también sabía que ninguna de esas cosas lo afectaría espiritualmente de la manera que esperaban los babilonios.

Pero quizás Daniel también sabía que no podría controlar cómo reaccionaría su cuerpo al comer la comida escogida del rey o cuando bebiera sus vinos. De hecho, en su legado espiritual israelita, él sabía que hacerlo literalmente contaminaría su cuerpo. Asimismo, sabía que cualquier cosa que introdujera en su cuerpo lo afectaría... y, en el caso del vino del rey, también afectaría su mente, por lo que fue allí donde Daniel puso un límite.

Es justo suponer que fueron sus padres quienes lo entrenaron tan bien. Vemos a este muchacho (que probablemente rondaba los quince años) convirtiéndose en un hombre del reino. El versículo entero dice: «Sin embargo, Daniel estaba decidido a no contaminarse con la comida y el vino dados por el rey. Le pidió permiso al jefe del Estado Mayor para no comer esos alimentos inaceptables».

Daniel tenía sus límites. Y haría todo lo posible para no traspasarlos.

Daniel vivía en un entorno secular. Él no podía cambiarlo, así como sus hijos no pueden cambiar las condiciones seculares a las que están expuestos a diario. Como padres, generalmente tampoco tenemos ningún control sobre esas condiciones. No podemos controlar los ámbitos a los cuales entrarán nuestros hijos ni lo que se sentirán presionados a hacer. No obstante, como padre o madre, lo que usted sí puede controlar mientras cría a hijos del reino es lo siguiente: puede generar un «Sin embargo, Daniel...». Daniel no se había convertido en un hombre del reino por sí mismo. Alguien le había enseñado la importancia de su fe y la naturaleza esencial de poner límites espirituales, a pesar de lo que estuviera sucediendo en la cultura en general. El contexto más probable es que, mientras Daniel vivió en su casa, sus padres le enseñaron el valor de la autonomía para que él pudiera sacarle provecho a su fortaleza cuando ya no estuviera en casa. Le inculcaron una mentalidad del reino que trascendía el lugar, el vínculo, el país y el entorno. De hecho, Daniel aprovechó lo que había en esa cultura sin someterse a ella. Él estaba decidido. El rol que usted tiene como padre o madre del reino es inculcar en sus hijos un fundamento tan firme como para que ellos tomen decisiones congruentes con su fe, a pesar de que vivan en una sociedad secular.

Quizás, Daniel haya buscado en Internet «comida en países extranjeros», y apareció Éxodo 34:14-15, haciéndolo recordar la enseñanza bíblica de sus padres: «No adores a ningún otro dios, porque el SEÑOR, cuyo nombre es Celoso, es Dios celoso de su relación contigo. No hagas ningún tipo de tratado con los pueblos que viven en la tierra porque ellos se entregan a pasiones sexuales en pos de sus dioses y les ofrecen sacrificios. Te invitarán a participar con ellos en comer lo que ofrecen en sacrificio, y tú irás con ellos».

Gracias a ese pasaje y otros, Daniel sabía que la comida nunca tiene que ver solo con lo que se come. Era abrir la puerta a la comunión con el dios de otra cultura. Y Daniel no acepta-ría comulgar con ningún otro dios, más que con el único Dios viviente, ni quebrantaría los mandamientos de Dios. Ahí es donde él dijo que no.

Fíjese que Daniel no huyó de los babilonios para ocultarse en algún sitio retirado en las montañas mien-tras se dejaba crecer el cabello y can-taba canciones de alabanza. Él estaba *en* la cultura, solo que no era *de* la cul-tura. Aceptó el trabajo del rey, pero no aceptó la comida del rey. Daniel reci-bía el salario del rey, pero no adoptaba la sociedad del rey. En otras palabras, no perdió su identidad solo por estar en una tierra secular.

El rol que usted tiene como padre o madre del reino es inculcar en sus hijos un fundamento tan firme como para que ellos tomen decisiones congruentes con su fe, a pesar de que vivan en una sociedad secular.

Daniel trabajó mucho por Babilonia, benefició a Babilonia, fue produc-tivo para Babilonia, pero también marcó sus propios límites en Babilonia. Recordó las dos letras que tenía su nombre, *El*, y recordó a quién pertenecía. Por lo tanto, Daniel vivió completamente en la cultura, sin entregarse a los valores de la cultura.

«Ahora bien, Dios...»

Lo interesante es tener en mente qué sucedió después del «Sin embargo, Daniel...». El versículo 9 nos dice que, cuando Daniel decidió marcar sus límites espirituales, Dios intervino. Leemos: «Ahora bien, Dios había hecho que el jefe del Estado Mayor le tuviera respeto y afecto a Daniel».

En el versículo 8, leemos: «Sin embargo, Daniel...». En el versículo 9, nos encontramos con «Ahora bien, Dios...». A veces, no les enseñamos bien a nuestros hijos para que entiendan que esto no sucede al revés. No fuimos hechos para vivir la vida del reino según el «Ahora bien, Dios...» y que después venga el «Sin embargo, Daniel...». Todos oramos pidiendo «favor y gracia» (1:9, LBLA), pidiendo bendiciones para nuestra vida, y les enseñamos a nuestros hijos que busquen a Dios para recibir estas cosas. Pero si no les damos la fórmula adecuada para recibir el gran favor de Dios, no les hemos inculcado el fundamento de la vida del reino.

La mayoría de las veces, la bendición y el favor de Dios llegan a través del compromiso con él. Es cierto, Dios manda la lluvia sobre justos e injustos; pero lo que estamos buscando aquí no es lluvia, sino el favor. El favor de Dios es lo más grande que alguien puede tener. Daniel tomó una posición y *entonces* obtuvo el favor de Dios, el cual se extendió entonces al jefe del Estado Mayor que estaba por encima de él.

El pedido de Daniel de abstenerse de la comida y la bebida del rey intrigó al funcionario. Como consecuencia, Daniel y sus tres amigos hebreos pudieron realizar una prueba de diez días para mostrarle al jefe cómo les iba a ellos luego de esos días con su dieta, y compararlos con los demás muchachos judíos alimentados con la comida y la bebida del rey después del mismo período. Al término de esos diez días, a todos les quedó en claro que los cuatro muchachos de Babilonia eran más fuertes, estaban más sanos y tenían más energía que los otros jóvenes hebreos. Como consecuencia, les permitieron comer los alimentos y beber lo que les indicaba su cultura y su educación espiritual.

> *La mayoría de las veces, la bendición y el favor de Dios llegan a través del compromiso con él.*

Cuando críe a sus hijos del reino, recuerde siempre que el versículo 8 viene antes que el versículo 9 en el primer capítulo de Daniel. Daniel primero tuvo que decidirse y actuar, antes de que Dios respondiera. Más aún, Dios no hizo decidir a Daniel. Los padres de Daniel no decidieron por él. El joven Daniel tuvo que tomar la decisión correcta por sí mismo y, cuando lo hizo, fue bendecido con mucho favor.

Padres, formen a sus hijos en la Palabra de Dios y en sus principios para que el Espíritu Santo tenga algo con lo cual trabajar cuando sus hijos ya no estén bajo su influencia directa, y háganlo con esmero. Una de las características clave de una familia sana es que comparten el mismo fundamento espiritual. En la medida que crezcan juntos por medio del estudio de la Palabra de Dios, los devocionales, la asistencia a la iglesia, la oración compartida, la enseñanza y el ejemplo moral y de carácter, estarán transfiriéndoles a sus hijos una fe viva de la que ellos se apropiarán cuando salgan del hogar. Además, trate de rodear a sus hijos de otras familias que tengan

Cuando críe a sus hijos del reino, recuerde siempre que el versículo 8 viene antes que el versículo 9 en el primer capítulo de Daniel.

valores parecidos. Fíjese que Daniel tenía tres amigos hebreos que lo acompañaban y con quienes compartía las cualidades de su carácter. Los padres del reino relacionan a sus hijos con otros padres del reino que están educando a sus propios hijos del reino; cada uno de estos cuatro jóvenes tenía un nombre de Dios al final de su nombre propio.

Sí, ya sé que a veces se siente como que está perdiendo el tiempo al orar por sus hijos, al hacer los devocionales familiares o al hacerlos ir a la iglesia. Ellos se quedan sentados ahí con mala cara o parecen estar a punto de quedarse dormidos. Tal vez discutan o se quejen, y usted se plantea si vale la pena seguir haciéndolo. Pero recuerde que son chicos; es posible que no siempre quieran aprender lo que usted les está enseñando, pero lo necesitan. Un día, serán mayores y se encontrarán en una situación como la de Daniel, de la que usted no podrá rescatarlos, y nadie más se hará responsable por ellos. En ese momento, estará completamente en manos de ellos ser un «Sin embargo, Daniel...» o no.

Hubo momentos en los que nuestros cuatro hijos se portaban mal en la mesa mientras yo trataba de guiarlos en el devocional, y eso me irritaba. Estarían hablando cuando no les correspondía, o alguno estaría haciendo pucheros. ¡Parecía que estábamos armando un alboroto, no haciendo un devocional! Reconozco que hubo veces en las que me di por vencido y los mandé a todos a su cuarto porque no prestaban atención o eran irrespetuosos.

Pero, en general, yo perseveraba y, luego, me sorprendía cuando alguno de los niños planteaba algo que yo estaba seguro de que nadie había escuchado durante los devocionales en casa a causa del ruido. Escuchaban, incluso cuando no parecía que estuvieran prestando atención. Esos eran los momentos que Dios usaba para recordarme que no me rindiera cuando tenía ganas de irme de la mesa y dar por terminado el asunto. Ahí recordaba que era mi responsabilidad entrenar a estos niños con lo mejor de mis capacidades: de manera imperfecta, pero con constancia. Dios me llamaba a presentarme y a hacer mi parte, dejándole a él la dura tarea de introducir la verdad en el corazón de mis hijos.

Nuestro sistema cultural ha sido edificado para tomar posesión de nuestros hijos; les ha tendido una trampa para arrancarlos de nuestro lado y arrebatarles los valores que necesitan para vivir bien. Babilonia no es solo una tierra remota que no tiene nada que ver con nuestro modo de vida actual. De muchas maneras distintas, vivimos en nuestra propia Babilonia, una Babilonia sofisticada que procura redefinir los sistemas de valores, la moral, el orden y demás.

Pero nosotros *sí* podemos darles a nuestros hijos lo necesario para que conserven su identidad a pesar de la sociedad que los rodea. Es algo que demandará esfuerzo, oración y sacrificio. Créame, también necesitará tener paciencia. Sin embargo, a final de cuentas, ellos se acordarán de las últimas letras de su nombre. Independientemente de dónde vivan, sabrán cuál es el verdadero reino al que pertenecen.

Confieso que tuve miedo cuando Anthony se mudó a Hollywood. Lo que me preocupaba estaba basado en la idea de que semejante grado de exposición al mundo secular invadiría su cosmovisión cristiana y socavaría sus valores. Me sentí igual de preocupado cuando nuestra hija Priscilla empezó a participar en —y a ganar— concursos de belleza en la universidad y cuando nuestro hijo Jonathan firmó con la NFL (National Football League, la liga nacional de fútbol americano en Estados Unidos) y se metió en un ambiente que implicaba estar rodeado por personas que se la pasaban de fiesta en fiesta y que bebían mucho alcohol.

En cada uno de esos puntos críticos, siempre me preguntaba: *¿Los criamos con la suficiente mentalidad del reino para que resistan las tentaciones del mundo?* Y, aunque estoy seguro de que ninguno de nuestros hijos es inmaculado y de que a veces se equivocaron al tomar una decisión, en líneas generales, pasaron por esos tiempos con una fe firme.

Padres, una de las partes más difíciles de la crianza de los hijos es dejar que su hijo o hija salga a un mundo que ustedes ya no pueden controlar, en el cual no tienen mucha influencia. A la larga, cada hijo e hija tendrá que tomar sus propias decisiones. Por eso es tan importante que les den un fundamento muy firme mientras aún están con ustedes y que se aseguren de que los han equipado con todo lo necesario para vivir como un Daniel en su propia Babilonia.

¿Alguna vez vio cómo edifican un rascacielos en el centro de una ciudad? Cuando una compañía constructora se dispone a construir un rascacielos, empiezan el proceso cavando muy profundo en el terreno. De hecho, cuanto más alto vaya a ser el edificio, más profundo tienen que cavar para poner los cimientos. Un edificio alto construido sobre cimientos poco profundos a la larga se vendrá abajo.

Como padres y madres, ustedes tienen sueños y aspiraciones nobles para sus hijos e hijas, y su función es proveerles lo que necesitan para lograrlos. Su responsabilidad es darles la profundidad de carácter, fe, esperanza, amor y estima que necesitan para elevarse hasta la máxima altura de su destino personal. Concéntrense en el fundamento: esa será la base del éxito de su vida.

5

TRANSMITIR LA BENDICIÓN REAL

Las vías del tren suburbano atravesaban la ciudad, pasando frente a unas viviendas residenciales de las calles tranquilas de Oslo, Noruega. La crisis energética de principios de los años setenta había incrementado el tráfico de este metro antes poco utilizado, al punto de que casi explotaba de pasajeros. Todos tenían que apretujarse lo más posible para poder entrar.

El hecho de que una de las paradas del tren fuera un lugar popular donde se realizaban saltos de esquí no colaboraba demasiado. Tampoco ayudaba el hecho de que en Noruega los saltos de esquí fueran más populares que prácticamente cualquier otra actividad. En ese caso, el tren suburbano no solo llevaba pasajeros, sino también la consecuente conglomeración de esquíes, equipos y capas adicionales de ropa de abrigo. El vagón del tren iba lleno.

Si algún espectador se hubiera detenido a ver pasar el tren aquella mañana fría e invernal, no hubiera notado nada extraordinario. A decir verdad, la mayoría de los pasajeros tampoco notaron nada raro. Al fin y al cabo, no es cosa de todos los días que un rey se suba al tren. Sencillamente, no es algo que la mayoría de las personas esperan ver.

Pero ahí estaba, sentado junto a la ventanilla y vestido con un abrigo grueso y un sombrero, y la pasajera joven que iba sentada junto a él trataba de ocultar la sonrisa tímida por haberlo reconocido. Lo reconoció por su rostro y su voz cuando él la saludó mientras ella se sentaba. ¿Se animaría ella a decírselo a alguien más? ¿De verdad era su rey, el líder de Noruega, yendo con ellos en el vagón frío y lento? Tal vez quisiera pasar desapercibido, habrá pensado ella, y prefirió no decirles nada a los demás. Pero puede ser un poco complicado pasar desapercibido siendo un rey en su propio país.

Finalmente, una persona dijo algo; después, otra y, por último, todos se enteraron cuando el murmullo se dispersó por todos los vagones. Un pasajero que llevaba una cámara se paró para sacarle una foto cuando el conductor le pidió que le mostrara su boleto, indudablemente anonadado por quién era la persona a la cual acababa de pedírselo. Después de todo, era su rey, el rey Olaf V de Noruega, el que había sido coronado hacía más de quince años atrás.

Ese día, el rey no había abordado el vagón con un séquito. Ni siquiera iba con sus guardaespaldas. Luego, cuando le preguntaron por qué lo había hecho, al exponerse de esa manera a algún posible riesgo, respondió con franqueza: «No lo necesitaba: ya tengo cuatro millones de guardaespaldas» (refiriéndose a la población de Noruega de aquel entonces).

Por lo tanto, el rey había decidido viajar solo en el metro, a pesar de que no tenía ninguna necesidad de hacerlo. Aunque se había prohibido conducir durante determinados fines de semana en Noruega en la época de la crisis energética, ciertamente el rey no tenía ninguna prohibición. Él había conservado el derecho de conducir y podría haberlo hecho fácilmente (y legítimamente) para llegar a la rampa de salto de esquí cercana.

Sin embargo, como muestra de respeto y de honra hacia su pueblo, que había sido obligado a viajar en tren debido a la prohibición de conducir durante ese fin de semana, él decidió hacer lo mismo. El rey Olaf V, quien había ganado una medalla olímpica de oro en vela, amaba sus deportes. Como quería llegar a la rampa de saltos de esquí, tomó el único medio de transporte disponible para aquellas personas sobre quienes él reinaba[1].

Esa es una de las razones por las que este rey tan singular, quien sirvió a su país durante casi tres décadas, fue conocido como *folkekongen*, «el rey del pueblo». Durante su vida, fue un modelo de humildad y de gracia, ganándose así el gran favor de Dios y de los hombres.

Hay otra cosa digna de mencionarse que sucedió durante la ascensión al trono del rey Olaf V. Lo menciono porque revela el corazón y el discernimiento de este respetable hombre de la realeza. En esa época (el año 1957), ya no se realizaba en muchos de los países nórdicos una ceremonia de coronación que representaba el rito de paso hacia el reinado. Por diversos motivos, se desalentaba ese rito. Sin embargo, Olaf había visto a su padre servir fielmente como rey durante muchos altibajos (incluida la resistencia de Noruega al régimen nazi de Hitler) y sabía que él no podría cumplir con su cargo en soledad. Si iba a llevarlo a cabo satisfactoriamente, necesitaría nada menos que el favor y la intervención de Dios.

Sabiéndolo, le pidió al gobierno que estaba en el poder que implementara una consagración real sobre su reinado. El enfoque primordial de su consagración, después del sermón, incluiría la imposición de manos del obispo sobre la cabeza del rey y la proclamación de la bendición. El recitado fue simple pero profundo:

> Dios eterno y todopoderoso, Padre celestial, te agradecemos porque
> tu gracia en la necesidad siempre ha sobrepasado nuestra tierra,
> en los momentos desdichados y en los buenos, hasta el día de hoy.
> Escucha, en este día, la oración de nuestro rey y la nuestra. Te
> pedimos que derrames tu gracia sobre el rey Olaf el Quinto, que
> lo ayudes por medio del Espíritu y que le des tu sabiduría y tu paz,
> para que su reinado sea para el bien y la bendición de la tierra de
> Noruega y de su pueblo. Vendrán días engañosos y opresivos; que tu
> verdad y tu bondad sean su poder y su gozo. Dios eterno y poderoso,
> bendice a nuestro rey, que siempre seas tú su Señor y su Rey, y que
> le concedas a su casa todos días buenos en este mundo y para la
> eternidad. Amén[2].

El rey Olaf V logró reinar bien y durante mucho tiempo. Falleció casi al llegar a los noventa años, y la historia registra su reinado como uno verdaderamente bendecido. Gobernó su país con sabiduría, administró a su pueblo con compasión y dejó un ejemplo de qué significa vivir a la altura de lo que es llevar el nombre de la realeza. No hace mucho, la nación de Olaf honró a su rey declarándolo «el noruego del siglo»[3].

Cuando no hay bendición

El rey Olaf V supo intuitivamente que para reinar con éxito, necesitaba recibir la bendición de lo alto; por eso la pidió. En tiempos bíblicos, todo padre y madre israelita también sabía esta verdad. De hecho, dentro de la cultura judía, cada hijo e hija deseaba recibir la bendición. Dicha bendición no estaba reservada solo para los reyes o los monarcas, porque cada niño llevaba la imagen del Rey único y verdadero. Tampoco se limitaba a darle la mano a alguien y decirle: «Dios te bendiga», como solemos hacer hoy en día en el cristianismo convencional. La bendición no era simplemente una frase trillada en el paso del tiempo. Más bien, era la transferencia continua y profunda de la fe, del favor y del destino de una generación a la siguiente. La bendición le daba continuidad a un futuro que no estaba aislado del pasado, y al presente que no era irrelevante para el mañana.

En la cultura judía histórica, la bendición le otorgaba aceptación y favor a cada hijo e hija, no basada en sus logros, sino en quiénes eran ellos como hijos de Dios. Y, aunque había muchas bendiciones informales en la vida del hijo o de la hija a medida que crecía, básicamente estas culminaban con una bendición formal cuando el hijo o hija cumplía catorce o quince años de edad. A esta ceremonia formal no solo asistían los padres, sino también sus pares, y muchos de los adultos presentes le dedicaban al niño o a la niña palabras de sabiduría y de

> *La bendición le daba continuidad a un futuro que no estaba aislado del pasado, y al presente que no era irrelevante para el mañana.*

bendición. Hoy en día, muchas familias judías ortodoxas siguen dándoles a sus hijos la bendición formal. No obstante, en el contexto de la sociedad bíblica, perderse la bendición devastaría a cualquier persona involucrada. Y esto también está teniendo un efecto similar en nuestra cultura.

La historia más importante de la Biblia acerca de la carencia de la bendición se encuentra en el libro de Génesis, cuando Jacob, el hermano mellizo de Esaú, se robó la bendición de su hermano. Fingiendo ser Esaú delante de su padre anciano, Jacob lo engañó para que le entregara lo que le pertenecía legítimamente a Esaú. Como consecuencia, Esaú se quejó angustiosamente. Leemos: «Cuando Esaú oyó las palabras de su padre, lanzó un grito fuerte y lleno de amargura: "Oh padre mío, ¿y yo? ¡Bendíceme también a mí!"» (Génesis 27:34). Esaú sabía que, sin la bendición, tendría por delante un camino difícil. Toda su vida y su futuro estaban atados a esa bendición. Sin embargo, debido al quebrantamiento entre él y su padre, lo único que pudo hacer fue gritar. Los padres tienen un papel crítico para la transmisión de la fe, y ese papel involucra impartir una bendición.

Cuando las personas no reciben la bendición, muchas veces sienten como si hubieran perdido el sentido. Han perdido lo que les distingue. Así como una flor necesita el entorno adecuado para crecer, nosotros fuimos creados con el deseo de recibir la bendición para poder prosperar fructíferamente en

> *Los padres tienen un papel crítico para la transmisión de la fe, y ese papel involucra impartir una bendición.*

el futuro. He predicado en suficientes cárceles y he hablado con tantos presos como para saber que la mayoría de ellos (si no todos) son hombres o mujeres que nunca han recibido la bendición. Nunca han escuchado a un padre o una madre decirles las palabras de favor y de futuro que son producto de ser un hijo del Rey.

Uno de mis mayores fracasos como padre ocurrió tempranamente en esta área de transferirles la bendición a mis dos hijos por igual. Como nuestro hijo menor, Jonathan, tenía muchas dificultades en la escuela, el tiempo que yo pasaba con él era desproporcionadamente mayor al que pasaba con Anthony y con mis hijas. Además, Jonathan empezó a jugar fútbol americano, así que mi afinidad natural con el fútbol nos llevaba a conversar más fácilmente y eso hacía que pasáramos más tiempo juntos.

A la luz de todo lo demás que tenía que hacer en esa época, me doy cuenta ahora de que no pasé tanto tiempo con Anthony como debería haberlo hecho y, de muchas maneras, él pudo haber sentido que él no estaba recibiendo la bendición que le correspondía como hijo mayor. No fue sino hasta que Anthony fue a la universidad y empezó a cantar que me di cuenta de esto. Como ya no podía cambiar el pasado, hice todos los esfuerzos posibles para relacionarme con él a través de su carrera como cantante, y sigo haciéndolo hasta el día de hoy. Es emocionante ver cuántas veces en los últimos años Dios nos ha reunido en eventos por todo el país a los cuales yo voy a hablar y Anthony ha sido invitado a cantar. A veces, ni siquiera lo sabemos hasta que llegamos ahí, pero siempre es una sorpresa agradable.

Como padre, podría haber visto mi fracaso de no haberle dado prioridad a la transferencia de la bendición a Anthony y haberme rendido a causa de eso. Podría haber supuesto que era demasiado tarde para deshacer el mensaje que le había transmitido. Pero, padres, aun en las áreas en las que saben que no cumplieron con las pautas de Dios, empiecen ahí mismo donde están. Yo tomé la decisión consciente de trabajar para revertir mis acciones con Anthony y darle la bendición, a pesar de que él era ya mayor, y he visto al Señor honrar ese esfuerzo a lo largo de los años, hasta cuando nos reúne periódicamente para eventos. Y ahora que Anthony es adulto, rara vez pasan más de dos o tres días seguidos sin que hablemos, ya sea personalmente o por teléfono. No solo disfruto de él y de su compañía, sino que además quiero que él sepa que él tiene la transferencia de la bendición.

Padres, dense cuenta de que hay cosas en su pasado (y en su estilo de crianza) que fueron errores e, incluso, fracasos. Ninguno de nosotros es perfecto. Pero pueden empezar donde están y de ahí avanzar. Aunque sus hijos hayan crecido y sean adultos, su rol como padres y madres todavía existe. Desarrollen y cuiden esa relación todo lo que puedan. Y recuerden que ser abuelos es muchas veces la manera de Dios de darles a los padres una segunda oportunidad. En la Biblia, Jacob (el padre de José) se equivocó de muchas formas. Sin embargo, al final de su vida, está registrado que impuso las manos sobre las cabezas de sus dos nietos (los hijos de José) para bendecirlos. Nunca vean la crianza de los hijos como algo concluido. Siempre es un proceso continuo, no importa en qué etapa esté su familia.

Y, aunque la bendición pueda parecer algo sin sentido para muchos en la actualidad, no fue insignificante para Esaú cuando la perdió. Tampoco es realmente elusiva para nuestros propios hijos e hijas cuando más la necesitan. Es posible que la bendición ya no conlleve derechos sucesorios como la tierra y el ganado, pero su importancia espiritual sigue existiendo. Se trata de la función que Dios dispuso de transferir la fe y todo lo que ella implica en la historia, mediante el linaje familiar al hijo o hija. Tiene que ver con la cobertura de pacto de Dios. Como un paraguas que lo protege a uno de la lluvia, la bendición protege a una persona de las tormentas de la vida. La bendición no detiene la tormenta, pero ofrece refugio en medio de ella.

Padres, hoy en día, nuestros jóvenes tienen que soportar una lluvia de maldad, promiscuidad, inmoralidad, materialismo, egoísmo y un diluvio de otros desastres que provienen de nuestra cultura. Si ustedes no tienen la precaución de colocarse debajo de la cobertura del pacto de Dios y, de la misma manera, de poner a sus hijos debajo de ella a través de la manera que decidan educarlos, ellos terminarán empapados.

La bendición no detiene la tormenta, pero ofrece refugio en medio de ella.

Como podrán imaginar, el objetivo de Satanás es interrumpir la bendición. El trabajo de él es cortar la línea e impedir que lo que Dios está dándole a usted llegue a sus hijos. Satanás desea producir discontinuidad donde Dios quiere continuidad, y una de las maneras que Satanás tiene para conseguirlo es eliminando la bendición.

La bendición del destino

En Génesis 12, somos testigos de una de las mejores explicaciones de la bendición cuando el Señor le habla a Abraham, el abuelo de Esaú:

> Deja tu patria y a tus parientes y a la familia de tu padre, y vete a la tierra que yo te mostraré. Haré de ti una gran nación; te bendeciré y te haré famoso, y serás una bendición para otros. Bendeciré a quienes te bendigan y maldeciré a quienes te traten con desprecio. Todas las familias de la tierra serán bendecidas por medio de ti. (Génesis 12:1-3)

Como vemos en este pasaje, la bendición está completamente ligada al propósito. Por medio de Abraham, los pueblos de la tierra también serían bendecidos cuando Dios lo convirtiera en una gran nación. La bendición de su hijo o hija, asimismo, está ligada a su propósito. Dios tiene un destino de origen divino dispuesto por él para su hijo o hija, que abarca las pasiones, la personalidad, las habilidades, los sueños y las experiencias de su hijo o hija. Todo esto converge para permitir que su hijo o hija llegue a realizar aquello para lo que fue creado o creada. El destino de su hijo o hija podría definirse como la vocación personalizada que Dios preparó para él o ella, para que le dé inconmensurable gloria a Dios y logre el máximo crecimiento de su reino. Recuerde: la bendición y el propósito de su hijo o hija nunca se tratan solo de él o de ella. Tienen que ver con Dios y los planes que tiene para su reino.

Dios es un Dios de propósito y de planes. «Pero los planes del SEÑOR se mantienen firmes para siempre; sus propósitos nunca serán frustrados» (Salmo 33:11). Él tiene un plan específico para el hijo suyo. Jeremías 29:11 dice: «Pues yo sé los planes que tengo para ustedes —dice el SEÑOR—. Son planes para lo bueno y no para lo malo, para darles un futuro y una esperanza».

Sus hijos están aquí por una razón. Sería una tragedia si nunca descubrieran cuál es su propósito. Una de las cosas más importantes que puede hacer como padre o madre es ayudar a sus hijos a que descubran cuáles son sus dones espirituales, sus pasiones y su visión, para que usted pueda guiarlos hacia su llamado. Recuerde que un don no es lo mismo que un talento. Yo defino al *don* como «una habilidad otorgada por Dios, la cual es usada para fortalecer a los demás y para servir de la mejor manera a Dios y a su reino». Un *talento*, por otra parte, es «una habilidad humana en general, que no está infundida ni con el toque único ni el poder del Espíritu Santo».

Muchos creyentes no cumplen con su destino simplemente porque no saben cuáles son sus dones espirituales. Posiblemente estén atascados tratando de utilizar un talento en lugar de preguntarle a Dios cuál es el don que él les ha dado, o de descubrir cómo quiere Dios transformar ese talento en un don. Pero otros no cumplen su destino porque nunca descubren sus dones. Al criar hijos del reino, esté consciente de la diferencia entre dones y talentos mientras trata de guiar a sus hijos hacia su propósito personal.

¿Le demandará tiempo y esfuerzo? Sí, pero valdrá la pena. Antes de que nuestro hijo Anthony desarrollara un fuerte interés por cantar, estaba fascinado con los animales y quería ser veterinario. Aun cuando llegó a la universidad, seguía pensando en estudiar veterinaria. Mientras Anthony crecía, nuestro trabajo como padres fue ayudarlo a transitar su recorrido de exploración para que él pudiera descubrir si ese era realmente el llamado de Dios para su vida.

Nunca olvidaré cuando Anthony nos anunció que quería comprar un burro. Verá, nosotros no tenemos un gran jardín... y vivimos en la ciudad. Pero, a pesar de ello, hicimos el esfuerzo de ir a varias granjas de animales con Anthony para analizar la idea de traer un burro a la casa. Incluso llegué tan lejos como ir a hablar con nuestros vecinos para preguntarles si les molestaría si tuviéramos un burro en el jardín.

No hace falta aclarar que al final optamos por no comprar el burro, pero lo que quiero decir

Al criar hijos del reino, esté consciente de la diferencia entre dones y talentos mientras trata de guiar a sus hijos hacia su propósito personal.

es que a veces será necesario hacer todo lo posible para darles a nuestros hijos la oportunidad de que descubran sus dones. No compramos el burro, pero sí adquirimos distintos animales con el paso de los años (y, además, le dimos a Anthony la experiencia de andar a caballo y estar con animales en los campamentos familiares o en otras partes) para que él pudiera darse cuenta de si ese realmente era o no su llamado.

Hoy en día, muchas familias viven en conflicto y en estrés por el simple hecho de estar compuestas por individuos que no saben cuál es su destino o que sencillamente no viven para realizarlo. Siempre que ponga a personas frustradas o desilusionadas en el mismo hogar y les sume las pruebas y las dificultades de la vida, habrá estrés. Una de las mejores maneras de transmitir la bendición es ofrecer sabiduría, oportunidades y orientación a nuestros hijos hacia su destino.

Dios tiene un plan para la vida de su hijo, y es un buen plan, lleno de propósito y de esperanza (vea Jeremías 29:11). Como padres, a veces quizás sientan que ustedes tienen mejores planes para sus hijos. Tal vez ustedes sueñen cosas distintas para ellos (como, por ejemplo, que sean médicos, abogados o contadores exitosos), así que los encaminan hacia esas direcciones en lugar de postrarse humildemente ante el Señor para descubrir cuál es el plan que tiene él para ellos. Pero tratar de mejorar el plan que Dios tiene para su hijo o hija es como tratar de mejorar un Picasso con un marcador: solo logrará arruinar una obra maestra. Dios quiere que mire a sus hijos con los ojos de él. Quiere que imagine el futuro de ellos a través de sus planes porque él es sumamente sabio y conoce cuál es el mejor camino para que vivan una vida plena y abundante.

La bendición de Abraham no estaba ligada solo al propósito; también estaba ligada a su posteridad. Cuando Esaú se perdió la bendición de su padre, Isaac, se perdió de lo que Dios había iniciado a partir de Abraham. Había un futuro glorioso para Abraham y sus descendientes, siempre y cuando la bendición se transmitiera a la siguiente generación. Como creyentes, todos somos hijos de Abraham, habiendo sido adoptados dentro del hogar real de Dios. Por lo tanto, la esperanza de un futuro glorioso está disponible para sus hijos también.

Dado que los padres del reino tienen la capacidad de transferir el legado de bendición de Abraham, Satanás hace todo lo posible para impedir que los padres comprendan la importancia de su rol. Si Satanás consigue que un padre o una madre no sea responsable en la crianza de sus hijos según los principios de la bendición, tendrá una buena oportunidad de impedir que ellos alcancen su destino en el futuro. Lo he visto suceder una y otra vez cuando aconsejo a las familias. Si Satanás puede mantener a los matrimonios en un estado de conflicto, en lugar de estar juntos en el compromiso, el príncipe de este mundo puede ponerle trabas a la bendición. Un matrimonio firme es invaluable y aporta mucho para producir un hogar sano donde se pueda transferir la bendición.

Y Satanás no solo puede limitar el destino de la próxima generación causando conflictos dentro de los matrimonios y de los hogares; también puede limitar a las generaciones siguientes.

A lo largo de mi vida, he tenido el privilegio de predicar en estadios donde había más de 65.000 personas y hasta llegué a hablarle a un millón reunidos frente al Capitolio de Estados Unidos. Pero hay un momento en que prediqué que, para mí, es el más destacado de todos. Tenía casi cincuenta años en aquel entonces, y una iglesia en Baltimore me había pedido que fuera a hablar en un evento de ellos un viernes en la noche. Siempre me gustó llevar a los niños cada vez que podía, así que decidí llevar a Anthony conmigo en esa ocasión, especialmente porque sabía que podríamos ir a ver a sus abuelos, que vivían cerca de allí.

Dado que los padres del reino tienen la capacidad de transferir el legado de bendición de Abraham, Satanás hace todo lo posible para impedir que los padres comprendan la importancia de su rol.

Nunca olvidaré que mis padres fueron a recogernos al aeropuerto y nos llevaron a hacer lo que siempre hacíamos cuando estábamos en Baltimore: ir a comer cangrejos. Luego, escarbamos esos cangrejos en la cocina de mis padres, en la casa donde yo había crecido. Más tarde, nos dirigimos a la iglesia para asistir al programa de la noche. A la mitad de mi sermón, observé algo que me pareció muy significativo. Ahí estaba mi padre, sentado en la primera fila de bancos, con una gran sonrisa en los labios y diciendo repetidas veces «Amén» a mi mensaje. Entre sus «amenes», se daba vuelta hacia Anthony y lo alentaba a que hiciera lo mismo. Yo sabía que tenía la bendición de mi padre de manera continua, pero, en ese momento, la sentí de una manera especialmente fuerte. Sentí su bendición conectada a mí y, luego, transfiriéndose a través de mí a mi hijo. Es uno de los recuerdos que más atesoro.

Lamentablemente, hoy la mayoría de los hijos no recibe los beneficios de la bendición. En nuestras calles, tenemos una generación de muchachos que no tienen idea de qué hacer porque no saben nada de la bendición. Tenemos una generación de muchachas jóvenes que buscan el amor vendiéndose muy barato, sin saber lo valiosas que son como herederas de la bendición. Hay una generación de niños que están convirtiéndose en adultos sin objetivos,

El don de cantar

por Chrystal Evans Hurst

Mi madre canta. Crecimos escuchándola practicar en el baño para cantar como solista los domingos en la mañana. Su padre, nuestro difunto abuelo, cantaba en voz alta y enérgicamente siempre que se sentaba en la segunda fila de la iglesia. Nosotros nos reíamos en voz baja por lo fuerte que cantaba. Se tomaba muy en serio los himnos. Mi papá canta. No se inscribiría para un certamen vocal, pero, sin duda, puede cantar afinadamente. De hecho, al más mínimo incentivo, rompe en canto con el coro de «My Girl», de los Temptations. El padre de mi papá canta; también toca el piano y ha sido un músico fantástico toda su vida.

Se podría decir que, a lo largo de los años, tuvimos mentores en la música.

Entonces, no es ninguna sorpresa que mi hermano Anthony Jr. cante (y que lo haga bien). Tiene algunos álbumes que lo demuestran. Mi hermana, Priscilla, y yo cantamos. En algunas ocasiones especiales, hemos formado un cuarteto con Anthony y Jonathan.

Uno podría afirmar que hemos heredado este don para cantar como parte de nuestro ADN. Si bien eso puede ser parcialmente cierto, no es la historia completa. Conozco un montón de personas que cantan y que tienen hermanos o hijos que no lo hacen en absoluto. De manera que la aptitud vocal no es, exclusivamente, producto de un acervo genético en particular. Este atributo también debe estar relacionado a la ósmosis del medioambiente. Dicho de manera sencilla: en mi familia, estábamos rodeados por el canto. Fue algo que adquirimos.

Esto que es válido para el canto también lo es para nuestra herencia espiritual. Aunque nosotros, los cuatro hijos de los Evans, estamos agradecidos por cómo nos educaron, también tenemos muy en claro que lo que recibimos es, en gran parte, el resultado de los atributos espirituales, las aptitudes o las capacidades que formaron parte de nuestro entorno. Tuvimos el privilegio de escuchar orar a nuestros padres. Fuimos bendecidos al verlos servir a Cristo y a su cuerpo, incluso cuando les costaba hacerlo. Fuimos testigos de cómo se tomaban la fe en serio.

Y no solo pudimos observar y absorber lo bello de su entrega a Cristo; ellos nos invitaron a acompañarlos. De la misma manera que nos reuníamos alrededor del piano y cantábamos al unísono, nos acercábamos a la mesa de la cocina y orábamos juntos en unidad, y nuestros padres oraban por nosotros (dándonos un modelo espiritual).

En eso radica la bendición.

Lo que mis abuelos les dieron a mis padres fue el don de la herencia espiritual. Mis padres, a su vez, nos entregaron el mismo don a nosotros.

La bendición fue transferida de generación en generación. Nuestros padres fueron nuestros mentores en el ministerio y nos formaron en el cristianismo. Y por todo ello, estamos agradecidos.

sin enfoque y con responsabilidades que descuidan porque no tienen la motivación del futuro y de la bendición. Padres, si quieren educar hijos del reino que vivan vidas dignas de la realeza para la que Cristo los ha redimido, ellos necesitan la bendición.

La verdad y el contacto físico

La sustancia de la bendición está compuesta de muchas cosas. Una de ellas involucra el contacto físico significativo. Lo vemos ilustrado cuando Isaac da su bendición, al leer que «luego Isaac le dijo a Jacob: "Acércate un poco más y dame un beso, hijo mío". Así que Jacob se le acercó y le dio un beso» (Génesis 27:26-27). En otros lugares de las Escrituras, leemos que al transferir la bendición, o al ungir, el que da la bendición impone las manos sobre la persona que la recibe o besa a la persona en la frente.

En el Nuevo Testamento, los padres llevaban sus hijos a Jesús para que él los tocara. Los discípulos trataban de disuadir a los padres y las madres para que los niños y las niñas se fueran, pero esto fue lo que sucedió: «Cuando Jesús vio lo que sucedía, se enojó con sus discípulos y les dijo: "Dejen que los niños vengan a mí. ¡No los detengan! Pues el reino de Dios pertenece a los que son como estos niños". [...] Entonces tomó a los niños en sus brazos y después de poner sus manos sobre la cabeza de ellos, los bendijo» (Marcos 10:14-16).

Padres, si quieren educar hijos del reino que vivan vidas dignas de la realeza para la que Cristo los ha redimido, ellos necesitan la bendición.

Siempre que encuentra el traspaso de la bendición en la Biblia, esto involucra contacto físico. El contacto simboliza la identificación, elimina la distancia y comunica intimidad.

Vince Lombardi es considerado uno de los entrenadores más exitosos de todos los tiempos, con múltiples campeonatos ganados en la liga de fútbol americano, además de haber ganado el primer y el segundo Supertazón. Su récord es impresionante, pero su legado es aún más profundo. Lombardi tenía un don especial para motivar a los jugadores mediocres para hacerlos lograr, de alguna manera, jugar a nivel de campeonato. De hecho, en dos ocasiones, Lombardi consiguió convertir equipos fracasados en equipos ganadores en solo un año. Hacía que sus jugadores creyeran que eran ganadores, que podían jugar mejor que nunca y que podían lograr más de lo que alguna vez imaginaron.

Creer en esto los motivaba a practicar esforzándose más de lo que pensaban que podían, y a lograr más de lo que antes hubieran imaginado. Lombardi es famoso por haber dicho: «El hombre responde al liderazgo de una manera tan sorprendente, y una vez que has ganado su corazón, te seguirá a cualquier parte»[4].

Los niños son iguales.

Es interesante observar que Lombardi fue entrenador durante una época en la cual había una gran división racial. De hecho, cuando él empezó, la mayoría de los equipos de la NFL ni siquiera tenían jugadores negros, y los que sí tenían, los trataban muy mal. Pero Lombardi no. Similar al contacto físico de la bendición, Lombardi era famoso por cierta palmadita que les daba a sus jugadores en la nuca mientras les hablaba o cuando volvían de un partido o de un entrenamiento. Además del hecho de que había un nivel de tensiones raciales más alto que nunca, recuerde que el contacto físico puede remitir una intención negativa tanto como positiva.

Un jugador negro en particular, Dave Robinson, recientemente habló de esa palmadita en la nuca en un documental: «Mi padre me dijo que nunca permitiera que un hombre blanco me palmeara la cabeza —contó—, pero Lombardi era distinto. —Se le dibujó una sonrisa en el rostro al recordar a su exentrenador—. Me encantaba cuando Lombardi me palmeaba la nuca». Este jugador luego dijo que el funeral de Lombardi fue la única vez que él lloró en el funeral de un hombre blanco. «Se había convertido en una figura paterna para mí —dijo el exjugador de los Green Bay Packers— y lo quise mucho»[5].

El contacto físico, acompañado de palabras de confianza y verdad, se volvió una bendición que transformó el corazón de Robinson, un corazón endurecido por un legado de odio racial y de dolor. Él reconoció que no solo lo ayudó a convertirse en un gran jugador de fútbol americano; también lo hizo un gran hombre. Piense cuánto más podría impactar usted, como padre o madre, si tuviera con sus hijos el contacto físico positivo y amoroso de la bendición. Combine ese contacto con las palabras que expresan verdades de confianza, honra y favor acerca del futuro y del destino de su hijo o hija, y así lo ubicará para que cumpla plenamente con el plan que Dios tiene para la vida de él o de ella. En uno de los próximos capítulos, analizaremos la bendición de la palabra dicha (el estímulo), así que no profundizaremos ahora en ese tema, pero tanto el contacto físico como la verdad son componentes necesarios para conferir la bendición.

Bendecidos para bendecir

En la actualidad, tenemos una generación de niños que buscan la bendición; están buscando alguien que coloque sus manos sobre su cabeza, que crea en ellos y les transmita que les espera un futuro glorioso. Recuerde que la bendición siempre está orientada hacia el futuro. Somos testigos de ello en la bendición que le dio Isaac a Jacob: «Del rocío de los cielos y la riqueza de la tierra, que Dios te conceda siempre abundantes cosechas de grano y vino nuevo en cantidad. Que muchas naciones sean tus servidoras y se inclinen ante ti» (Génesis 27:28-29). La bendición le dio a Jacob algo por lo cual esperar.

Nunca olvidaré cómo mi padre me bendecía de manera habitual. Debido a las dificultades económicas que hubo en el hogar donde creció, él tuvo que dejar la secundaria para ayudar a ganar dinero para darle de comer a la familia. Como consecuencia, terminó trabajando como obrero toda su vida. Trabajó como estibador durante casi cuarenta años, cargando y descargando barcos. Era un trabajo matador. Recuerdo que muchas veces mi papá volvía a casa exhausto después de un día de trabajo. A veces, dependiendo de cómo entraran los barcos, él tenía que trabajar durante veinticuatro horas seguidas.

Pero, aunque mi padre estuviera cansado, siempre se hacía el tiempo para orar con nosotros, para compartir devocionales con nosotros y para llevarnos a la iglesia. Más que eso, nos transmitía que lo que estaba haciendo era para que tuviéramos un futuro mejor. Me decía: «Tony, me estoy esforzando tanto para que tú no tengas que trabajar así cuando crezcas». Mi padre quería que yo fuera a la universidad y que me ganara la vida usando el cerebro, no solo el cuerpo, como lo tenía que hacer él. Él quería que yo recibiera la bendición de un futuro más promisorio, pero para darme eso, hacía falta más que palabras; era necesario su compromiso.

Nunca vi que mi padre se quejara por el trabajo, y jamás vi que no fuera a trabajar simplemente porque no quería ir. El compromiso de mi padre fue un modelo de lo que invertía en mí, y su ejemplo me estimuló para que yo también fuera diligente en invertir en mi futuro y en el de mis hijos. Como resultado, he tratado de honrarlo con mis decisiones de todas las maneras que he podido.

La tragedia actual es que tenemos una generación de jóvenes sin futuro. No tienen nada que esperar. No saben cómo soñar del mañana porque no tienen nadie quien lo haya soñado primero por ellos y con ellos. Y, así, toman decisiones equivocadas, arriesgando su vida y su futuro, para vivir por lo que puedan alcanzar al instante: desperdiciando, al mismo tiempo, la disciplina y la dedicación que necesitan para realizar su destino.

Darles la bendición a sus hijos significa brindarles una visión a largo plazo de un futuro mejor. Significa dedicarles palabras de esperanza, favor y entrega, y hacerles saber que usted siempre estará allí para ellos en el camino hacia su destino. Una manera excelente de comenzar este proceso es entregarle su hijo o hija a Dios cuando es un bebé. En nuestra iglesia, lo ofrecemos como una ceremonia y lo hacemos más para los padres, como un recordatorio de su llamado como padres, que para beneficio del hijo o de la hija. Si usted no tuvo la oportunidad de hacer esto y su hijo o hija ya no es un bebé, considere la posibilidad de realizar una «ceremonia de bendición» cuando él o ella llegue a una edad específica. A decir verdad, aunque haya consagrado a su hijo o hija cuando era un bebé, también sería beneficioso tener una ceremonia adicional una vez que llega a la edad de entender. No hace falta que sea algo formal, aunque podría serlo. Invite a otras personas para que los acompañen y para que oren por su hijo o hija. Quizás, pueda regalarle a su hijo o a su hija una Biblia que represente el traspaso de la bendición.

Tenga en cuenta que conferir la bendición a sus hijos no es simplemente decir unas palabras mágicas y luego, *puf*, ahí la tiene. No puede sentarse a esperar pasivamente que suceda, sin hacer nada para asegurarla. Conferirles la bendición a sus hijos implica de parte suya prepararlos fervientemente para ella. En Génesis 18, leemos acerca del compromiso en referencia a la bendición de Abraham: «Yo lo escogí a fin de que él ordene a sus hijos y a sus familias que se mantengan en el camino del Señor haciendo lo que es correcto y justo. Entonces yo haré para Abraham todo lo que he prometido» (Génesis 18:19).

Darles la bendición a sus hijos significa brindarles una visión a largo plazo de un futuro mejor.

La transferencia de la bendición de Abraham a sus hijos y a sus descendientes requirió de su responsabilidad. Nosotros, como padres y madres que crían a hijos del reino, tenemos una responsabilidad similar. El destino de Abraham incluyó educar a sus hijos para que ellos también cumplieran con su destino. Tuvo que dirigir a los demás en su hogar a que se mantuvieran en el camino del Señor haciendo lo que era recto y justo. Al igual que Abraham, no estamos aquí solo para existir: hemos sido seleccionados para formar parte de la familia real; hemos sido elegidos para que eduquemos a los próximos herederos y herederas naturales para sus puestos legítimos como gobernantes en el reino de Dios.

Esa es una de las razones por las que decidí dedicar toda una sección de este libro a inculcar las virtudes del reino. Para que usted instruya a sus hijos en los caminos del Señor, es fundamental que primero los conozca y los ponga en práctica usted mismo. Y, aunque puede ser que ya domine estas virtudes, es importante que repase los principios fundamentales relacionados con cada una para que pueda conocer mejor cómo transmitírselas a sus hijos.

Por eso también hemos desarrollado unos ejercicios que podrá usar con sus hijos como una manera de transferir y repasar estas virtudes. Desarrollar el carácter y transferir la bendición requieren que usted se esfuerce como padre o madre, y no hay mejor manera de hacerlo que apartar momentos específicos para hablar con sus hijos acerca de la Palabra de Dios y del impacto que tiene en la vida. Desde luego, la lista de virtudes que incluyo no es exhaustiva, pero da un buen fundamento sobre el cual edificar.

Como padres, ustedes deciden el ritmo y las pautas para todos los de su casa. Establecen los objetivos; dirigen el discipulado. Esa es una de sus funciones primordiales y es fundamental para producir la transferencia y la materialización de la bendición. Y ustedes, hombres, permítanme recordarles: en los tiempos bíblicos, no eran las madres las que tenían a cargo la responsabilidad primaria de educar a los hijos. Esa era tarea del padre. La madre estaba allí para ayudar, pero era el padre quien se ocupaba del aprendizaje de los hijos, de su formación espiritual, de la enseñanza y del entrenamiento. En algún momento nosotros, los hombres, malinterpretamos el gran llamado de la paternidad. No estamos en la familia para ayudar, sino para liderar, y para liderar bien.

> *No estamos en la familia para ayudar, sino para liderar, y para liderar bien.*

Recuerde el ejemplo del rey Olaf V de Noruega, un rey que gobernó bien. La bendición sobre su reinado se manifestó a lo largo de sus años y hasta en su legado. Que los hijos de usted tengan la dicha de vivir ese mismo grado del favor de Dios, a la vez que usted los prepare para recibir la mayor bendición de Dios sobre la vida de ellos, junto con la manifestación de sus sueños y de su destino.

SEGUNDA PARTE

CÓMO CREAR UN AMBIENTE DEL REINO

6

El Amor se Demuestra en las Acciones

Criar hijos del reino implica supervisar intencionadamente que la fe sea transmitida de una generación a la otra, de tal manera que los hijos aprendan a vivir consecuentemente toda la vida bajo la autoridad de Dios. La regla más importante del reino, que nos fue dada por Dios, es la del amor. Fuimos llamados a amarlo con todo nuestro corazón, toda nuestra alma, toda nuestra mente y toda nuestra fuerza y a amar a los demás como a nosotros mismos (vea Lucas 10:27).

Amar a Dios debería ser la prioridad más importante en la vida de su hijo o hija. Y también debería ser su máxima prioridad como padre o madre y como hijo o hija del Rey. Su amor a Dios debería traducirse en buscar apasionadamente la gloria de él y en someterse a su voluntad como su motivación principal en la vida. Debemos amar a Dios

- con todo nuestro corazón: el centro de nuestros deseos y de nuestro cariño;
- con toda nuestra mente: amoldando nuestro pensamiento a su Palabra;
- con toda nuestra alma: sometiendo la naturaleza única de nuestra personalidad a su dominio; y
- con toda nuestra fuerza: usando nuestro cuerpo y nuestra energía para cumplir con su voluntad.

De esta manera, nuestro amor por Dios debería desbordarse en la búsqueda misericordiosa del bienestar de los demás y en el trato de otros de la manera que quisiéramos que ellos nos trataran.

El amor es idea de Dios y es el elemento más importante para crear un ambiente del reino en su hogar. Si vamos a educar hijos del reino, tenemos que poner esta parte de los cimientos con cuidado y de manera firme. Cualquier cosa que se edifique sobre cimientos frágiles, tarde o temprano se derrumbará; hoy en día, podemos observar muchos hogares que se ven hermosos, pero que se caen a pedazos. Fueron construidos sobre la definición errónea que tiene el mundo sobre el amor, la cual, muy a menudo, solo tiene que ver con la emoción o la conveniencia. Pero la definición del amor en el reino de Dios —si elegimos aplicarla— no solo transformará el ambiente, sino también la dinámica de nuestro hogar.

El amor siempre involucra un elemento de conexión, cualidad importante para establecer una familia sana. La mejor manera de definirlo es el grado de cercanía y de afecto entre los hijos y sus padres. Incluye compartir tiempo de calidad, diversión, compartir ratos libres y participar en actividades escolares y en los deberes.

La definición del amor en el reino de Dios —si elegimos aplicarla— no solo transformará el ambiente, sino también la dinámica de nuestro hogar.

Entonces, ¿cómo desarrollamos en nuestra familia la capacidad de vincularnos, y educamos a nuestros hijos según la definición divina del amor basado en el reino? Dios nos dio algunas indicaciones prácticas en un conocido pasaje bíblico. Primera de Corintios 13 se conoce comúnmente como el «Capítulo del amor». Aunque su mensaje generalmente se analiza desde el punto de vista del desarrollo personal, su descripción del amor se aplica de la misma manera a la familia.

Primera lección sobre el amor

«Si pudiera hablar todos los idiomas del mundo y de los ángeles pero no amara a los demás, yo solo sería un metal ruidoso o un címbalo que resuena» (1 Corintios 13:1). En el capítulo 13, el apóstol Pablo habla mucho de qué significa amar de verdad. Cuando apliquemos estos principios a nuestro hogar, veremos el fruto resultante. El primer versículo me llega (como esposo, padre y predicador) directo al corazón.

Como hombre y padre del reino, he tenido oportunidades más que suficientes de hablarles a mis hijos, ya fuera sentados a la mesa familiar haciendo nuestros devocionales, reunidos alrededor de la chimenea hablando sobre las actividades del día o simplemente compartiendo con cada uno algún principio que Dios me hubiera enseñado ese día. Y, al menos cuando mis hijos eran pequeños, ponían mucha atención a cada palabra que les decía. Papá lo sabía todo, o eso creían ellos. Para ser sincero, yo disfrutaba de su atención y de que confiaran plenamente en mí. Me hacía sentir fuerte y conocedor... y amado.

A lo largo de los más de cuarenta años que llevo como predicador, también he tenido una cantidad de oportunidades para hablar frente a la gente. Una vez, traté de calcular a cuántas personas les había hablado a lo largo de los años y perdí la cuenta en un número cercano a los diez millones. Hablar es mi pasión, particularmente cuando se trata de la Palabra de Dios. En especial, me gustan esas veces en las que la congregación realmente me está siguiendo y no puedo decir más que dos o tres frases sin escuchar un coro de «amenes». Tengo la esperanza de que, en esas ocasiones, el Espíritu Santo está dando a entender un principio a la mayoría de los que me están escuchando. De todas maneras, siempre me da una gran alegría impactar a las personas a través de las palabras.

Sin embargo, independientemente de lo eficaz que yo piense que sea mi mensaje, 1 Corintios 13:1 dice que las palabras resuenan vacías a menos que estén respaldadas por un amor auténtico. Aunque las congregaciones, los clientes, las clases de las escuelas dominicales, los colegas y los hijos escuchen la voz de un ángel, Dios escucha un alma desafinada que suena más como un metal viejo o un címbalo irritante y estruendoso, que no quiere dejar de hacer ruido. Él se tapa sus oídos antropomórficos y grita: «¡Silencio!».

La capacidad de sonar bien no significa nada si no surge de un corazón realmente lleno de amor. Como dice el título de este capítulo: «el amor se demuestra en las acciones». Hablar es hablar, y cuando no está respaldado por acciones que reflejen un corazón amoroso (un corazón comprometido con el bienestar y la felicidad del prójimo), no son más que palabras.

Ya sea un mensaje de texto diciendo «Te amo» a sus hijos o una charla íntima antes de que su hijo o hija se vaya de casa, si eso no va acompañado de acciones, no es más que un gong ruidoso de mala calidad. Sus acciones deben demostrarles que usted encara las cosas contra las que ellos luchan, que en las áreas donde necesitan consuelo lo reciben, que usted les da la estima que ellos legítimamente necesitan y que usted les brinda el tiempo que ansían pasar con usted, o es solo un gong barato que resuena.

Tarde o temprano, ellos atravesarán sus palabras y encontrarán solamente sus actos, lo cual endurecerá y amargará su corazón que alguna vez fue receptivo hacia usted.

Segunda lección sobre el amor

El siguiente versículo que vamos a examinar es 1 Corintios 13:2: «Si tuviera el don de profecía y entendiera todos los planes secretos de Dios y contara con todo el conocimiento, y si tuviera una fe que me hiciera capaz de mover montañas, pero no amara a otros, yo no sería nada». Este pasaje nos dice que uno puede parecer, actuar e, incluso, sonar muy espiritual, pero no servir para nada. Es posible ser bendecido con muchos dones del Espíritu, pero estar arruinado. Es posible ser un maestro fantástico, pero no causar un impacto bueno que perdure. Usted puede saberse todos los versículos, entender los principios de la fe y comprender las enseñanzas adecuadas y la disciplina que debe impartirles a sus hijos. Pero si se fija más en *usted* que en su hogar, se notará. Si su motivación como padre es enseñarle la Palabra de Dios a su familia para que usted quede bien en público, no es auténtica. Pablo dice claramente que cuando sus dones se erigen sobre otro fundamento que no sea el amor, no son *nada*.

Señoras, esto también vale para ustedes. Si trata a su esposo faltándole el respeto, si lo denigra delante de sus hijos y de los demás, o si no es capaz de abrir su hogar con gestos de hospitalidad y amistad, no importa en cuántas comisiones eclesiásticas esté o a cuántos almuerzos asista. Ni siquiera es importante si los demás en la iglesia la consideran un modelo de fe. Si la base de su apariencia espiritual es otra cosa que no sea el amor, a los ojos de Dios no es «absolutamente nada».

Tercera lección sobre el amor

«El amor es paciente y bondadoso» (1 Corintios 13:4). La esencia de un buen maestro es la paciencia, y nosotros, como padres, somos maestros. Nuestros hijos son los alumnos. Lamentablemente, muchas veces nos cuesta más ser pacientes con nuestros propios niños que con los hijos de otros. Cuando nuestros hijos intentan hacer un deber por primera vez y cometen un error, tendemos a saltar a corregirlo y terminamos haciéndolo nosotros mismos. Al fin y al cabo, así es más fácil. Así por lo menos se hará el deber. Sin embargo, lo mejor que podemos hacer en esos momentos es dejarlos equivocarse, explicarles cómo hacerlo bien la próxima vez y darles la oportunidad de tratar de hacerlo nuevamente. A veces lo más amoroso que podemos hacer es soltar la cosa, aunque nos cueste hacerlo.

Recuerdo una situación en nuestro hogar que requirió de paciencia. Mi hijo menor, Jonathan, tuvo problemas en la escuela debido a su trastorno de déficit de atención, que desde muy pequeño dificultó su capacidad para leer. Como el autonombrado «asistente de las tareas escolares» de la familia Evans, yo solía pasar horas con Jonathan en la noche, sentado a su lado en la mesa de la cocina, tratando de ayudarlo a leer o a completar otra tarea que implicara lectura. La lectura es tan fundamental para todo lo demás, y a él le costaba mucho concluir cualquiera de sus trabajos escolares porque luchaba tanto con esta área clave.

El lidiar con este tema ocurrió durante la cumbre de las oportunidades que me ofrecían para viajar y para predicar, así como en un momento de crecimiento sin precedentes para nuestra iglesia. Promise Keepers había prorrumpido en la sociedad estadounidense y me demandaba mucha atención. Necesitaba pasar tiempo intencionado dirigiendo el crecimiento de la iglesia, además de mis sesiones normales de consejería y de preparar las prédicas que debía dar. Creo que la necesidad de ayuda que tenía Jonathan no podría haber llegado en peor momento, en cuanto a mi disponibilidad física y mental.

Sin embargo, Jonathan era mi hijo y, por lo tanto, era mi primera prioridad. Sus necesidades se imponían sobre todas las demás y, por eso, sin importar lo exhausto que estuviera yo o cuán largo hubiera sido mi día, todas las noches me sentaba con Jonathan y lo ayudaba con sus tareas escolares y, muchas veces, nos quedábamos despiertos hasta la medianoche.

Las emociones no tienen intelecto
por Anthony Evans Jr.

Una de las cosas más incisivas que me ha dicho mi padre es: «Anthony, las emociones no tienen intelecto». Esas palabras siempre han resonado en los altibajos de mi vida. Una de las principales áreas en las que he sentido su impacto ha sido en la del amor. En la mayoría de la cultura moderna, el amor solamente se trata de emociones y sentimientos. Rara vez se define por tomar una decisión y por avanzar en un sentido en particular, a pesar de lo que uno sienta. He visto a mis padres expresar el amor, a pesar de circunstancias que hacían que muchas cosas fueran «imposibles de amar». Lo he visto claramente cuando se trata de la iglesia, de nuestra familia y del ministerio.

El mejor ejemplo en el que puedo pensar soy yo mismo. Durante mi infancia y a comienzos de mi vida adulta, hubo momentos en los que mis actos me convirtieron en la persona más difícil de amar. En el hogar de los Evans, yo soy el hijo emotivo que expresa todo lo que siente y (para bien o mal) dice todo lo que tiene en el corazón. Hubo una época en la que mis luchas emocionales interiores salían a la plena vista de tal manera que podrían haberse considerado casi como odio hacia mis padres y su ministerio. No quería tener nada que ver con la iglesia y, aunque no deseaba lastimar a mis padres, no podía separarlos del dolor que le atribuía a «ese enorme edificio al otro lado de la calle». Desde muy chico, inconscientemente vi a la iglesia como un enemigo, una institución con la que competía por obetener la atención de mi padre y la que muchas veces me ganaba. No fue sino hasta casi mis treinta años que pude hablar con mi padre y expresarle cosas de las que él nunca se había enterado.

La reacción de mi padre a mis «reclamos» podría haber sido enfadarse y defenderse, pero nunca olvidaré lo que hizo después de escucharme diciéndole cómo me sentía en el fondo de mi corazón. Yo había vuelto a mi habitación y, entonces, escuché esos pasos conocidos que se acercaban por el pasillo. La puerta se abrió suavemente y, con un suspiro, mi padre dijo: «Te pido perdón por cómo te he lastimado». Sin poner excusas, sin renunciar a su responsabilidad, sin mencionar cómo había reaccionado yo. Solamente me tuvo empatía y me amó. Ese día, mi padre me definió el verdadero significado del amor. Vio más allá de sus intenciones para mi vida y me amó a pesar de la incongruencia que había con lo que él quería hacer.

Lo animo a usted, como padre cristiano, que guíe dando el ejemplo cuando se trata del amor. Mi deseo personal es ser la clase de hombre que puede hacer lo que mi padre ejemplificó, no solo lo que dijo.

Ahora, si hay alguien que podría haber sentido la tentación de leer por él, de responder en lugar de él y de completar los espacios en blanco en su lugar, ese hubiera sido yo en aquel entonces. Pero sabía que eso no lo prepararía para desempeñarse bien en sus demás años en la escuela ni después, cuando llegara a la madurez. Cada noche, mientras pasaba una hora y luego otra, tenía que apelar a toda mi paciencia para guiar a Jonathan, mientras él descifraba qué hacer en cada momento. Pero, más que eso, no podía permitir que Jonathan viera mi falta de paciencia, porque nada puede aplastar más a un niño que sentir que sus padres tratan de librarse de él rápidamente para seguir haciendo otra cosa.

Mientras pasábamos tiempo juntos, sentados a la mesa al término de cada día, empecé a anhelar ese rato con Jonathan. Él siempre ha tenido un espíritu único y especial, y pude ver más pruebas de eso mismo cuando vi cómo enfrentaba los desafíos. Con el tiempo, Jonathan aprendió a leer solo. De hecho, estudió en la Universidad Baylor con una beca completa de fútbol americano y se graduó en solo tres años y medio. Jonathan, que ahora está casado y es padre, pasó varias temporadas en la NFL y ahora estudia para su maestría en el Seminario Teológico de Dallas. Mientras escribo este libro, Jonathan, con varias clases ya completadas, es un estudiante sobresaliente. Además, sirve como capellán del equipo de los Dallas Cowboys.

Aquellas horas que pasé a la mesa con Jonathan facilitaron las cosas para lo que Dios luego le daría, mientras él hace realidad su destino. Yo hice lo que pude y le dejé el resto a Dios. Como padre o madre, amar demanda una inversión de tiempo. Guiar con paciencia y amor implica hacer todo lo que usted pueda durante todo el tiempo que pueda, dejándole los resultados a Dios. Si yo hubiera tratado de imponerle los resultados que yo quería desde el comienzo, podría haber terminado frustrando a Jonathan y, además, haber provocado un distanciamiento en nuestra relación. Quizás Jonathan hubiera llegado a pensar que nunca le iría bien en la escuela y no hubiera tomado la determinación de dedicarse a sus estudios. En cualquier caso, yo no hubiera tenido en cuenta qué era lo mejor para él, y eso no hubiera sido amarlo. Educar hijos del reino es tener siempre en cuenta qué es lo mejor para ellos, sin importar cuán ocupado sea su horario, cuán cansado se sienta o cuán perdida parezca la situación. Siempre requiere de paciencia. ¿Alguna vez tuve ganas de darme por vencido durante la sesión de tareas escolares y de decir: «Terminemos con esto»? Sí. Y, a veces, lo hice: especialmente cuando me daba cuenta de que Jonathan también estaba cansado. A veces, él se quedaba llorando porque le costaba demasiado concentrarse, y a mí literalmente me partía el corazón verlo luchar así. Pero me había comprometido a ayudarlo y,

Educar hijos del reino es tener siempre en cuenta qué es lo mejor para ellos, sin importar cuán ocupado sea su horario, cuán cansado se sienta o cuán perdida parezca la situación. Siempre requiere de paciencia.

sin importar cuánta paciencia tuviera que tener, haría mi parte. Le decía: «Jonathan, todo va a salir bien. Lo superaremos. Yo estoy aquí contigo y no te dejaré».

En esa época, había mucha presión por darles medicamentos a los niños diagnosticados con trastorno por déficit de atención. Aunque el médico había recomendado eso para Jonathan, Lois y yo oramos por el tema y, finalmente, decidimos que intentaríamos fortalecer a Jonathan para que triunfara en la vida sin medicamentos. Esa decisión significó que yo tendría que invertir más horas para enseñarle cómo hacer sus tareas y además asegurarme de que *realmente* las completara. Pero, a la larga, esas lecciones que Jonathan aprendió todavía lo acompañan y siguen ayudándolo hasta el día de hoy.

Cuarta lección sobre el amor

«El amor es paciente y bondadoso. El amor no es celoso ni fanfarrón ni orgulloso ni ofensivo. No exige que las cosas se hagan a su manera. No se irrita ni lleva un registro de las ofensas recibidas» (1 Corintios 13:4-5). En este versículo, podemos ver que los celos, el orgullo y la arrogancia son tres enemigos mortales de la unidad y de la salud familiar. Los miembros de la familia que se aman unos a otros se animan mutuamente en sus talentos y dones. No intentan ponerse por encima de otros. Padres, préstenle atención especial a este punto en ustedes mismos. Cuando comparan a uno de sus hijos con otro, tal vez piensen que su intención es motivar a ese niño o niña a mejorar, pero esta clase de comparación lastima. Muchos padres alientan los talentos de uno de sus hijos al costo de los sentimientos de otro. Peor aún: algunos subestiman los dones de su hijo o hija, diciendo algo como: «¿Por qué no puedes ser un poco más como tu hermano (o tu hermana)?».

Recuerde: aunque los dones o los talentos de sus hijos no sean los que usted hubiera elegido para ellos, son los dones y los talentos que Dios eligió. No deje que su orgullo ni su egoísmo se interponga en el apoyo que debe darles. Si usted y su cónyuge se graduaron de la universidad, por ejemplo, y quieren que sus hijos hagan lo mismo, cuídense de no tener ninguna reacción negativa ante el hijo o la hija que prefiera ir a un instituto de talleres y busque adquirir un oficio. En lugar de desear que ese hijo o esa hija se pareciera más a usted, aliéntelo y apóyela en la decisión que tomó.

Dicen que la confesión le hace bien al alma, entonces, aquí vamos: si ha leído alguno de mis libros o me ha escuchado predicar, probablemente sepa cuánto me gustaba el fútbol americano de niño. Cuando era un muchachito y vivía en la bulliciosa área metropolitana de Baltimore-Washington, soñaba con jugar fútbol profesional algún día. Me comía los «famosos» sándwiches dobles de mi mamá o alguna porción más de pollo frito para tratar de ser lo suficientemente grande para poder jugar cuando fuera mayor. Lamentablemente, poco antes de cumplir mis dieciocho años, sufrí una lesión, y ese fue el final de mi sueño.

Entonces, ¿qué hice, en cambio? Bueno, traté de hacer que mi deseo se hiciera realidad a través de mi hijo mayor, Anthony. Desde el día en que nació, estuvo rodeado de pelotas de fútbol americano. Tenía una pelota de fútbol americano esperándolo en su cuna el primer día cuando llegó del hospital. Los ratos de juego con papá eran lanzar una pelota de fútbol americano o mirar juntos un partido.

Adivine cómo terminaron todos mis esfuerzos por adoctrinar a mi hijo que ahora es un cantante profesional sumamente aclamado. Sí... odia el fútbol americano (o, al menos, lo odiaba antes). Y, cuanto más yo le sacara el tema cuando era más joven, más lo odiaba.

A causa de mi propia incapacidad para realizar mi sueño, quise que Anthony jugara por mí. Quería vivir a través de él. Tenía poco en cuenta su disfrute y, al hacerlo, me amaba *a mí mismo*; no estaba amándolo a él. Estaba educándolo de la manera que yo quería que fuera, no en el camino por donde él debía ir, que es lo que aconseja Proverbios. Allí leemos: «Dirige a tus hijos por el camino correcto, y cuando sean mayores, no lo abandonarán» (22:6). En el idioma original de las Escrituras, la frase «por el camino correcto» se refiere a la inclinación natural o a la naturaleza única del hijo o hija.

Lamentablemente, este es uno de los pasajes bíblicos que peor se malinterpretan. No es una promesa que si usted forma a su hijo o hija en los principios cristianos, él o ella se mantendrá fiel cuando sea mayor. A lo que se refiere esto es a que si usted tiene la sabiduría y la perspicacia suficientes para formar a su hijo o hija de acuerdo con las huellas únicas de su personalidad (según las habilidades, los dones y los intereses que Dios le dio), cuando ese hijo o hija crezca, se mantendrá en esa senda. Es una advertencia para que los padres estudien bien a sus hijos, para que luego los guíen en la dirección más adecuada a sus intereses y a sus habilidades naturales.

Si yo hubiera analizado bien a Anthony, me habría dado cuenta de que la pelota de fútbol americano que estaba en un rincón del cuarto debajo de una pila de ropa era realmente un indicio de que a él sencillamente no le interesaba el fútbol. Me gustaría poder volver atrás y cambiar mi enfoque en cuanto a lo que concierne a él durante aquellos primeros años, pero no puedo.

Y hoy estoy agradecido de que él tenga un próspero ministerio musical, el cual atraviesa los públicos cristianos y seculares por igual y comparte el amor de Dios mediante el poder de su voz. Sin embargo, aprenda de mí: nunca trate de realizar su sueño insatisfecho a través de sus hijos. En lugar de eso, estúdielos para reconocer sus talentos y sus habilidades, y entonces, apúntelos en la dirección correcta a una edad temprana. Si lo hace, las Escrituras dicen que probablemente no se apartarán de ella.

El verdadero amor es buscar la voluntad y el destino que Dios tiene para la otra persona, no buscar su propia voluntad y su propio destino a través de la otra persona. Amar es buscar compasivamente y con rectitud el bienestar del otro.

El amor no es el padre o la madre que se jacta ruidosamente de la manera que provee para las necesidades de sus hijos, ignorando al mismo tiempo las necesidades más profundas que debería satisfacer. No es decir: «Por supuesto que te amamos. Mira esta casa. Mira tu ropa. Mira todo lo que te hemos dado». El amor es silencioso. Es un acto considerado que se hace para un hijo o hija, sin esperar algo a cambio. Es esforzarse un poco más con su hijo o hija, a pesar de que se sienta demasiado cansado para hacerlo. El amor no es ofensivo ni egoísta.

El verdadero amor es buscar la voluntad y el destino que Dios tiene para la otra persona, no buscar su propia voluntad y su propio destino a través de la otra persona.

¿Por qué será que solemos ser amables y corteses con nuestros colegas del trabajo, con nuestros amigos y hasta con cualquier desconocido, pero, por alguna razón, no sentimos la necesidad de brindarle nada de eso a nuestra propia familia? La cortesía básica es un arte que se ha perdido, aun en muchos hogares cristianos. No cuesta mucho esfuerzo decir una palabra amable o, de vez en cuando, limpiar el desorden de la casa que alguien más hizo. El amor más grande a menudo se demuestra en los actos más pequeños.

Caballeros, ¿recuerdan cuando estaban de novio con su esposa y anhelaban la oportunidad de abrirle la puerta del carro? Ahora ella tiene suerte si logra entrar en el carro antes de que usted arranque y se vaya. Señoras, ¿recuerdan cuando hacían grandes esfuerzos para preparar la comida favorita de su esposo? Hoy en día, con suerte él tiene algo para recalentarse en el horno microondas. El amor nunca olvida las pequeñeces.

> *El amor más grande a menudo se demuestra en los actos más pequeños.*

En 1 Corintios 13:6, Pablo nos dice: «[El amor] no se alegra de la injusticia sino que se alegra cuando la verdad triunfa». Una de las experiencias más dolorosas de la vida es ver a uno de sus hijos tropezar y caer mientras usted es absolutamente incapaz de hacer algo al respecto. Peor aún es quedarse de brazos cruzados, sin poder hacer nada, mientras ese hijo sufre las consecuencias. Pero, pensándolo bien, sabemos que tropezar, caer y volverse a levantar son elementos comunes del crecimiento espiritual (así como de cualquier otro tipo de crecimiento).

Recuerdo lo nerviosos que nos pusimos cuando nuestra primera hija, Chrystal, estaba aprendiendo a caminar. Teníamos la tensión de querer estar suficientemente cerca de ella para agarrarla si se tropezaba pero lo suficientemente lejos como para que ella tuviera que arriesgarse a caminar y llegar hasta nosotros.

La naturaleza de los chichones y moretones de la vida cambia con el tiempo, pero lo que sigue siendo constante es darles a sus hijos el espacio para crecer, consolándolos cuando se caen y ayudándolos a volver a ponerse de pie. Lo fundamental es que usted esté allí para ellos. ¿Qué clase de padres hubiéramos sido si hubiéramos visto a Chrystal tratando de caminar y hubiéramos salido de la habitación? Lo mismo sucede a medida que nuestros hijos crecen. Ellos necesitan que los acompañemos cuando toman decisiones sabias tanto como cuando toman malas decisiones. No, no siempre será divertido —las Escrituras dicen que el amor no se complace de los pecados de otros—, pero podemos usar esas oportunidades para demostrar nuestro amor incondicional y enseñarles a nuestros hijos cómo tomar una mejor decisión la próxima vez.

No necesitamos padres y madres hechos de algodón azucarado, formados solo de azúcar y dulzura. Usted no tiene que comprarles a sus hijos todo lo que se les ocurra, aplaudir todo lo que hagan y decir que sí a cualquier exigencia que le impongan. La crianza permisiva no produce hijos del reino; genera niños hechos de algodón azucarado, sin la firmeza ni la sustancia para sobrevivir cuando la vida les plantea desafíos. Para desarrollar fuerza y sustancia en sus hijos, usted necesitará ser un modelo de las dos cosas al acompañarlos en las dificultades y los errores que ambos enfrentarán en el transcurso de la vida. Recuerde que un día los juguetes se romperán y la ropa les quedará chica, pero el legado espiritual atravesará las generaciones. Esa es la cosa que les dará a sus hijos que perdurará para siempre.

Quinta lección sobre el amor

«El amor nunca se da por vencido, jamás pierde la fe, siempre tiene esperanzas y se mantiene firme en toda circunstancia» (1 Corintios 13:7). ¿Cuántas veces habló del pasado mientras corregía a sus hijos en el presente, mucho después de que le hubieran pedido perdón y trataran de vivir de acuerdo con las reglas que usted puso? Lo que un hijo aprende de eso es que mamá y papá en realidad no perdonan, sino que mantienen un conteo permanente de todas sus transgresiones. ¿Qué sentido tiene hacer lo que a uno le piden si mamá y papá siguen mencionando cosas del pasado?

Esto mismo es válido con su cónyuge. Ni siquiera recuerdo cuántas veces durante las sesiones de consejería he escuchado a un esposo o a una esposa negarse a reconocer el problema actual de su relación y, en cambio, retroceden años al pasado para desenterrar algún momento doloroso que había sido reparado hacía mucho tiempo. Cuando le digo a una pareja que no podemos continuar si no están dispuestos a ofrecer perdón, llego al quid de la cuestión. Alguno de los dos replica: «Bueno, yo puedo perdonar, pero lo que no puedo es olvidar».

Demasiadas veces mantenemos el dolor del pasado como un palo con el cual amenazamos a nuestros seres amados, o siempre que queremos sacar ventaja, les recordamos la carga o peso que todavía llevamos por algo que hicieron hace años.

Qué agradecidos deberíamos estar de que, si nos arrepentimos y deseamos fervientemente darle vuelta a nuestra vida, Dios dice «nunca más me acordaré de [tus] pecados» (Hebreos 8:12). Si él operara con los principios que nosotros usamos con los demás, todos estaríamos destinados directo al infierno.

Sé que el verdadero amor y el perdón funcionan en las familias. A pesar de que he visto a muchas familias mantenerse en cautiverio unos a otros por causa de los pecados del pasado, también he visto otras que superan todo tipo de retos al perdonar, olvidar y restaurar las relaciones quebrantadas. He visto a hijos rebeldes, que habían caído en el alcoholismo y el abuso de drogas, dar vuelta a su vida, y he visto con gran gozo a padres e hijos trabajando juntos en el arduo camino de la reconciliación.

En resumidas cuentas, 1 Corintios 13 habla del amor incondicional, el amor que no depende del desempeño de su hijo o hija, ni de cómo se sienta usted respecto a su familia en un día cualquiera. Básicamente, el amor incondicional es una de las mejores maneras de honrar a alguien. Como esposos y esposas, nunca debemos perder de vista la promesa de amor incondicional que nos hicimos durante la ceremonia de la boda, y deberíamos ser conscientes de cómo se extiende eso a nuestros hijos. La profundidad con la que nos apeguemos a esa promesa determinará la fortaleza espiritual de nuestro hogar.

Los niños son vulnerables y sensibles. Nuestros actos los afectan aun cuando pensamos que no están viendo. El amor demanda esfuerzo. Aunque los buenos sentimientos, las emociones positivas y la serenidad pueden conocerse a través del amor, no son (como dice nuestra cultura) el objetivo. El propósito del amor es promover el bienestar del otro, y eso se aplica especialmente a los que viven en nuestro hogar. Representa algo más que enseñarles a sus niños los principios y las virtudes del reino; significa ser un modelo de ellos para nuestros hijos.

Darse a usted mismo para mejorar la vida del otro es una tarea difícil, indudablemente. Nuestro orgullo es fuerte y, muchas veces, preferiríamos no tener que tomar la difícil decisión de complicarnos la vida por nuestra familia, especialmente si sentimos que ya estamos dando mucho. Es mucho más cómodo sentarse en la iglesia y decir amén a un mensaje sobre el amor, que pasarse horas enseñándole a un niño la ortografía o la manera de resolver problemas de matemáticas. Es mucho más fácil mantenerse ocupado con las actividades de la iglesia o con largas horas de trabajo durante la semana, que ir a hablar con su cónyuge o con sus hijos cuando los descuidó o los rechazó, reconocer que se equivocó y tratar de corregir las cosas.

La verdad acerca del amor del reino es simple y bíblica: el amor se demuestra en las acciones. Sus hijos seguirán el ejemplo que usted les dé. Sabrán que los ama a través de lo que usted haga.

El amor se demuestra en las acciones. Sus hijos seguirán el ejemplo que usted les dé. Sabrán que los ama a través de lo que usted haga.

7

LOS TRES PILARES
DE LA CRIANZA DE HIJOS

Las familias determinan el futuro; por eso, la crianza de los hijos es una de las tareas más indispensables del mundo. Lamentablemente, hoy en día, Satanás ha desmantelado la familia con éxito. Satanás desprecia a la familia porque sabe que el plan de Dios es que la tierra sea bendecida por medio de la familia.

No solo eso: el diablo ha estado en contra de la familia desde el comienzo de los tiempos. Si recuerda el libro de Génesis, él nunca se metió con Adán hasta que Adán se casó. Satanás no solo estaba acechando a un hombre; estaba acechando el futuro. Quiere a sus hijos porque quiere dominar el futuro al fomentar una cultura de rebeldía.

No obstante, Dios nos ha enseñado en su Palabra sobre los tres pilares de la crianza de hijos, los cuales (si se cumplen) pueden estabilizar y proteger su hogar, así como a las generaciones futuras, de los ataques del enemigo. Educar hijos del reino implica realizar cada uno de estos tres pilares importantes de manera habitual: animarlos, disciplinarlos e instruirlos. Hacer estas cosas ayuda a establecer una familia fuerte con expectativas coherentes y con seguimiento.

Animarlos

Nos enteramos de nuestro primer pilar gracias a las palabras de Pablo, cuando escribió lo que servirá como nuestro versículo principal en este capítulo: «Padres, no hagan enojar a sus hijos con la forma en que los tratan. Más bien, críenlos con la disciplina e instrucción que proviene del Señor» (Efesios 6:4). Pablo reiteró el mismo concepto en su carta a la iglesia de Colosas, cuando escribió: «Padres, no exasperen a sus hijos, para que no se desanimen» (Colosenses 3:21).

Pero, antes de meternos de lleno en el campo del estímulo, quiero señalar que, en ambos versículos, Pablo usó la palabra griega que ha sido traducida como «padres». Se refiere a los padres varones, pero también puede abarcar a ambos padres en su aplicación. La misma palabra griega se usa en Hebreos 11:23, cuando se refiere a la madre y al padre de Moisés, y suele traducirse como «padres»[1]. Al elegir ese término, Pablo no estaba limitando este pilar de la crianza de los hijos solo al hombre. Estos versículos también podrían haberse traducido como «Padres y madres, no exasperen a sus hijos» o «Padres y madres, no provoquen la ira en sus hijos».

También quiero señalar a lo que *no* podrían haberse traducido. Su traducción no podría haber sido «Gobernantes, no exasperen a sus hijos», o «Aldea, no haga enojar a sus hijos», o «Sistema escolar, no exasperes a tus niños». Esto se debe a que la responsabilidad de educar hijos del reino es de los padres. Depende de usted y de mí, no del gobierno y tampoco siquiera de nuestras escuelas.

Un hijo o una hija necesita padres que lo críen o la críen bien, no una aldea. A menos que la aldea tenga los valores del reino, echará a perder a la persona. Después de todo, las pandillas son una aldea. El entretenimiento es una aldea también. De hecho, es probable que el entretenimiento sea la aldea más predominante en la educación de los niños estadounidenses en la actualidad. El niño promedio pasa treinta y dos horas (o más) por semana frente al televisor, la tableta, los dispositivos de juegos u otras formas de medios electrónicos[2]. No necesitamos más aldeas que críen a los niños; necesitamos más padres que eduquen a hijos del reino.

Es responsabilidad de los padres educar bien a los hijos, y una de las primeras formas de hacerlo es no exasperarlos. Eso significa que los padres no deben provocar a sus hijos. No deben causar irritación, enojo y frustración en la vida de sus hijos. Podríamos dar vuelta fácilmente a este versículo y decir que, en lugar de desanimarlos, los padres deben darles ánimo a sus hijos.

Las Escrituras nos dicen: «La lengua puede traer vida o muerte» (Proverbios 18:21). El padre o la madre que desanima a sus hijos, en vez de animarlos, declara el fracaso y la maldición a su futuro. En cambio, como padres, somos llamados a dar ánimo. Sin embargo, hay una diferencia entre animar y felicitar. La felicitación está ligada a lo que la persona logró. Su hijo o su hija hizo algo que usted quiere reconocer. Felicitar es bueno. Pero los niños necesitan aún más que los animen. El ánimo no depende de *lo que hayan hecho*; está ligado a *quiénes son*. El ánimo tiene relación con su identidad en Cristo y con su legado como seres hechos a la imagen de Dios mismo, como hijos del Rey.

¿Alguna vez ha visto una planta caída que se haya reavivado rápidamente cuando alguien le echó un poco de agua? Eso es lo que hace el ánimo. El ánimo toma al niño decaído y lo levanta nuevamente. Como dice la Biblia: «Las palabras amables son como la miel: dulces al alma y saludables para el cuerpo» (Proverbios 16:24). Cuando anima a sus hijos, les da una expectativa de la bondad y del favor de Dios tanto para su presente como su futuro. Pone en su corazón la anticipación de un futuro glorioso. El ánimo les transmite que fueron hechos tan maravillosamente complejos y que Dios los colmó de dones. Los ayuda a creer que Dios tiene un plan para ellos, para darles un futuro y una esperanza.

Una de las razones por las que hoy en día tantos adolescentes quedan absortos por grupos negativos de pares es porque allí es donde encuentran el ánimo. Reciben más reconocimiento de sus pares que de sus padres y por eso responden a lo que los hace sentir importantes.

Padres, dejen que sus palabras lleguen a lo profundo del corazón de sus hijos, dándoles verdades alentadoras que les transmitan que ustedes conocen su personalidad, sus sueños, sus esperanzas y sus

Cuando anima a sus hijos, les da una expectativa de la bondad y del favor de Dios tanto para su presente como su futuro.

luchas, y que todo saldrá bien basado en quiénes son ellos y a quién pertenecen. Denles la esperanza que necesitan para enfrentar cada día.

Más allá de eso, no «hagan enojar» a sus hijos, como dijo Pablo. La provocación puede ser faltarles el respeto con sus palabras o con sus actos, compararlos con otros, o aun mostrar favoritismo por un hijo o una hija por encima de los demás. Todos recordamos qué hicieron los hermanos de José cuando su padre demostró que lo prefería a él al regalarle la túnica de colores. Sean equitativos con su trato, con su tiempo y con la atención que les brindan, porque sus hijos son todos valiosos por igual para su Padre celestial.

Ser críticos, buscar defectos y plantar en sus hijos pensamientos negativos sobre el futuro también puede desarrollar en ellos un espíritu de frustración. Esas cosas causan un profundo impacto en los niños, mucho más de lo que podríamos adivinar; por lo tanto, siempre esté atento de que si está transmitiéndoles vida o si los está desanimando con sus palabras y con sus actos.

Hay veces que quizás no parezca tan fácil animar a su hijo, pero esos son los momentos en los que tiene que hacer un esfuerzo extra y hallar la paciencia y el compromiso necesarios. Lois y yo tuvimos que enfrentar una época de esas con Chrystal, nuestra hija mayor. Chrystal tenía unos doce años cuando manifestó lo que yo llamaría una crisis de identidad. Nunca había visto a nadie luchar con su identidad a un nivel tan profundo, mucho menos a una edad tan temprana, y me sentía literalmente perdido en cuanto a qué decirle. A veces ella se ponía a llorar y nos pedía que la ayudáramos, pero ninguno de nosotros sabía qué hacer. Lois y yo nos mirábamos como diciendo: «Tú encárgate de esto».

Esto se prolongó tanto, que se volvió frustrante y, a veces, lo único que quería era darme por vencido e irme. Pero, aunque no podía entender de dónde provenía o hacia dónde estaba yendo la cosa, tuve que hacer el gran esfuerzo de encontrar la paciencia para caminar a través de ello junto con Chrystal. Parte de la crianza de los hijos consiste en conectar a su hijo con el amor propio sano. Algunos niños son más difíciles que otros en este aspecto. Algunos niños parecen haber nacido con un amor propio fuerte, mientras que otros son más frágiles. Como padre o madre, usted debe comprometerse a acompañar a cada hijo e hija en el proceso de descubrir su identidad personal y su amor propio. Gracias a Dios, Chrystal superó su desafío y descubrió sus fortalezas y su propósito. Pero llegar a eso requirió de mucha paciencia de parte nuestra como sus padres, y requirió darle muchísimo ánimo.

Por sobre todas las cosas, anime y fortalezca a sus hijos.

Disciplinarlos

El segundo pilar es la disciplina. Pablo escribió: «Padres, no hagan enojar a sus hijos con la forma en que los tratan. Más bien, críenlos con la disciplina e instrucción que proviene del Señor» (Efesios 6:4). La disciplina implica varias cosas. No solo es la influencia correctiva sobre la vida del hijo o hija, sino que también incluye infundir en su vida la disciplina personal.

La disciplina es un factor clave para toda vida cristiana victoriosa, ya sea la disciplina para administrar el dinero, para usar el tiempo o para la moral personal. En su angustia, Job escribió que él había disciplinado sus ojos para no desear sexualmente a ninguna mujer: «Hice un pacto con mis ojos» (Job 31:1). Y Pablo habló de la disciplina que él había mantenido para terminar su carrera bien: «Disciplino mi cuerpo como lo hace un atleta, lo entreno para que haga lo que debe hacer. De lo contrario, temo que, después de predicarles a otros, yo mismo quede descalificado» (1 Corintios 9:27).

La disciplina efectuada por los padres, cuando se realiza bien, entrena a sus hijos para que apliquen la disciplina personal durante su crecimiento, así como sirve para evitar que luego tomen malas decisiones en la vida.

Los padres del gran misionero que fue a China en el siglo XIX, Hudson Taylor, hicieron el esfuerzo de enseñarle disciplina personal poniendo una porción de postre en la mesa delante de su cena y dándole la opción de no comerla, porque él confiaba en que después le darían una recompensa mayor. De esa manera, tenía la opción

> *La disciplina efectuada por los padres, cuando se realiza bien, entrena a sus hijos para que apliquen la disciplina personal durante su crecimiento, así como sirve para evitar que luego tomen malas decisiones en la vida.*

de comerla, pero también recibía la recompensa mayor de la aprobación de sus padres y de una sorpresa especial posterior cuando decidía no comerla.

«Fíjate si puedes prescindir de esto» era [una de las máximas del padre de Hudson Taylor]. Desde luego, esto se aplicaba, entre otras cosas, a los simples placeres de la mesa. Avena con pan y manteca para desayunar, carne una vez al día, y pan y manteca o tostadas para el té eran la rutina habitual. Pero el azúcar y las conservas se permitían con moderación, y los pasteles finos o los budines solían aparecer de vez en cuando. Como norma, los niños compartían todo lo que les daban, y sus padres disfrutaban de complacerlos, no menos que cualquier otro padre y madre del mundo. Al mismo tiempo, se daban cuenta plenamente de la influencia permanente que tenían los pequeños hábitos. Sin importar el costo para sí mismos y dentro de los límites prudentes para los niños, sintieron que debían garantizarles el poder del dominio propio.

«Con el tiempo —explicaba el padre—, tendrás que decirte que no a ti mismo cuando no estemos contigo para ayudarte, y te resultará muy difícil cuando quieras algo con todas tus fuerzas. Así que tratemos de practicar ahora, pues cuanto antes empieces, más fuerte será el hábito».

Era un principio difícil de aplicar, sin duda, cuando se trataba de un plato favorito. Pero, a pesar de que a él le costaba tanto como a ellos, los animaba a que llegaran hasta el final, diciendo alegremente: «¿Quién quiere ver si puede privarse hoy?».

No culpaba a los niños si no podían responder como él deseaba, pero los elogiaba si lo hacían, y la madre preparaba alguna sorpresita en la noche: unas almendras y pasas de uvas, o una naranja, con un beso cariñoso además[3].

Esa recompensa de la aprobación de sus padres acompañaría a Taylor durante varios días como recordatorio de su decisión. Dijo que esta aprobación, más aún que el premio mayor que recibía después, fue para él, como niño, una oportunidad de aprendizaje fundamental. No solo eso: luego se trasladó a su vida adulta cuando tuvo que tomar decisiones a una escala mucho mayor. Porque fue capaz de retrasar los premios de la gratificación inmediata por la recompensa aún más profunda, más significativa y duradera de su Padre celestial, tuvo un impacto positivo en la nación de China.

También hay medidas correctivas que un padre debe poner en práctica para educar a hijos del reino. Básicamente, sus hijos nacen con el infierno dentro de ellos (la naturaleza pecaminosa), y el trabajo de usted es corregirlos y formarlos para que el Espíritu Santo sea la influencia dominante en su vida, en vez de su carne.

La disciplina correctiva tiene la intención de quebrantar la voluntad fuerte y rebelde que podría tener un niño o una niña, pero sin quebrantar el espíritu precioso que Dios ha puesto dentro de ese niño o niña.

La disciplina se da de distintas maneras y, dependiendo de la personalidad de sus hijos, lo que sirve para uno puede no ser útil para otro. Para algunos niños, el peor castigo puede ser que les ordenen quedarse solos en su cuarto. Sin embargo, para otro niño o niña, eso podría ser un premio. Esta es la razón por la que es tan crítico entender y conocer a sus hijos, para que pueda educarlos de acuerdo con sus personalidades y necesidades individuales.

La disciplina correctiva tiene la intención de quebrantar la voluntad fuerte y rebelde que podría tener un niño o una niña, pero sin quebrantar el espíritu precioso que Dios ha puesto dentro de ese niño o niña.

Mi padre sabía qué funcionaba conmigo. Por eso, no tuvo que castigarme demasiado. Cuando lo hacía, era de tal manera que nunca lo olvidaré. Mi padre llamaba a mi disciplina «sesiones», y se llevaban a cabo en el sótano. Lo peor era que me mandaba abajo para tener una de esas «sesiones» y me hacía esperar allí. Yo sabía qué estaba a punto de suceder, pero él quería darme tiempo suficiente para que pudiera reflexionar en lo que había hecho para meterme en ese lío en primer lugar.

Antes de que mi padre comenzara la sesión, decía algo como: «Ahora, ¿vas a volver a hacer tal y tal cosa otra vez?». Yo siempre decía: «No, papá». Él solía preguntármelo otra vez para confirmarlo, y yo volvía a decir que no... muchas veces, en un tono de voz suficientemente alto para que los vecinos pudieran escuchar. Y lo decía en serio.

Ahora bien, recuerde que disciplinar a su hijo no es sinónimo de abuso infantil. Eso es completamente equivocado y no tiene nada que ver con el amor. Si bien la disciplina debe producir algún tipo de dolor (ya sea por quitar los juegos, por reducir sus ratos de socializar o sus gastos, por ponerlo a hacer una tarea laboriosa o por alguna otra forma racional), debería ser un dolor *constructivo*, con el fin de enseñarle a su hijo que no vuelva a incurrir en un comportamiento equivocado. El propósito de la disciplina siempre es corregir. Usted está tratando de generar obediencia, manteniendo, a la vez, la dignidad personal y el amor propio de su hijo.

Disciplinar no es gritarle a su hijo: eso es desahogarse. Debe ir acompañado del amor, o su hijo no lo verá como el bien que usted espera lograr. Si lo hace con enojo, terminará provocando que su hijo también se enoje. La disciplina debe fluir del corazón lleno de compasión por el bien y el futuro de su hijo, tal como leemos en Hebreos acerca de Dios: «Pues el Señor disciplina a los que ama y castiga a todo el que recibe como hijo» (Hebreos 12:6).

Otro elemento fundamental para aplicar la disciplina que establecerá los principios del reino en su hijo e hija es fijar los límites claros previamente. Disciplinar a sus hijos por algo que ellos no sabían que estaba mal (y, quizás, por algo que simplemente lo irritaba a usted) generará solo confusión y resentimiento en ellos, no crecimiento espiritual. Dios siempre nos pone límites claros, y nosotros debemos hacer lo mismo con nuestros propios hijos.

Cuando les enseñe a sus hijos que los límites realmente son una puerta abierta hacia la libertad, serán más receptivos a ellos. Puede establecer la libertad enseñándoles a sus hijos que son libres de hacer lo que quieran, dentro de los límites que usted les puso. Mientras sigan respetando esos límites, se ganarán más libertad. Supongamos que acatan fielmente el toque de queda de las diez de la noche. Con el tiempo, usted los recompensará trasladando ese límite horario a las 10:30 de la noche. Eso les enseñará que las recompensas son consecuencia de obedecer los límites.

Padres, recuerden que está bien premiar la obediencia. Dios nos da ejemplos de esto todo el tiempo en las Escrituras. Muchas veces, sus promesas a los israelitas estaban condicionadas a que ellos obedecieran sus órdenes.

Enséñeles a sus hijos a obedecer con honor. Eso quiere decir que el niño o la niña no vaya por ahí con el ceño fruncido, «obedeciéndolo» pero echando humo a la vez. Si sucede eso, tiene que enseñarle que no estará obedeciendo hasta que él o ella corrija también su expresión facial y su actitud.

Junto con el área de los límites, los padres deben establecer claramente qué esperan que los niños hagan para contribuir con el funcionamiento del hogar. Sea que se trate de los quehaceres que realizan, las comidas que preparan o la manera que colaboran con sus hermanos, la atmósfera familiar sana es aquella donde se comunican claramente las expectativas. Además, hay que ser constantes en hacer cumplir esas expectativas.

Instruirlos

El tercer pilar de la crianza de los hijos es la instrucción. Como padres y madres, debemos educar a nuestros hijos «con la disciplina e instrucción que proviene del Señor» (Efesios 6:4). Debemos reproducir en ellos la misma instrucción que recibimos de él.

Cuando predico en nuestra iglesia en Dallas, el mensaje se graba en un disco compacto maestro. Este CD maestro luego se introduce en una máquina copiadora para producir copias del CD para los miembros de nuestra iglesia y para la distribución a través de nuestro ministerio nacional, The Urban Alternative.

De cada mensaje, solo hay un CD maestro, pero se crean miles de duplicados. Hace mucho tiempo, cuando recién empezábamos a hacerlo, aprendí algo interesante sobre este proceso: los CD en blanco (que eran casetes de audio al principio) se insertan en una máquina llamada «dispositivo esclavo». El dispositivo esclavo tiene una sola misión: duplicar el mensaje del maestro. No agrega, quita ni distorsiona nada de él.

¡Qué gran ejemplo es esta ilustración para nosotros como creyentes en Jesucristo! Como seguidores de él, tenemos que replicar su imagen en la tierra. Nosotros somos sus esclavos, y él es nuestro Señor (vea Efesios 6:6). El objetivo del discipulado es copiar al Señor de una manera tan completa y precisa como sea posible. Esa también es la meta de instruir a sus hijos en el Señor. Al hacerlo, está discipulándolos de manera intencionada para que personifiquen y lleven a la práctica el mensaje del Maestro, Jesucristo. Les está enseñando los valores de la rectitud ante Dios y de la justicia entre los hombres: cómo vivir una vida marcada por la equidad y la justicia, la bondad, la compasión y el amor.

Cuando Pablo les habla a los padres sobre el tercer pilar de la crianza de hijos, dice claramente que tenemos que criarlos en la «instrucción que proviene del Señor» (Efesios 6:4). Educar a nuestros hijos «en la instrucción que proviene del Señor» tiene que ser un proyecto conjunto entre usted y Dios. El mero hecho de instruir a sus hijos, sin incluir las verdades y los principios de la Palabra de Dios, podrá darles la información, pero no les dará la sabiduría para tomar las decisiones acertadas en su vida.

Educar a sus hijos en la instrucción del Señor requiere de un compromiso que demanda un tiempo considerable. No puede enseñarles a sus hijos si no está ahí o si, cuando está presente, está demasiado distraído como para pasar algo de tiempo con ellos. Estados Unidos está enfrentando una epidemia de desintegración familiar y, en gran parte, eso se debe a la negligencia de padres que no están disponibles para instruir a sus hijos.

Los últimos versículos del libro de Malaquías registran un escenario similar. «Miren, les envío al profeta Elías antes de que llegue el gran y terrible día del Señor. Sus predicaciones harán volver el corazón de los padres hacia sus hijos y el corazón de los hijos hacia sus padres. De lo contrario, vendré y haré caer una maldición sobre la tierra» (Malaquías 4:5-6). El país se salvaría cuando el corazón de los padres se volviera nuevamente hacia su hogar, lo cual indica que cuando no está volcado hacia su hogar, el país sufre. Se sabe que un país está condenado cuando ni siquiera se puede encontrar a los padres. Se sabe que un hogar está condenado cuando puede decir lo mismo de él.

Yo entiendo que los horarios están llenos, que el trabajo le lleva todo el día, que los programas de la iglesia son importantes, que los niños practican deportes... y la lista continúa alargándose. Pero no podemos ignorar la importancia de instruirlos en el Señor hasta que sea demasiado tarde y nuestros hijos se vayan de la casa. No caiga en la trampa del enemigo, pensando que mañana habrá tiempo, cuando no esté tan cansado, o cuando haya terminado ese proyecto importante o cuando las vacaciones hayan culminado. La Biblia nos dice que le pidamos a Dios: «Enséñanos a entender la brevedad de la vida, para que crezcamos en sabiduría» (Salmo 90:12).

Como padres y madres, tenemos que aprovechar el día, hacer que valga la pena, vivir al máximo, no dejar pasar ninguna oportunidad para invertir en la vida de nuestros hijos. Créame, yo sé: crecen mucho más rápido de lo que usted se puede imaginar. En un momento, está jugando a luchar con ellos en el piso y, al minuto siguiente, los está entregando en su boda.

Y, cuando realmente esté corto de tiempo, la buena noticia es que siempre podrá enseñarles a sus hijos mientras se dedica a las cosas de la vida cotidiana. Mi padre era un experto en ese tema. Podía convertir cualquier situación en una oportunidad para compartir un principio espiritual. Como siempre se hacía disponible para nosotros, ya fuera mientras íbamos con él a hacer un mandado o permitiéndonos hablarle en casa, nosotros aprendíamos todo el tiempo.

No obstante, tengo que reconocer que esa no fue mi fortaleza como padre. Al mirar atrás, ahora me gustaría haber aprovechado más los momentos fructuosos para la enseñanza. Les puse mucho énfasis a los devocionales familiares que hacíamos en la noche, pero no tanto a discipular a mis hijos en las actividades cotidianas de la vida. Pero, en retrospectiva, esos momentos fueron tan importantes, si no más, que los períodos de enseñanza más estructurados. A lo mejor, heredé esta disposición a formalizar la instrucción porque mis hijos eran pequeños cuando yo estaba en la universidad, en el seminario y, después, estudiando para mi doctorado; no lo sé. O quizás la presión de mis horarios me hacía sentir más cómodo con una estructura formal que con una relacional. Cualquiera que haya sido la razón, no aproveché los momentos desestructurados y relajados tanto como podría haberlo hecho. Sin embargo, como no puedo modificar el pasado, trato de buscar momentos fructuosos para enseñarles a mis hijos ahora aunque son adultos, y hago lo mismo con mis nietos.

Todos tenemos las mismas veinticuatro horas al día. Por lo tanto, aprovechar el día no tiene que ver solamente con la cantidad de tiempo tanto como con imponerle prioridades a ese tiempo. Significa mantener en primer lugar lo primero. El hecho es que siempre nos hacemos tiempo para las cosas que

Mi boca, la culpable
por Priscilla Shirer

Lo reconozco: me metí en muchos más líos que mis hermanos. Para ser sincera, es probable que durante mi adolescencia haya sido más problemática que todos ellos combinados. De los cuatro, yo era la que mantenía a mis padres levantados hasta altas horas de la noche, preocupados por esa temporada de rebeldía extrema que tenía, preguntándose cómo podría ser que las cosas habían llegado a ese punto y qué hacer al respecto.

Llevaba notas a casa en las cuales los profesores explicaban por qué me habían mandado a la oficina del director... otra vez. Mis padres me conducían a una habitación de la casa que estaba en un pasillo separado de las demás, y ahí hablábamos... entre otras cosas.

Si había un tema en común para los líos en los cuales me metía, probablemente sería que había dicho algo o lo había dicho de cierta manera. Mi «*boca*», como le decía mi madre, era la culpable. Y esa boca parecía lista para causarme problemas toda la vida si yo no hacía algo para suavizarla, contenerla y darle un buen uso.

Así que mis padres, ehh... me *ayudaron* con ese problema.

Cada vez que hablaba cuando no me correspondía, o hablaba demasiado, o decía cosas groseras o me expresaba como una persona mayor a la edad que tenía, me disciplinaban debidamente y con precisión. Pero la situación nunca terminaba con la parte disciplinaria. Posteriormente, venía una conversación en la que mis padres me hablaban de *por qué* mi boca me causaba problemas y de cómo podía cambiar todo eso, si me lo tomaba en serio. O tal vez si tan solo lo dirigía hacia una dirección diferente...

Mis padres fueron los primeros en sembrar en mí la idea de que mi capacidad para hablar en efecto podía llegar a hacerme bien a mí e incluso a los demás. Por ejemplo, me animaron a que leyera ante nuestra familia parte de la poesía y de los monólogos que había escrito y, de vez en cuando, me permitían presentarlos en la iglesia durante un servicio o un programa especial. En lugar de reprimirme, me pusieron un micrófono en la mano y me animaron a que edificara a otros.

La hermana de mi madre, que dirigió el ministerio infantil de nuestra iglesia durante casi treinta años, me puso al frente de las clases dominicales de los niños de seis años y me permitió enseñarles la Biblia cuando yo tenía solo diez años. Esa fue la primera vez que enseñé la Biblia, y en mi corazón se encendió un fuego que nunca se ha apagado.

Luego, mientras se acercaba la época de ir a la universidad, mi papá me orientó para que considerara comenzar a estudiar la carrera de Comunicaciones. (Yo ni siquiera sabía que existiera un título por el estilo). Incluso me organizó una pasantía en una estación radial cristiana en la ciudad donde estaría estudiando. Y, después de que me gradué, él fue quien me aconsejó que pensara en hablar y enseñar como una profesión y un ministerio.

Resulta que esta boca mía no necesitaba que la *reprimieran*, sino que necesitaba ser *reencausada* por padres amorosos y comprensivos que tuvieran la capacidad de ver debajo de la superficie de la estupidez y la imprudencia de mi juventud. Estoy muy contenta de que lo hayan hecho, y estoy sumamente agradecida de que le dieran el mismo valor al estímulo y a la instrucción que a la corrección y a la disciplina. Para mí, eso fue lo que marcó completamente la diferencia.

más nos importan, sea que nos demos cuenta o no. La actividad que lo aleja de sus hijos puede ser algo bueno en y por sí misma, pero esa no es la cuestión. Sus hijos son su responsabilidad primordial y merecen su tiempo.

Samuel era un profeta del Antiguo Testamento que se mantenía ocupado realizando la obra de Dios. Pero perdió a sus hijos porque pasó demasiado tiempo viajando (vea 1 Samuel 7:16; 8:1-5). Elí, el sumo sacerdote, terminó perdiendo su ministerio y su propia vida porque ignoró la responsabilidad que tenía de disciplinar e instruir a sus hijos (vea 1 Samuel 2:12-17, 22-25; 3:10-18).

¿Qué me dice de sus prioridades y de sus horarios? ¿Se escucha que dice demasiado seguido la palabra «mañana»? Demasiadas veces, cuando llega ese mañana, los niños ya no tienen ganas de andar con usted. Padres, olvídense del mañana. Aprovechen el día de hoy.

Instruir a sus hijos en el Señor significa pasar tiempo con ellos para que puedan ver cómo usted lleva a la práctica el evangelio. Significa dejar que lo vean orando y estudiando la Biblia. Significa incluirlos en cualquier ministerio del que usted participe. Como le dije antes, mi padre solía llevarme con él cuando iba al centro de la ciudad a predicar en las esquinas o a visitar a los prisioneros. Mis hijos pueden contarle que me acompañaron a diversos compromisos para predicar, muchas veces encargándose de la mesa de libros cuando todavía eran pequeños. Las cosas podrán haber parecido caóticas o atareadas en ese momento, pero aquellos tiempos generaron algunos buenos recuerdos. Ahora que son adultos, nuestros cuatro hijos están cumpliendo su llamado al realizar la obra de Dios. Ahora veo que ellos están involucrando a sus propios hijos de maneras similares.

Al estar con sus hijos de manera habitual durante las actividades normales de la vida diaria, usted puede aprovechar esos momentos fructuosos que le brindan oportunidades para guiarlos en la fe. Algo tan simple como observar juntos el cielo nocturno puede llevar a una charla sencilla sobre la creación y cómo Dios conoce cada estrella y cada uno de los cabellos de nuestra cabeza. Jugar juegos con ellos podría darles la oportunidad de hablar sobre temas tan importantes como la integridad, la comunicación y la concentración. Mirar un programa de televisión o una película juntos puede ser el puntapié para una conversación natural para analizar las intenciones del personaje, sus decisiones y sus actos.

Instruir a sus hijos en el Señor significa pasar tiempo con ellos para que puedan ver cómo usted lleva a la práctica el evangelio.

A veces, estos momentos fructuosos para enseñar pueden ser simples, mientras que, otras veces, podrán ser más explícitos. Recuerdo una vez que estaba sentado con mis hijos en el porche de la casa de mis padres cuando vimos a varios policías persiguiendo a un narcotraficante; entraron al jardín del frente de mis padres, lo derribaron y lo esposaron ahí mismo, a solo unos metros de distancia frente a nosotros. No me costó demasiado sacarle el jugo a ese momento y hacerles entender a mis hijos que infringir la ley es un asunto grave.

Descubra la lección que yo aprendí con los años: no es necesario que siente a sus hijos con la espalda derecha para enseñarles. Ellos pueden aprender junto con usted mientras está cocinando, manejando, estudiando o simplemente haciendo las cosas del día. La meta no es solo moldear su manera de pensar y de creer; es darle forma a su manera de vivir. Instruirlos en el Señor no se trata tanto de cuánto *sepan*, sino cuánto puedan *poner en práctica*. Cuando alguien trata de aprender un idioma extranjero en un salón de clases, a menudo requiere de unos tantos años de estudio y de práctica antes de llegar a dominarlo. Pero cuando alguien aprende un idioma extranjero rodeándose de ese idioma y esa cultura, puede aprenderlo en medio año, o antes. Instruir a sus hijos en el Señor debería hacerse mediante el método de inmersión; debería ser un estilo de vida.

También es importante crear de manera intencionada un ámbito donde sus hijos se sientan libres de hacerle preguntas. Esto crea la mejor oportunidad para aprender porque le preguntarán sobre las cosas que más les afectan.

Educar a hijos del reino no es una tarea para los agotados o los perezosos. Es una responsabilidad de tiempo completo. Pero también trae recompensas eternas. Es una inversión con grandes remuneraciones.

Mientras el mundo hace todo lo posible por amenazar y confundir a nuestros hijos de muchas maneras, podríamos sentir la tentación de encerrarlos en un capullo y nunca perderlos de vista. Sin embargo, en esos momentos en los que se sienta agobiado por la gran tarea que tiene, hay un versículo que a mí me consolaba (y que sigue haciéndolo) con respecto a educar a mis hijos: «Confía en el Señor con todo tu corazón; no dependas de tu propio entendimiento. Busca su voluntad en todo lo que hagas, y él te mostrará cuál camino tomar» (Proverbios 3:5-6).

Educar a hijos del reino no es una tarea para los agotados o los perezosos.

Al fin y al cabo, debemos encomendarle a Dios esta labor de educar a hijos del reino. En la medida que lo busquemos a él y lo reconozcamos en todos nuestros caminos, Dios nos guiará en cada paso que demos. Mientras formemos a nuestros hijos, es nuestro deber darles lo que necesiten para tomar decisiones sensatas, ya sea cuando estén bajo nuestro techo, como cuando se hayan ido de casa. Si los preparamos bien, si hicimos todo lo que podíamos mientras le encomendamos a Dios el resto, habremos hecho nuestro deber.

8

La Honra y el Respeto

Nunca olvidaré una de las mayores desilusiones que tuve en la infancia. Yo mismo me la causé, y eso solo agravó el dolor. Mis padres insistían en que mis hermanos, mi hermana y yo fuéramos estudiantes ejemplares. Cualquier problema de disciplina que hubiera en nuestras clases debía ser causado por «los hijos de otros padres». Eso era importante para mis padres por una serie de razones. La primera era que el maestro era alguien que debía ser sumamente respetado y obedecido. Otra razón era que la honra de la familia Evans estaba en juego; lo que hacía uno de los niños era el reflejo del resto de la familia. Otro de los motivos era que a mis padres les preocupaba qué clase de adultos llegáramos a ser. Y, por último, pero igualmente importante, era que, como seguidores de Jesucristo, debíamos honrar a quienes Dios había puesto como autoridad sobre nosotros.

Mi mamá y mi papá también dejaron bien claro que si nos portábamos mal en la escuela, habría consecuencias en casa. Mi padre, especialmente, no dejaba pasar ninguna cuando se trataba de haber quebrantado las normas en la escuela (o en cualquier otra parte, si vamos al caso). Así como yo lo amaba y lo respetaba y sabía que él me amaba, también sabía que él nunca faltaría en castigarme cuando me lo merecía. Hubo ciertas cosas que yo no hice simplemente porque después no quería tener que rendirle cuentas a mi padre.

Bueno, como probablemente haya adivinado ya, llegó un día en el que me olvidé de todas esas cosas y me porté mal en la escuela. Me porté tan mal que la maestra llamó a mi padre para que se enterara de lo que había hecho. El castigo a mi comportamiento fue un castigo severo de mi padre... en el sótano. Además, también perdí algunos privilegios.

Dio la casualidad de que, ese día en particular, el equipo de béisbol de mi escuela estaba jugando un partido importante, y yo era el receptor principal. Pero, después de que terminó la sesión del sótano, mi padre dijo las palabras tan temidas: «Hoy no habrá ningún partido para ti».

Tiene que entender que, cuando yo era un niño, me gustaban los deportes más que cualquier otra cosa en el mundo. Además, ese año estaba teniendo una gran temporada en el equipo. Escuchar que no podría jugar me devastó. Sin embargo, como si no fuera suficiente, mi papá me hizo ir a pedirle disculpas al entrenador por no jugar y decirle por qué no podía jugar, lo cual me avergonzó más aún.

Sin embargo, ese episodio de mi niñez es solo la mitad de la historia. A pesar de que el incidente me dolió mucho, también logró el propósito superior que tenía mi padre, lo cual fue mucho más importante a la larga. Me enseñó la importancia de respetar las reglas de mis padres, pero también dejó una marca en mí sobre la importancia de mostrarle respeto a mis maestros y de respetar a la autoridad en general. Aprendí que la falta de respeto tiene un costo, y que era un costo que yo no quería tener que pagar.

Durante mi juventud mi padre también me «arruinó» muchas noches de sábado porque, cuando yo salía por la puerta principal, me decía: «Cuando estés

La falta de respeto tiene un costo.

por ahí afuera esta noche, recuerda que tu apellido es Evans». Obviamente, no necesitaba recordarme cuál era mi apellido. Pero quería recordarme que mi nombre representaba algo más grande que mi persona. Representaba la honestidad, la integridad, la moral y la dignidad como parte de la comunidad. En pocas palabras, representaba el compromiso con la vida cristiana, y mi papá no quería que yo hiciera algo que pusiera en riesgo ese testimonio. Ese recordatorio siempre permaneció en mi mente cuando fui tomando decisiones durante la juventud. Procuraba respetar a mi padre honrando su nombre, el que él me había dado, y lo sentía en mi interior cuando no vivía a la altura de ese nombre.

No todos los jóvenes de mi comunidad recibieron ese tipo de lecciones, y cada año cuando vuelvo de visita a Baltimore, veo las consecuencias. Muchos de mis amigos de la infancia murieron prematuramente por el consumo ilegal de drogas o por involucrarse en otras actividades nefastas, y muchos otros siguen viviendo sin propósito o prácticamente sin rumbo. Pero el respeto y la honra que mis padres me inculcaron me ayudaron a progresar más allá de los límites del barrio.

¿Qué es la honra?

La palabra griega para *honrar* significa apreciar, fijar un alto precio[1]. Esto, por cierto, aplica a cualquier edad. Cuando se trata de la obediencia a los padres, podrá haber algunos aspectos polémicos y ciertos desacuerdos, pero los hijos nunca llegan a una edad en la que no les deban honra a sus padres. La honra es un rasgo importante que debe existir en un hogar sano porque implica amor incondicional, afirmar el valor y la singularidad de cada persona de la familia, celebrar y reconocer las fortalezas familiares, respetar la privacidad de cada miembro de la familia y servirse unos a otros.

La razón por la que hay tanta deshonra en la calle y en nuestras escuelas es que los niños y las niñas nunca aprendieron a honrar en su hogar. Si los niños no aprenden a honrar a papá y a mamá, ¿cómo aprenderán a honrar a los agentes de policía, a los jueces o a cualquier otra persona o propiedad?

Antes era una costumbre que, cuando los adultos iban caminando por la calle y se encontraban con un grupo de niños que venían en rumbo contrario, los menores se hacían a un lado. Hoy en día, vemos que vienen niños y nosotros nos apartamos. Ellos no nos tienen miedo; nosotros les tenemos miedo a ellos. ¿Por qué? Porque no sabemos qué pueden llegar a hacer esos jóvenes si

Si los niños no aprenden a honrar a papá y a mamá, ¿cómo aprenderán a honrar a los agentes de policía, a los jueces o a cualquier otra persona o propiedad?

los hacemos enojar. Porque los padres no les inculcan la honra en el hogar y los dejan que se salgan con la suya cuando los deshonran, todos pagamos el costo en nuestra sociedad. No es ningún secreto que Satanás quiere destruir el hogar; si puede lograr eso, podrá destruir la cultura.

Todas las relaciones humanas se basan, inicialmente, en lo que el niño aprendió en su casa. Si un hijo aprende que está bien que un hombre empuje a una mujer o que le falte el respeto verbalmente, cuando crezca, tal vez golpee a su esposa o la maltrate verbalmente. Si un hijo aprende que está bien ser vago, sarcástico y no trabajar, quizás llegue a ser un hombre improductivo. Cuando los padres son un modelo de falta de responsabilidad, sus hijos se encarrilan a convertirse en adultos irresponsables e imprudentes. Si los padres están ausentes del hogar (o si están físicamente presentes, pero ausentes emocionalmente), sus hijos dependerán de lo que aprendan de la televisión, de la música, de las películas, de los videojuegos y de sus amigos para formar su carácter y su cosmovisión.

Como Satanás quiere destruir el hogar, usará cualquier cosa que pueda para lograr su objetivo. Ustedes tienen que entender, padres: Satanás *odia* a su familia. Él sabe que la familia determina el futuro. Si destruye a su familia hoy, podrá arruinarles el futuro a muchas personas. Satanás está mirando el futuro y lo único que le importa es la destrucción.

No solo está detrás de usted o de su matrimonio; también se propone atacar a sus hijos. Quiere hacerles daño porque sabe que, si puede dañarlos, podrá destruir sus futuras familias. Supongamos que usted tiene tres hijos y que Satanás se las arregla para infiltrarse y arruinarlos a los tres. Ahora, potencialmente ha arruinado a cuatro familias: la suya y las de ellos cuando sean mayores. Con el tiempo, toda la sociedad estará en peligro en la medida que las familias sigan derrumbándose.

Es por eso que Dios dejó absolutamente en claro, desde los primeros registros de la historia, que la

Dios entiende que no se trata simplemente de tener un día bueno o un hogar tranquilo: se trata de promover su reino en la tierra, contra el avance del caos de Satanás.

honra y el respeto son aspectos fundamentales de cada hogar. ¿Cuán importante es para Dios que los hijos honren a sus padres? La respuesta la encontramos en Éxodo 21. El versículo 15 dice: «Cualquiera que golpee a su padre o a su madre será ejecutado». Según el versículo 17: «Cualquiera que deshonre a su padre o a su madre será ejecutado».

Levantar la mano contra los padres o insultarlos (dos maneras terribles de deshonrarlos) significaba la muerte en el antiguo Israel. Así de serio es Dios acerca de la honra que los hijos deben darles a sus padres porque Dios comprende todo el panorama. Él entiende que no se trata simplemente de tener un día bueno o un hogar tranquilo: se trata de promover su reino en la tierra, contra el avance del caos de Satanás.

Enseñar el respeto y la honra

En las Escrituras, la honra y el respeto se mencionan primero en referencia a los padres. Éxodo 20:12 dice: «Honra a tu padre y a tu madre. Entonces tendrás una vida larga y plena en la tierra que el SEÑOR tu Dios te da».

Dios tiene un orden establecido en todo lo que hace y él obra por medio de ese orden. En el hogar, la madre y el padre tienen la responsabilidad de educar a los hijos, y los hijos tienen la responsabilidad de honrar y respetar a sus padres. Cuando usted ignora el orden de Dios, invita a que el perjuicio entre

Cuando usted ignora el orden de Dios, invita a que el perjuicio entre en su vida.

en su vida. Cuando toma otro camino que no es el de Dios (o deshonra el camino de Dios), usted asume las consecuencias de Dios.

Tanto para los niños como para los adultos, nuestra manera de responder al curso establecido por Dios influye en cómo nos responderá Dios. Cuando Adán y Eva le respondieron al diablo en el jardín de Edén y violaron el orden de Dios, eso afectó cómo les respondió Dios a ellos. Algunos de nosotros, siendo adultos, no hemos respondido de acuerdo con cómo Dios dispuso que las cosas fluyeran; no vimos la conexión y ahora nos preguntamos por qué

Ver claramente
por Jonathan Evans

«Hijos, obedezcan a sus padres porque ustedes pertenecen al Señor, pues esto es lo correcto. "Honra a tu padre y a tu madre". Ese es el primer mandamiento que contiene una promesa: si honras a tu padre y a tu madre, "te irá bien y tendrás una larga vida en la tierra"» (Efesios 6:1–3). Ya les hice memorizar este pasaje de la Biblia a mis hijos, no solo porque, como padres, sea conveniente hacerlo, sino, más bien, porque, por mis propias experiencias de la vida, he aprendido lo verdadero que es este pasaje. Tener un futuro promisorio y vivir una vida más abundante todos sus días están relacionados con la honra y el respeto. Tener presente ese hecho me ha ayudado a ver las cosas con mayor claridad.

Cuando era chico, realmente veía el futuro de manera borrosa. El problema para mí, como les pasa a todos los niños, es que creía que veía óptimamente. Por eso, en muchas de las situaciones que enfrenté al ir creciendo, no veía las cosas como las veían mis padres. En ese momento, creía que mi visión acerca de las decisiones que tomaba para el futuro era mejor que la de ellos. Sin embargo, cuando crecí, las experiencias de la vida me enseñaron otra cosa. Aprendí el verdadero significado de la famosa frase: «Es fácil opinar con el diario de mañana». Hay muchas situaciones de mi vida que ahora manejaría de otra manera. Reconozco que vería las cosas como las veían mis padres. Me di cuenta de que, porque las experiencias de mis padres habían sido anteriores a las mías, ellos ya tenían una visión retrospectiva; ya habían visto con una visión óptima. Entendí la verdad de Efesios 6:1–3, que dice que honrar y respetar a los padres nos da la previsión para un futuro promisorio. En pocas palabras, el trabajo de los padres es transmitirles a sus hijos su claridad para ver las cosas. Luego, la tarea de los hijos es honrar y respetar la visión bíblica de sus padres, en lugar de la de sus propios ojos cortos de vista.

tenemos problemas en la vida. Vemos que nuestros hijos no nos respetan, y esto es el reflejo de nuestra propia falta de respeto hacia nuestros padres.

Veamos en la Biblia un caso práctico de cómo se siente Dios por nuestra deshonra y cómo se ocupa del tema. Es una historia insólita, que se encuentra en 2 Reyes 2:23-24. El profeta Eliseo estaba siendo deshonrado e insultado por un grupo de jóvenes:

> Después Eliseo salió de Jericó y subió a Betel. Mientras iba por el camino, unos muchachos de la ciudad comenzaron a burlarse y a reírse de él. «¡Vete de aquí, viejo calvo! —gritaban—. ¡Vete de aquí, viejo calvo!». Eliseo se dio la vuelta, los miró y los maldijo en el nombre del Señor. Entonces dos osos salieron del bosque y atacaron a cuarenta y dos de ellos.

La palabra utilizada aquí indica que no eran niñitos que se comportaban de manera irresponsable. Eran muchachos más grandes que, en efecto, estaban insultando al profeta de Dios. Y su insolencia les causó la muerte. La razón por la que tantos niños y niñas mueren en las calles es porque nunca aprendieron a honrar, y eso les está costando la vida. Sus ejemplos vienen de mirarse unos a otros porque carecen de padres y madres que los hagan responsables de este principio del reino.

Supongamos que usted tiene dos hijos, uno de quince años y el otro de diez. Usted le dice a su hijo de quince años que puede ir al cine, pero que debe volver a casa a las once de la noche. En lugar de hacer eso, él llega a su casa a las cuatro de la madrugada. Usted se molesta y le dice que no vuelva a hacerlo, pero él sigue incumpliendo con su horario tope para llegar a casa y sigue haciendo lo que quiere sin consecuencias. Al no encarar la rebeldía de su hijo mayor, usted potencialmente está alentando a que su hijo de diez años también se rebele. La rebeldía que es ignorada solo conduce a más rebeldía, y no solamente en uno de los hijos. Mientras el hermano menor vea que el hermano mayor puede desobedecer sin tener que rendir cuentas por sus actos, aprenderá a hacer lo mismo. Por eso es tan importante inculcar en el hogar la honra y el respeto como virtudes. Si no lo hace, crecerá una oleada de falta de respeto a medida que sus hijos vayan haciéndose mayores.

Por ejemplo, cuando Chrystal estaba en la secundaria, no quería ir con la familia de vacaciones porque no quería perderse algunas actividades sociales que se realizaban durante ese mes. Esto también sucedió en una época de su vida en la que luchaba abiertamente con una actitud conflictiva. Yo sabía que, dependiendo de cómo manejáramos la petición de Chrystal (*demanda*, quizás, sería una palabra mejor), eso posteriormente afectaría a cada uno de los otros tres niños cuando crecieran, así que decidimos hacer que Chrystal viniera con nosotros a las vacaciones familiares. Ahora bien, no digo que ella lo haya hecho con la actitud adecuada. Pero, a veces, los padres tienen que darse cuenta de que, aunque no logren que el *corazón* manifieste honra o respeto, los *hechos* igual deberán hacerlo.

Dios se toma muy en serio la honra. Observe otro pasaje que lo explica con lujo de detalles. ¿Qué hacían los padres israelitas cuando un hijo rebelde rehusaba obedecerlos? La ley mosaica era muy específica:

> Supongamos que un hombre tiene un hijo terco y rebelde, que no quiere obedecer ni a su padre ni a su madre, a pesar de que ellos lo disciplinan. En un caso así, el padre y la madre tendrán que llevarlo ante los ancianos mientras estén juzgando en las puertas de la ciudad. Ambos padres les dirán a los ancianos: «Este hijo nuestro es terco y rebelde y se niega a obedecer. Es glotón y borracho». Entonces todos los hombres de esa ciudad lo matarán a pedradas. De ese modo limpiarás esa maldad que hay en medio de ti, y todo Israel se enterará y tendrá miedo. (Deuteronomio 21:18-21)

Este pasaje no habla de mala conducta. Todos los hijos se van a portar mal. Aquí se refiere a una rebeldía grave, deliberada y prolongada. Los hijos, especialmente los adolescentes, necesitan saber que ellos no pueden vivir de la manera que se les ocurra y esperar seguir adelante como si nada, sin ninguna consecuencia.

En esta época, es costumbre echarles a los padres la culpa de los problemas y de la conducta de uno en general. Me recuerda a dos hermanos que hicieron una sesión de consejería juntos. Habían crecido en un hogar en el que el padre era alcohólico. Uno de los hermanos también se había vuelto alcohólico, pero el otro era abstemio. Cuando se les pidió que explicaran su comportamiento, ambos dijeron al unísono: «Bueno, ¿qué otra cosa se podría esperar con un padre como el mío?».

Ambos dijeron la verdad: uno siguió el ejemplo del padre, a pesar de que probablemente no quisiera, y el otro (el más fuerte de los dos), pudo llevar a cabo su determinación de no acabar igual que su padre. La anécdota también ilustra la verdad de que a veces los padres son culpabilizados de demasiadas cosas y elogiados por muy pocas.

Sin embargo, el hecho es que los padres tienen que enseñarles a sus hijos que los honren y los respeten, y también tienen que ser un modelo de ese respeto.

Cuando mi papá me disciplinó por portarme mal en la escuela, por mucho que me disgustó, mi respeto por él creció. Me había advertido muchas veces que no toleraría que tuviera un mal comportamiento en clase. Siempre había cumplido sus advertencias en el pasado. Y, ese día, cuando fue constante al darme una nalgada y no dejarme salir, volvió a demostrarme que era un hombre de palabra, que sus reglas eran importantes y que no era una persona a quien yo debería tomar a la ligera. Es decir, era un hombre para ser respetado.

Padres, recuerden que la honra surge del corazón que respeta; es fundamental que establezcan esa actitud de respeto en sus hijos. No es algo que siempre se logre castigándolos físicamente. Esto es importante porque todos los hijos son diferentes. De nuestros cuatro hijos, uno recibió muchas más nalgadas que los otros, y uno casi no recibió ninguna nalgada. Yo tuve que descubrir la mejor manera de comunicarme con cada uno.

Por ejemplo, un día, Jonathan llegó a casa después de haber salido con sus amigos, y vimos que se había perforado la oreja. Ahora bien, Jonathan sabía que yo no quería que se pusiera un aro en la oreja, pero lo hizo igual. Él no era un hijo que soliera deshonrarnos a Lois o a mí, así que esa decisión me extrañó. No solo me sorprendió, sino que

La honra surge del corazón que respeta; es fundamental que establezcan esa actitud de respeto en sus hijos.

también me decepcionó profundamente: tanto que, cuando entré a la casa y lo vi sentado ahí, con un aro en la oreja, no tuve nada para decir. Me quedé mudo ante la profunda falta de respeto que sentí de su parte. Solo lo miré, me di vuelta y salí de la habitación.

Jonathan pudo sentir mi decepción, a pesar de que yo no le había dicho nada. Se sacó el aro y nunca más volvió a usarlo. Padres, disciplinar a sus hijos es mucho más profundo que un acto que se hace en un momento. Es un proceso siempre en curso que les infunde respeto por ustedes, de manera que cuando se desvían del camino correcto, su corazón será sensible a ello y desearán volver a él.

Como dice la Biblia: «Cuando éramos niños, nuestros padres aquí en la tierra nos corregían, y los respetábamos» (Hebreos 12:9, DHH). La disciplina correcta genera respeto naturalmente, como Dios lo planeó. El nombre de mi padre es Arthur, pero yo nunca lo llamaría así. Para mí, él siempre será papá. Y cuando llevaba a mis hijos para que lo visitaran durante el verano, siempre me ponía bajo su autoridad. Mi edad no cambiaba las cosas. Esa es la clase de respeto que tengo por él.

Padres, recuerden que la disciplina correcta lleva tiempo y esfuerzo de su parte. Necesitamos estar seguros de tener toda la información antes de actuar. Tenemos que hacernos el tiempo y proponernos el esfuerzo de disciplinar cuando hay un millón de otras cosas que preferiríamos hacer, como levantar los pies y relajarnos al final de un día largo y difícil. Además, es fundamental que combinemos nuestra disciplina con amor. Yo solía seguir la penitencia, la nalgada o el sermón que le daba a alguno de mis hijos con un abrazo, diciéndole que lo o la amaba. Quería que me escuchara y que viera de qué clase de corazón procedía la corrección.

Enseñar respeto y honra también requiere de algo más: una perspectiva a largo plazo. En el momento que se necesita la disciplina, no es placentera para nadie. Pero usted debe mirar más allá del momento. Leemos en Hebreos 12:11: «Ninguna disciplina resulta agradable a la hora de recibirla. Al contrario, ¡es dolorosa! Pero después, produce la apacible cosecha de una vida recta para los que han sido entrenados por ella».

Dios tiene una perspectiva eterna cuando nos disciplina, como nos recuerda Hebreos 12, con el propósito de hacernos cada vez más parecidos a

Cristo. De la misma manera, cuídese de no pensar en sus hijos e hijas como los niños y las niñas que son ahora, sino como los hombres y las mujeres que serán algún día. Tenga en cuenta qué calidad de relaciones tendrán en el futuro a causa de la honra y el respeto que usted les inculcó cuando eran pequeños. Necesitan saber, en todo lo que hagan, cómo honrarse y respetarse a sí mismos, a sus padres y a quienes los rodean, con sus palabras, sus actos y hasta con sus pensamientos.

Padres, cuando son contradictorios para disciplinar, cuando prefieren a un hijo o a una hija más que a otro, o cuando nuestros hijos nos ven deshonrar o faltarles el respeto a otros, dificultamos que nos respeten. Aunque el mandato de que los hijos honren a sus padres abarca a todos los hijos e hijas, creo que una manera de ayudarlos para

En el momento que se necesita la disciplina, no es placentera para nadie. Pero usted debe mirar más allá del momento.

que los honren como padres es honrándolos a ellos. Si quieren que sus hijos los honren y los respeten, hónrenlos y respétenlos a ellos también, dándoles un buen ejemplo y siendo coherentes con sus palabras y con sus hechos.

La honra viene con un premio

El libro de Efesios nos dice que, cuando los hijos honren a sus padres, recibirán una bendición: «"Honra a tu padre y a tu madre". Ese es el primer mandamiento que contiene una promesa: si honras a tu padre y a tu madre, "te irá bien y tendrás una larga vida en la tierra"» (Efesios 6:2-3).

Este versículo dice que los hijos que honran a sus padres serán bendecidos con una mayor calidad y cantidad de vida. Evitarán las consecuencias de la rebeldía y de la desobediencia que pueden dar lugar a perder la bendición de Dios y que incluso pueden llevar a una muerte prematura.

Estos hijos, además, experimentarán la bendición de Dios. El principio de honrar a los padres fue dado en el Antiguo Testamento y traspasa al Nuevo Testamento. Se sigue aplicando para la actualidad y sigue siendo una característica central de cualquiera que se tome en serio el vivir las bendiciones de Dios.

¿Acaso Efesios 6:3 promete que todo hijo que honre a sus padres vivirá hasta los noventa años y solo experimentará cosas buenas? No, la idea bíblica de una larga vida es que usted recibirá toda la vida que Dios dispuso que usted viva. No tendrá que quitarlo de la tierra antes de tiempo porque usted se niega a dejar de deshonrar a sus padres. No morirá a los cuarenta años si se suponía que debía vivir hasta los setenta. Vivirá todos los días que Dios dispuso que viva.

Cómo mostrar honra

¿Cómo honran los hijos a sus padres? Permítame sugerirle varias maneras.

Primero, los hijos tienen que honrar emocionalmente a sus padres. Esto incluye pasar tiempo con ellos y demostrarles un poco de interés y de amor. Hay madres y padres que se están desvaneciendo en residencias para ancianos y en centros médicos por la falta de atención y honra de sus propios hijos adultos.

Alguno me dirá: «Pero usted no conoce a mi madre. Fue una madre terrible». O «Mi padre fue un problema». Pero esa persona sigue siendo su padre o su madre. Él o ella debe haber hecho algo bien, porque usted todavía está aquí. Eso no quiere decir que usted deba honrar lo que sus padres hicieron mal. Pero, de todas maneras, todavía puede reconocer y honrar a sus padres por su posición.

También puede honrar verbalmente a sus padres. Cuando visito la casa de mis padres en Baltimore, no le digo a mi padre: «¿Qué hay, Art? ¿Cómo te va?». Lo trato con «Sí, señor» y «No, señor».

Pablo le dijo a Timoteo: «Nunca le hables con aspereza a un hombre mayor, sino llámale la atención con respeto como lo harías con tu propio padre» (1 Timoteo 5:1). En otras palabras, aunque esté equivocado, igualmente usted debe hablarle con respeto. A una madre y a un padre no se les dice: «Oye, tú». A los padres se les debe hablar —y se debe hablar de ellos— con honra.

Dios también les pide a los hijos que honren económicamente a sus padres.

En 1 Timoteo 5:8, Pablo escribió: «Aquellos que se niegan a cuidar de sus familiares, especialmente los de su propia casa, han negado la fe verdadera y son peores que los incrédulos». En el versículo 16, leemos: «Si una mujer creyente tiene parientes que son viudas, debe cuidar de ellas y no darle a la iglesia la responsabilidad».

Como hijos, tenemos una responsabilidad económica por nuestros padres cuando ya no pueden hacerse cargo de ellos mismos. Eso implica algo más que comprarles una tarjeta para el día de la madre o del padre. Significa ocuparse de su bienestar cuando ellos necesitan nuestra ayuda. Quizás no puedan vivir con nosotros a causa de la atención médica que requieren, pero honrarlos significa que sigamos cuidando de su bienestar.

Observe que, en 1 Timoteo 5:4, Pablo describió lo que hacemos por nuestros padres (en este caso, por nuestras madres) como «retribuir» lo que han hecho por nosotros. Su madre lo llevó a usted en su cuerpo durante nueve meses. Pasó por el doloroso trabajo de parto para traerlo al mundo. Lo alimentó, lo vistió y lo albergó.

En el caso de muchas familias pobres de nuestra generación, es probable que su madre se haya tomado un bus todos los días para ir al otro lado de la ciudad a lavar los pisos de otras personas para que usted tuviera qué comer, tuviera la ropa necesaria y pudiera ir a la escuela. Su padre tal vez haya trabajado como el mío, hasta quedar tan cansado que apenas podía manejar de vuelta a casa. Esa clase de sacrificio merece su honra.

Cuando un anciano de nuestra iglesia era niño, fue abandonado por su padre. No hace mucho, su padre se enfermó, y el hombre fue regularmente al hospital a visitarlo, a pesar de que ninguno de sus hermanos quería tener nada que ver con el padre.

Este hombre demostró honra a su padre, no porque él hubiera sido un gran papá, sino porque su condición de padre merecía respeto. Y ¿quién sabe? La honra de este hombre quizás ayude a ganar su padre para Cristo.

La honra también se demuestra mediante la obediencia. No es necesario tener hijos adolescentes para darse cuenta de que estamos viviendo en una época de valores cambiantes y de roles invertidos. La cultura ha subido la presión para nuestras familias. En este ambiente caldeado, lo que ha surgido a la superficie es un espíritu rebelde que les dice a los hijos que ignoren, falten el respeto y desobedezcan a sus padres (y a toda autoridad, si vamos al caso). Podríamos decir que lo que estamos viendo hoy en día es la «adultificación» de los niños de los Estados Unidos. Pablo habló de la importancia de mostrar honra por medio de la obediencia desde el comienzo del versículo 1 de Efesios 6: «Hijos, obedezcan a sus padres porque ustedes pertenecen al Señor, pues esto es lo correcto».

Como padres, parte de su rol es generar un ámbito donde la obediencia surja naturalmente y sin dificultad. Esto se logra en parte estableciendo normas y límites en función a lo que usted permite en la vida de sus hijos y aplicando el correctivo adecuado cuando sus hijos los trasgreden. Por ejemplo, cuando nuestros hijos eran pequeños, restringíamos su tiempo frente al televisor a media hora durante los días de semana. Básicamente, eso quería decir que podían ver un programa y, generalmente, ese programa era *The Cosby Show*. Esto no solo mantenía al margen la influencia negativa y mundana de los medios de comunicación, sino que además fomentaba que pasáramos tiempo de calidad en familia porque dedicábamos la mayor parte de las noches a charlar, a jugar o a leer juntos. Ya que eso producía que nuestras relaciones fueran más profundas, cuando les pedíamos a nuestros hijos que obedecieran determinadas reglas o que hicieran sus quehaceres, no sentían que era lo único que les pedíamos que hicieran. Nos correspondían más fácilmente porque confiaban de corazón y por respeto mutuo.

Como padre cristiano o madre cristiana, su trabajo es filtrar la cultura de tal manera que las influencias nocivas no dominen la vida de sus hijos.

Como padre cristiano o madre cristiana, su trabajo es filtrar la cultura de tal manera que las influencias nocivas no dominen la vida de sus hijos. Tiene que hacer el esfuerzo de filtrar las tendencias pecaminosas que hay en ellos de manera tal que doblegue su voluntad sin quebrantar su espíritu.

¿Por qué es necesario esto? Porque, independientemente de lo hermosos que sean sus hijos, son pecaminosamente hermosos. La insensatez y la rebeldía están integradas en el corazón del niño (vea Proverbios 22:15). Es por eso que los niños necesitan aprender a obedecer.

Cuando Pablo dijo que los hijos deben obedecer a sus padres «porque ustedes pertenecen al Señor» (Efesios 6:1), estaba recordándonos que la obediencia a los padres es semejante a la obediencia a Dios, porque así es como Dios ha organizado las jerarquías del hogar. En otras palabras, cuando un hijo se rebela contra sus padres, se rebela contra Dios. En la Biblia, varias veces Dios hace hincapié en esta necesidad de obedecer. Aquí vemos solo algunas:

Hijo mío, presta atención cuando tu padre te corrige; no descuides la instrucción de tu madre. (Proverbios 1:8)

Hijo mío, nunca olvides las cosas que te he enseñado; guarda mis mandatos en tu corazón. (Proverbios 3:1)

Hijos míos, escuchen cuando su padre los corrige. Presten atención y aprendan buen juicio, porque les doy una buena orientación. No se alejen de mis instrucciones. Pues yo, igual que ustedes, fui hijo de mi padre, amado tiernamente como el hijo único de mi madre. Mi padre me enseñó: «Toma en serio mis palabras. Sigue mis mandatos y vivirás». (Proverbios 4:1-4)

Hijo mío, sigue mi consejo, atesora siempre mis mandatos. ¡Obedece mis mandatos y vive! Guarda mis instrucciones tal como cuidas tus ojos. Átalas a tus dedos como un recordatorio; escríbelas en lo profundo de tu corazón. (Proverbios 7:1–3)

El libro de Proverbios también dice que el hijo desobediente trae dolor a sus padres (10:1; 17:21; 19:13) y vergüenza a toda la familia (19:26).

La obediencia (en el contexto de un espíritu de honra y respeto) es un componente esencial de una atmósfera del reino y de un hogar sano. Hágales más fácil a sus hijos que lo honren y lo respeten. Viva de una manera honorable. Trátelos con respeto y hágales ver que usted honra a su cónyuge y les muestra respeto a sus abuelos. No les dé reglas solamente; ellos desean relacionarse con usted. Las reglas sin una relación llevan a la deshonra y a la rebeldía. Abrace a sus hijos, ore por ellos y con ellos, anímelos y agradézcales por las cosas que hacen para contribuir con el bienestar de su casa. Sea parte de su mundo. Dígales que los ama. Cuando todo eso esté en orden, escucharán más fácilmente sus reglas porque creerán que esas reglas son para su bien. Aprenderán a confiar en usted, y la confianza es la base de toda honra y todo respeto verdaderos.

9

«KNTM XFA»: LA CULTIVACIÓN DE LA COMUNICACIÓN

Hoy en día, la gente saca provecho de los sistemas informativos más avanzados que hayamos concebido. Si las personas que murieron no más de cincuenta años atrás volvieran y vieran las maneras increíbles en las que podemos comunicarnos en la actualidad, se quedarían pasmadas. Mediante la televisión y los satélites, podemos ver qué está sucediendo al otro lado del mundo, mientras ocurre. Las redes sociales han cambiado todo lo que conocíamos y entendíamos sobre la comunicación. Alrededor de mil doscientos millones de personas usan Facebook. Se han subido cerca de doscientos cincuenta mil millones de fotos solamente en Facebook, por no mencionar Instagram. Y, como dicen que una imagen vale más que mil palabras, eso allí es una inmensa cantidad de comunicación.

En la actualidad, los miembros de una familia pueden estar sentados en la misma sala, todos con un teléfono móvil o una tableta en la mano, y pasarse horas sin comunicarse entre sí. Los *tuits* sustituyen el diálogo. Los comentarios virtuales ocupan el lugar de las conversaciones. Las palabras se han reducido a simples letras como «kntm» (cuéntame) y «xfa» (por favor). Las frases completas han perdido el prestigio que alguna vez tuvieron en nuestra cultura. Lento pero seguro, estamos perdiendo la destreza en los modelos coherentes discursivos, en la gramática y en el arte de escuchar. Al fin y al cabo, las redes sociales no necesariamente requieren de una interacción bilateral.

A esto lo llamamos comunicación, pero sería mejor definirlo simplemente como transmisión. La comunicación no solo se produce cuando un mensaje es enviado, sino también cuando es recibido, es comprendido y se actúa sobre el mismo. Según esa definición, no se da hoy en día mucha comunicación real. Pero, aun así, la comunicación es un elemento vital y fundamental en una familia sana.

Además de la falta de comunicación verdadera que tenemos en la mayoría de los hogares, hay una enorme cantidad de mensajes negativos que les llegan a los niños, y esto está llevando a una generación de jóvenes a una profunda desesperanza e irreverencia por la vida que nunca hemos visto antes.

La efectividad de esa comunicación negativa, junto con la falta de comunicación de calidad dentro de la familia, es una buena parte del problema que tenemos actualmente para educar hijos del reino. En el hogar del reino, deberían compartirse abierta y frecuentemente los sentimientos o preocupaciones; deberían escucharse, entenderse, darse empatía, apoyo y acceso a la discusión y a la información. En este capítulo, analizaremos cómo podemos generar un ámbito que contribuya con los modelos y las habilidades para comunicarse sanamente al implementar algunas estrategias y principios clave.

El principio del reino para la comunicación sana

En mis años como pastor, he leído una gran cantidad de libros y he escuchado una infinidad de conferencias sobre la comunicación familiar. Salvo unas pocas excepciones, todos han sido excelentes. Pero, con base en mi propia experiencia (tanto en mi familia como en la consejería), creo que la norma principal tiene que ser la siguiente: no hay tiempo de calidad sin tiempo en cantidad.

No hay tiempo de calidad sin tiempo en cantidad.

Se me retuerce el estómago cada vez que escucho a los padres decir que, ya que tienen una agenda tan ocupada, hacen el gran esfuerzo de pasar «tiempo de calidad» con sus hijos. Imagínese qué le parecería esta idea si la trasladara a otra área de la vida. ¿Qué pasaría si el famoso mariscal de campo Peyton Manning decidiera que, como ya es bastante bueno en el juego, solo necesita entrenar veinticinco minutos cada día? ¿Qué cree que le pasaría a su equipo, o al entorno y a las actitudes de quienes lo rodean? Desde luego que este no es el caso, ya que Manning tiene la fama de ser uno de los jugadores más dedicados de la NFL, el que suele trabajar más horas que los demás, ya sea entrenando o estudiando filmaciones de partidos o de jugadas[1].

Otro mariscal de campo ganador del Supertazón, Russell Wilson, quien prorrumpió en la escena de la NFL como uno de los mejores jugadores de fútbol americano en cuanto a fundamentales que se haya visto, suele ser el primero en llegar por la mañana (a veces, a las 5:30 de la madrugada) y el último en irse; muchas veces, anota catorce horas al día. El lema de Wilson es «La diferenciación está en la preparación»[2]. La cantidad de tiempo se ha traducido, indudablemente, en la calidad del juego, tanto en el caso de Wilson como en el de Manning.

Lamentablemente, aunque no toleraríamos que la actitud de «tiempo de calidad» fuera mejor que «tiempo en cantidad» en cualquier otra profesión o iniciativa (desde luego, no en el fútbol americano profesional), no tenemos problema en escamotear nuestra crianza de hijos y denominarla como «tiempo de calidad».

Padres, eso es simplemente inaceptable. Para fomentar una atmósfera de comunicación sana en su hogar, primero tiene que haber sobradas oportunidades para comunicarse. La comunicación familiar exige trabajo y habilidad, y uno no puede desarrollar esas habilidades sin estar presente.

En nuestra familia, cuando los niños todavía estaban en casa (y aun ahora, que viven cerca y vienen seguido a visitarnos y nos traen a sus hijos), descubrimos que uno de los mejores lugares para la comunicación familiar es alrededor de la mesa de la cocina. Es el momento en el que estamos todos juntos, todos estamos relajados y disfrutamos de compartir una comida. Es un buen momento para ponerse al día con los acontecimientos del día y para descubrir qué aflige al corazón de cada uno de los involucrados. Pero la mesa de la cocina no es solo para el rato de la comida.

¿Cómo es en su casa? ¿Sus hijos se reúnen alrededor de la mesa? ¿Esperan con ganas llegar a casa porque sus padres estarán esa noche para la cena?

¿O usted casi nunca está ahí? ¿Ellos saben que contarán con su atención cuando le hablen, o está ocupado mandando mensajes por celular o hablando por teléfono con alguien del trabajo?

Desde luego, la comunicación no siempre es espontánea y cómoda. Es posible que sea más fácil hablar con uno de sus hijos que con otro, o podría haber una edad que se presta para una comunicación más profunda que otras. Sin embargo, a pesar de lo que cueste generar el entorno para la comunicación sana, vale la pena invertir en ello.

Parte del esfuerzo necesario para comunicarse se debe a que hay personalidades distintas dentro de la familia. Como las personas son únicas, reaccionarán de maneras diferentes ante el mismo mensaje. Por ejemplo, si yo corrijo a un niño decidido y seguro en un tono de voz severo, probablemente ese niño se lo tome bien, ya sea obedeciendo por la severidad de mi voz o sintiéndose libre de no hacerme caso.

Por otra parte, un niño sensible podría sentirse emocionalmente destrozado por el mismo tono de voz. La severidad podría ser interpretada como un ataque personal abrumador. Es evidente que los padres tienen que conocer las personalidades de sus hijos para entender cómo comunicarse eficazmente con cada uno sin lastimarlos. ¿Y cómo aprendemos a interpretar las personalidades de nuestros hijos? ¿Cómo descubrir cuáles son las mejores maneras de comunicarnos con ellos? Lleva tiempo, tiempo en cantidad. Simplemente no hay otra manera. Y no hay otra forma de hacer que los hijos se sientan verdaderamente valorados y reconocidos que no sea que sus padres y madres pasen tiempo con ellos.

> *No hay otra forma de hacer que los hijos se sientan verdaderamente valorados y reconocidos que no sea que sus padres y madres pasen tiempo con ellos.*

Se pueden conocer las prioridades de alguien viendo a qué le dedica su tiempo. Los niños también son suficientemente inteligentes para discernirlo.

Invertir tiempo constantemente en la vida de quienes están a su cargo es necesario para lograr una comunicación familiar efectiva. En otras palabras: invertir en su familia puede llegar a reducir una parte de sus ganancias en el trabajo. Puede significar dejar que otro en la empresa atienda al cliente más importante o reciba un ascenso. Podría implicar que pase menos tiempo frente al televisor mirando sus programas favoritos, o menos paseos de compras al centro comercial. Pero, al sacrificar esas cosas, estará cumpliendo su papel como padre o madre del reino que está criando a hijos del reino.

Las claves del reino para la comunicación

Hemos hablado de por qué necesitan la comunicación en la familia y qué hace falta para lograrla. Ahora hablemos de los principios para la comunicación eficaz: yo los llamo las claves del reino para la comunicación. Esto abarca cómo usted envía mensajes y cómo los recibe.

En toda comunicación hay tres partes. El *codificador* es la persona que quiere decir algo. El *mensaje* es lo que realmente se dice. Se supone que debe expresar la información y la emoción que el codificador intenta transmitir, pero tiene vida propia y puede malinterpretarse fácilmente. El *decodificador* recibe y descifra el mensaje, dándole sentido.

Si el decodificador no entiende lo que recibe, sin importar qué haya pensado el codificador acerca de la claridad de su mensaje, es posible que el codificador tenga que repetir lo que dijo. Si el mensaje sigue sin ser comprendido, el codificador quizás se sienta frustrado con el decodificador.

Si usted está casado, probablemente sepa que la mayoría de los problemas conyugales surgen de una mala comunicación. Cuando una pareja me cuenta en la consejería de cómo se pelean todo el tiempo, lo que en verdad están diciendo es que no se comunican bien. Cuando la esposa dice: «Él no me entiende», en realidad está diciendo que la persona que ella es y lo que dice no logra conectar con su esposo. La comunicación es fundamental para las relaciones duraderas y productivas. Darles estos principios poderosos a sus hijos (mediante el ejemplo y enseñándoselos) es un paso importante en la crianza de hijos del reino.

Clave del reino número 1: Sea sincero

Efesios 4 contiene un consejo excelente acerca de la comunicación. El primer principio que encontramos aquí dice: «Así que dejen de decir mentiras. Digamos siempre la verdad a todos porque nosotros somos miembros de un mismo cuerpo» (versículo 25).

La primera clave del reino es la sinceridad. Una de las razones por las que las familias se destruyen es por la falta de sinceridad y la consecuente falta de confianza. Las personas tienen miedo de decirse unos a otros lo que realmente piensan y sienten. Tienen miedo de ser vulnerables. Los padres y las madres, en particular, tienen esta necesidad de aparentar como que siempre tienen la razón frente a sus hijos y no siempre reconocen cuando cometieron un error.

Una de las mejores cosas que usted puede hacer como padre o madre es dejar que sus hijos sepan cuando usted cometió un error. De esa manera, pueden ver cómo reacciona ante un error y, así, les da un ejemplo de cómo tienen que reaccionar cuando ellos cometen un error. La sinceridad es un componente crítico de toda comunicación: sin sinceridad, hay falta de confianza, y la confianza es fundamental para todas las relaciones.

Clave del reino número 2: Enójense, pero no pequen

«Enójense, pero no pequen; reconcíliense antes de que el sol se ponga» (Efesios 4:26, RVC). Tómese un momento para entender el curso de este enunciado. Le pone fin al argumento que muchos de nosotros escuchamos en la iglesia cuando éramos niños: que disgustarse o enojarse es pecado. Muchos solo escuchábamos la parte de «no pequen». No escuchamos la parte de «Enójense, pero...».

Debido a esa malinterpretación, muchos nos conteníamos, aun cuando nuestro enojo fuera justificado. Y cuando las personas no se permiten enojarse, no reconocen el enojo o no lo abordan, incuban profundos resentimientos que salen a la superficie meses (y, a veces, años) más tarde. Pueden explotar por las cosas aparentemente más pequeñas: un llamado telefónico perdido por aquí, una llegada tarde por allá, un hijo que no hizo su tarea. Sea como sea, termina trayendo a la luz un corazón lleno de ira reprimida, y vacía un enorme depósito de amargura, dejando al receptor a la defensiva y ofendido por una reacción excesiva ante algo que creía una pequeñez.

Pero la Biblia dice que hasta Jesús se enojó. Tomó un látigo y expulsó del templo a los cambistas. Se enojó mucho con las personas que habían convertido la casa de su Padre en un lugar para ganar dinero. El enojo, en sí mismo, no es el pecado. Es lo que hacemos con el enojo lo que nos lleva a pecar o a superar esa situación.

En Efesios 4:26, Pablo nos dijo qué debemos hacer con nuestro enojo: «Reconcíliense antes de que el sol se ponga» (RVC). A veces, en la vida, hay motivos justificables para enojarse, como fue en el caso de Jesús. Pero el enojo puede convertirse en pecado cuando no lo manejamos adecuadamente y, según Pablo, rápidamente. Si usted se enoja con su cónyuge o con sus hijos y no empieza a por lo menos resolver el conflicto inmediatamente (que es lo que implica la referencia a la puesta del sol), su enojo muy pronto puede transformarse en pecado. Si alberga un enojo sin resolver en su corazón, por la persona que sea, se predispone a la amargura, al resentimiento y a la falta de perdón. Y a sus hijos les está dando el ejemplo opuesto a lo que Dios nos pide que hagamos.

Si alberga un enojo sin resolver en su corazón, por la persona que sea, se predispone a la amargura, al resentimiento y a la falta de perdón.

Desgraciadamente, las semillas del enojo sin resolver muchas veces se siembran en la iglesia. En lugar de ir a la iglesia para ser auténticos (que es el único modo en el que puede ayudarnos el cuerpo de Cristo), a veces mostramos una fachada incluso cuando no estemos bien por dentro. Actuamos como si no tuviéramos ningún problema en el mismísimo lugar donde esos problemas podrían ser tratados y sanados. Nos hemos entrenado para que la iglesia sea el lugar donde mejor parecemos estar, aun cuando Dios sabe que no es así.

Cuando Pablo nos dijo que no permitiéramos que el sol se pusiera antes de que nos reconciliáramos, no quiso imponernos una regla opresiva. Escribió

Apague el televisor
por Chrystal Evans Hurst

Treinta minutos cada noche. Esa era toda la televisión que nos dejaban ver durante los días de escuela. Vimos todos los episodios de *The Cosby Show* y probablemente los hayamos visto todos de nuevo al menos una vez. Los jueves a las siete en punto era nuestra noche principal para mirar televisión. ¿Qué hacíamos el resto del tiempo durante las noches de la semana? Terminábamos de hacer las tareas escolares, ayudábamos con la cena y completábamos los quehaceres que nos correspondían.

Y charlábamos.

La cena era el momento para charlar. Cada noche, mi mamá preparaba una comida casera y nos tomábamos un largo rato para comerla mientras conversábamos.

También jugábamos.

No recuerdo cuántas veces me habré doblado de risa sobre el plato vacío, riendo a carcajadas de alguna broma absurda o jugando a «¿Quién robó pan en la casa de San Juan?» por enésima vez.

Interactuábamos entre nosotros.

Los espectáculos caseros de talentos estaban a la orden del día. Las partidas de Monopoly duraban una eternidad, y mi papá era una fiera. El juego de Uno, el cual todas las edades podían jugar y tener las mismas posibilidades de ganar.

Desde niños hasta llegar a la adolescencia, cada uno tuvo muchas oportunidades para compartir su vida en aquellas noches. Yo sabía qué pasaba en las clases del jardín de niños de mi hermano. Él tuvo la oportunidad de escuchar cuáles eran mis motivos para querer postularme como secretaria de la clase durante mi segundo año de la secundaria.

Mis padres nos permitían treinta minutos por noche para involucrarnos con un portal que transmitía el mensaje de la casa de otra gente. El resto de la semana, interactuábamos con el mensaje de nuestra propia vivienda.

A mis padres no les preocupaba ser los padres «mala onda» que torturaban a sus hijos limitando los horarios del televisor, las radios seculares y las charlas telefónicas que duraban horas.

No les daba miedo asegurarse de que nos conectáramos.

En mi casa, constantemente lucho la batalla de hacer lugar para conectarnos unos con otros. No es una tarea fácil, teniendo Internet, computadoras portátiles, teléfonos celulares, videojuegos y... sí, televisores. No finjo como que tengo todo resuelto. La meta escurridiza de mantener el equilibrio entre lo divertido de los medios actuales y los sufrimientos de los niños que están demasiado conectados no es algo que yo pueda decir que ya haya logrado.

Pero recibí una norma para seguir.

Una norma que produjo que las personas que compartían cuatro paredes se miraran a los ojos y se *conocieran* entre sí. Un ejemplo que hizo del tiempo en familia una prioridad más alta que las horas de llamadas telefónicas a los amigos adolescentes. Una norma que nos dio tiempo para conversar, jugar e involucrarnos en la vida de los demás de la familia. Una norma que se aseguró de que nos conectáramos unos con otros.

---

esas palabras para que pudiéramos abrir las líneas de la comunicación y recuperar la salud emocional en nuestra vida. Ese versículo tiene que tomarse literalmente cuando está dentro de sus posibilidades hacerlo. Resuelva las cuestiones con sus hijos y con su cónyuge antes de que termine cada día o, mínimo, haga un intento por hacerlo.

Si un miembro de su familia está enojado con usted, pregúntele por qué y luego escúchelo. Si es usted quien está enojado, dígale a la persona por qué lo está; no haga que ellos tengan que adivinarlo. Puede que no siempre sea una conversación agradable, y es posible que la resolución no siempre sea a su gusto, pero si llega a la raíz del problema desde temprano, impedirá que las innecesarias semillas de amargura y resentimiento queden almacenadas y luego exploten en los momentos inesperados.

Si llega a un punto muerto, nunca perderá por aceptar la culpa, sin importar quién tenga la «razón». Al no quedar nada por qué pelear, puede ponerse a reconstruir la relación. Esto es exactamente lo que hizo Jesús cuando llevó la culpa por nuestros pecados en la cruz, a pesar de que él mismo no tuviera pecado (vea 2 Corintios 5:21) para que nosotros pudiéramos tener una relación con él.

Clave del reino número 3: Cuando la comunicación entra, Satanás se queda afuera

«No le den oportunidad al diablo» (Efesios 4:27, DHH). Si tuviera que anunciar el plan de Satanás para su familia, sería sencillo: dividir y conquistar; destruir. Su plan es asegurarse de que su familia se haga pedazos y que el destino de Dios para cada uno de ustedes sea destruido.

Satanás es un maquinador. Siempre está confabulando, tratando de accionar en contra de usted. Está buscando una oportunidad para inmiscuirse en sus relaciones familiares y arruinarlas. Y una de las maneras de hacerlo es interrumpir la comunicación habitual, haciendo que todos estén demasiado ocupados yendo de un lado para el otro, asistiendo a reuniones o siendo distraídos por otras personas como para tener tiempo para estar unos con otros.

Una manera de desbaratar este plan es comprometerse firmemente en familia a que se comunicarán entre ustedes cada día, por muy ocupado que sea el día. Nunca subestime la importancia de la frecuencia. Cuando transcurre mucho tiempo entre la comunicación, los hijos o los seres amados pueden sentirse menospreciados, descartados o subestimados. Aunque esa no sea su intención, lo está dando a entender fuerte y claramente a través de los hechos. ¿Se acuerda de nuestro principio de un capítulo anterior? El amor *se demuestra* en las *acciones*. Nada es más importante, en cualquier relación, que la comunicación constante.

No verse no quiere decir que no puedan estar presentes en sus pensamientos. Tal vez sus hijos sean adultos o quizás usted mantenga una agenda de viajes similar a la mía. Sea lo que sea, debe responsabilizarse de comunicarse con su familia lo más que pueda. Al tener una alta estima unos por otros, hasta será posible evitar el sufrimiento futuro y las conversaciones más extensas y difíciles provocadas por el conflicto. Al darles un modelo de lo importante que es demostrarse aprecio mutuamente, cuando sus hijos sean adultos y establezcan sus propias familias, tendrán un referente al cual apuntar.

A lo mejor esté pensando: «Pero, Tony, yo realmente tengo una agenda muy ocupada, y en la noche tengo que hacer muchas cosas para ponerme al día». Mi respuesta es simple: «Amigo, si usted y su familia no se reúnen constantemente para pasar tiempo constante juntos, no va a tener a su familia por mucho tiempo o, por lo menos, no tendrá una familia sana».

Un consejo: tengan la precaución de no pasar ese tiempo quejándose y descargándose. Como pastor, yo sé que si la única vez que quiere encontrarse conmigo es cuando tiene un problema, no estamos comunicándonos. Lo único que hacemos es ocuparnos de las cosas negativas. Lo mismo aplica dentro de la familia. No hablen solamente de los problemas y las quejas. Minimicen las quejas manteniendo la comunicación abierta y continua. Resuelvan rápido las heridas y los malentendidos y esfuércense por disfrutar más el tiempo felicitándose y halagándose unos a otros y creando buenos recuerdos.

Si usted y su familia no se reúnen constantemente para pasar tiempo constante juntos, no va a tener a su familia por mucho tiempo o, por lo menos, no tendrá una familia sana.

Clave del reino número 4: Haga que su discurso edifique

«Eviten toda conversación obscena. Por el contrario, que sus palabras contribuyan a la necesaria edificación y sean de bendición para quienes escuchan» (Efesios 4:29, NVI). Esta es una clave clara para la comunicación. No hable mal ni diga palabras desagradables sobre nadie. Hable solo de las cosas que sirvan para edificar a alguien. Asegúrese de que quienes lo escuchen reciban algún bien. Como analizamos en el capítulo sobre los tres pilares de la crianza de hijos, animarlos es un elemento necesario para la buena crianza de hijos. Dicho ánimo debería salir de un corazón auténtico y lleno de amor, y así ver a sus hijos como los mira Dios: como herederos de su trono que tienen sangre real en sus venas.

Suelo proponerles a los padres y a las madres que traten de hacer el siguiente experimento con su familia. Durante una semana completa, no les digan nada a sus hijos o a su cónyuge a menos que sea sano y contribuya a su crecimiento personal y espiritual. Por ejemplo, en lugar de preguntar: «¿Cuándo estará lista la cena?», el esposo podría decir: «¿En qué te puedo ayudar con la cena?». De esa manera, se convertirá en parte de la solución y no en otra parte del problema.

Quizás piense que la tarea será fácil. Pero creo que podría sorprenderse cuando vaya haciéndose más consciente de su manera de hablar de todos los días, y de cuán poca comunicación puramente positiva le sale con facilidad. Cometerá errores. Lo sé. Pero, después de un tiempo, empezará a recibir los beneficios.

Clave del reino número 5: Escuche

En los últimos años, se ha escrito y predicado mucho acerca de la necesidad de escuchar, pero tengo que mencionarla aquí porque es muy importante. La mayoría somos terribles como oyentes. Cuando otro está hablando, aunque esté hablándonos directamente a nosotros, nuestra mente está en algo totalmente diferente (como en lo próximo que diremos o lo que necesitamos de la otra persona). Sin embargo, si no escucha lo que está diciéndole la otra persona, nunca recibirá el mensaje.

Sí, hay que trabajar en el escuchar. Todos debemos hacerlo. Si nuestros hijos vienen a hacernos una pregunta mientras estamos ocupados con nuestra tableta, tenemos que dejarla a un costado el tiempo suficiente para hacer contacto visual, escuchar atentamente y responder. Si estamos mirando televisión, debemos apartar la mirada para poder interactuar con los hijos. El contacto visual es esencial para escuchar.

Si alguien le dice algo y usted no lo comprende del todo, no sea tan orgulloso como para no pedir una aclaración. Puede repetir lo que dijo la persona y pedirle que le confirme que la haya escuchado correctamente. Todo esto forma parte de las habilidades para escuchar bien y, sin ello, la comunicación real es imposible.

Una buena costumbre es dedicar un tiempo para escuchar a sus hijos en el cual ellos tengan la libertad de comunicarse respetuosamente con usted acerca de cualquier cosa que haya en su corazón. Quizás sea algo que puede organizar como algo rutinario que se realice todas las semanas; por ejemplo, que todos los miércoles sus hijos sepan que contarán con toda su atención para cualquier cosa que quieran hablar con usted, ya sea una queja o algo que les preocupa. Si bien la comunicación diaria y constante es esencial, también sirve apartar este tiempo extra con el que sus hijos puedan contar para que sepan que pueden estar en contacto con usted por cualquier cosa más profunda de la que quieran hablar.

No existen atajos para transmitirles amor a sus hijos y para serles un modelo de las claves de la comunicación del reino. Requiere de compromiso y esfuerzo. Requiere de la amabilidad hacia nuestros hijos, reconociendo que, muchas veces, quizás se porten mal para buscar nuestro amor y nuestra atención. Es necesario que les tengamos paciencia cuando lo único que queremos es un poco de paz y tranquilidad. Es necesario el perdón, la paciencia y el amor.

Es necesario hablar.

Es necesario escuchar.

Y es necesario que honremos a nuestro Rey al estimar en todo lo que hagamos a quienes él ha confiado a nuestro cuidado.

10

La Hora de la Mesa: La Palabra de Dios y la Oración

Hace cuarenta años, el Congreso puso en marcha un plan para subir la tasa de supervivencia de las especies en vías de extinción en el territorio de los Estados Unidos. Se dedicaron millones de dólares y millones de horas a la protección y al desarrollo de esas especies que estaban a punto de desaparecer. Sus esfuerzos han sido sumamente exitosos, ya que más del 90 por ciento de las especies protegidas ahora están camino a la recuperación[1]. No obstante, así como estos triunfos no deben pasar desapercibidos, en nuestro país, estamos frente a otra especie en peligro que prácticamente no está recibiendo ninguna atención: la familia.

Ya hemos examinado brevemente la crisis de la familia en los Estados Unidos y cómo esta impacta nuestro presente, nuestro futuro y la estabilidad definitiva de nuestra tierra. Pero veamos una subespecie en peligro que está dentro de la familia, cuya pérdida pudo haber desencadenado el comienzo del fin de la familia en general. Esta área amenazada mora alrededor de la mesa: es la comida familiar.

Un aumento cada vez más en los hogares que dependen de dos salarios, en las madres solteras que deben trabajar, en los compromisos deportivos o sociales y en otras actividades que causan estragos en los horarios nos han hecho más dependientes de las comidas precocinadas, de las comidas para llevar o de salir a comer a restaurantes. Eso no solo ha impactado negativamente nuestra salud colectiva a nivel nacional, sino también ha reducido las oportunidades de relacionarse, servir de mentor, hablar, divertirse y orar juntos como familia alrededor de la mesa. Al reducir este tiempo entorno a la mesa (una ubicación donde las familias, históricamente, se reunían y crecían), hemos reducido el tiempo que pasamos juntos en general. Pocas veces recuperamos ese tiempo en otro lugar: la tecnología, el entretenimiento, nuestros horarios, los teléfonos, las actividades, los viajes y el trabajo dispersan a los miembros de la familia hacia otros rumbos. Hemos cambiado la mesa por nuestros aparatos electrónicos.

Hemos cambiado la mesa por nuestros aparatos electrónicos.

Al volver al arte perdido de la mesa familiar, fortaleceremos nuestros hogares y prepararemos mejor a nuestros hijos para que puedan educar a sus propios hijos del reino cuando llegue su momento.

Démosle importancia a la hora de la comida

Cuando nuestros hijos aún vivían en casa, la mesa servía como la atracción principal para la familia. Nos reuníamos ahí todas las noches, a menos que yo estuviera de viaje, no solo para comer, sino también para vivir la vida juntos. Leíamos y discutíamos la Palabra de Dios, orábamos, hablábamos y nos contábamos chistes. Yo usaba la mesa como el lugar donde podía revisar si los niños estaban cumpliendo con sus responsabilidades y quehaceres, o si hacían bien y a término sus tareas escolares.

Las discusiones giraban en torno a las lecciones que les habían enseñado en la escuela dominical esa semana o lo que habían leído en el devocional ese día, las actividades con sus pares, lo que estaban aprendiendo en la escuela y cualquier otra cosa que hubiera en su corazón (o en el mío o el de Lois) en ese momento. Muchas veces, yo elegía de antemano el devocional que leeríamos, pero le encargaba a uno de los niños que dirigiera la discusión. Eso permitía que mis hijos e hijas tuvieran práctica en la enseñanza de la Palabra de Dios y facilitaba el diálogo espiritual. En otras ocasiones, hacía que los niños oraran unos por otros, no solo como expresiones de cariño mutuo, sino, además, para perfeccionar la virtud de pensar en los demás, no solo en sí mismos, cuando oraban.

La hora de la comida no consistía solo en que yo diera un discurso de la Biblia. En vez de eso, los niños compartían historias en el tablero de franela, presentaban pequeñas obras de teatro, recitaban versículos o cantaban canciones mientras estábamos sentados juntos, después de comer. Nunca había prisa por irse de la mesa. La mesa se convirtió en nuestro núcleo, y sigue siéndolo hasta hoy cuando los hijos o los nietos vienen a visitarnos.

Sobre todo, yo quería que nuestro tiempo sentados a la mesa fuera una experiencia agradable y divertida para todos. Veía que mis hijos reaccionaban mejor en ese tipo de ámbito cuando las discusiones más serias inevitablemente surgían. Quería que se sintieran cómodos, pero que se hicieran responsables; que se divirtieran, pero que también se interesaran. A veces, les decía: «Muy bien, chicos, a sentarnos todos a la mesa y que cada uno cuente su mejor chiste o haga una imitación chistosa». También usábamos la mesa como el lugar donde enseñarles buenos modales: cómo trata un caballero a una dama en la mesa, cómo debe responder ella y los modales apropiados que todos deberíamos tener.

La hora de la comida en nuestro hogar no solo nos incluía a nosotros. Siempre invitamos intencionadamente a los misioneros que estaban de visita o a distintos obreros del ministerio, no solo para practicar el don de la hospitalidad, sino también para usar estratégicamente la mesa como una manera de reforzar en nuestros hijos nuestro sistema de valores. Mientras los niños escuchaban anécdotas sobre la obra de Dios de la boca de quienes estaban en el ministerio o en las misiones, su aprecio por el servicio era cada vez mayor. También aprendían a desarrollar sus propios dones de hospitalidad, ya que les pedíamos que colaboraran para preparar la comida, para poner la mesa, para contribuir a la conversación y para ayudar con la limpieza.

Mi filosofía para la charla de la sobremesa nació de mi deseo de formar un lugar centralizado del hogar donde pudiera discipular y aprovechar algo que ya estábamos haciendo juntos de manera natural. Pero la teología que respalda la sobremesa se remonta a mucho más atrás que eso. En tiempos bíblicos, la mesa solía servir como el lugar de reunión para las familias de la cultura judía.

De hecho, el rey David incorporó la mesa a mi capítulo bíblico favorito: el capítulo que habla sobre la familia del reino, el Salmo 128:

¡Qué feliz es el que teme al SEÑOR,
   todo el que sigue sus caminos!
Gozarás del fruto de tu trabajo;
   ¡qué feliz y próspero serás!
Tu esposa será como una vid fructífera,
   floreciente en el hogar.
Tus hijos serán como vigorosos retoños de olivo
   alrededor de tu mesa.
Esa es la bendición del SEÑOR
   para los que le temen.

Que el SEÑOR te bendiga continuamente desde Sión;
   que veas prosperar a Jerusalén durante toda tu vida.
Que vivas para disfrutar de tus nietos.
   ¡Que Israel tenga paz!

En el tercer versículo, leemos que la familia del reino tendrá hijos «como vigorosos retoños de olivo» sentados a la mesa. Debemos usar la mesa como el gran lugar para la crianza de hijos del reino y, al hacerlo, nuestros hijos recibirán el apoyo necesario para su crecimiento. El olivo necesita de unos quince años promedio para alcanzar su desarrollo, pero durante ese tiempo, tiene que ser nutrido adecuadamente para convertirse en un árbol fuerte. Padres del reino, la mesa no solo es el mejor lugar para darles el alimento físico a sus hijos, sino también para darles el alimento espiritual, relacional y moral.

Ahora bien, yo entiendo que las circunstancias no permiten que todas las familias se reúnan alrededor de la mesa cada noche, pero tengo la esperanza de que, en cuanto sea posible, como cuerpo de creyentes que estamos educando hijos del reino, volveremos de manera intencionada a la mesa familiar. Reconozcamos el lugar estratégico que tiene en la vida, en la salud y en el desarrollo de nuestros hogares.

El tiempo compartido a la mesa marca la comprensión, la franqueza y la confianza que hay dentro de la familia. Estas cosas contribuyen a la maduración sana de sus hijos y facilitan el espacio para que se desarrollen todas las otras virtudes y valores. Mientras dirige las charlas, las preguntas y los devocionales, puede concentrarse en las áreas que

Padres del reino, la mesa no solo es el mejor lugar para darles el alimento físico a sus hijos, sino también para darles el alimento espiritual, relacional y moral.

más necesitan desarrollarse y, a la vez, animar y elogiar aquellas áreas en las que ya han trabajado bien.

Pero no permita que la hora de la comida se convierta en un momento formal para repasar que los pendientes de su lista se estén cumpliendo. En cambio, haga lugar a que se genere naturalmente una conversación guiada por los temas de la responsabilidad y del crecimiento. Esto crea el espacio donde puedan darse el compartir y la diversión, tanto como la receptividad para aprender.

Santificados por la Palabra de Dios

Cuando Pablo le escribía a Timoteo, su discípulo, comenzó una discusión acerca del día y el momento en el que las personas empezarían a alejarse de la fe. En ese contexto, se mencionó el tema de la comida, y Pablo escribió: «Ya que todo lo que Dios creó es bueno, no deberíamos rechazar nada, sino recibirlo con gratitud. Pues sabemos que se hace aceptable por la Palabra de Dios y la oración» (1 Timoteo 4:4-5). En este pasaje, Pablo se refería a algo más que solo a la comida, pero la sabiduría de este mundo y las falsas ideologías de las que él también hablaba son todas temas para conversar en la mesa. Y todo esto tiene que ser santificado por la Palabra de Dios y la oración.

En la mesa, así como en su hogar, el componente principal para desarrollar la atmósfera del reino es el valor que usted le dé a la Palabra de Dios y a la oración. La Palabra de Dios tiene el poder para formar el carácter de sus hijos y de guiar su comportamiento, más que cualquier otra cosa. Tiene el potencial de ser lo más impactante en la vida de una persona.

Timoteo nos dice que «Toda la Escritura es inspirada por Dios y es útil para enseñarnos lo que es verdad y para hacernos ver lo que está mal en nuestra vida» (2 Timoteo 3:16). En Hebreos, leemos que «la palabra de Dios es viva y poderosa. Es más cortante que cualquier espada de dos filos; penetra entre el alma y el espíritu, entre la articulación y la médula del hueso» (4:12).

La Palabra de Dios contiene todo lo necesario para guiarnos, dirigirnos y darnos el poder para vivir verdaderamente la vida del reino. Sin embargo, padres e hijos en el hogar suelen omitir y no utilizar este tesoro tan valioso.

Es comprensible que muchos niños se sientan intimidados por la Biblia. Es un libro enorme que recorre una gran cantidad de temas. Súmele a ello los numerosos matices culturales y los estilos literarios contrastantes, y los jóvenes pueden confundirse fácilmente mientras la leen.

Los adultos dedican años a estudiar la Biblia antes de entender plenamente cómo fluye contextual y temáticamente. Yo pasé casi una década en mis propios estudios personales, empezando con graduarme de una institución bíblica, siguiendo para obtener mi maestría y luego un doctorado en Teología, y todavía me queda mucho por aprender. Solo imagínese lo que un niño o un adolescente que creció viendo el Disney Channel, jugando videojuegos y enviando mensajes de texto, podría llegar a pensar al leer este libro antiguo, multifacético y, a veces, complicado.

Por eso, es muy importante que, como padre o madre, usted busque y procure conseguir presentaciones de la Palabra de Dios apropiadas para la edad de sus hijos. Si son pequeños, consígales una Biblia para principiantes que hable brevemente de las historias principales. Uno de mis colegas está haciendo que su hijo de ocho lea toda la Biblia en un año, pero lo hace usando una Biblia para niños. Desde luego, eso no abarcará todos los versículos y probablemente tenga tantas páginas con imágenes como con texto escrito, pero mientras ese niño experimente la alegría y el logro de leer la Palabra de Dios, tendrá cada vez más deseos de conocer la Biblia a medida que vaya creciendo.

Además, hay una gran cantidad de libros escritos para niños que ofrecen un resumen introductorio, material para entender el trasfondo y un análisis de la Biblia. Una buena idea es invertir un poco en unas Biblias de ese tipo y leerlas junto con sus hijos después de la comida, mientras siguen sentados a la mesa. Podrían comprometerse a leer un capítulo por semana o, incluso, uno por día (dependiendo de cuán largo sea), y puede usar ese tiempo como una oportunidad para hablar de cómo acercarse a la Palabra de Dios y estudiarla.

Mientras está dedicado al proceso de crear un entorno de amor y una dependencia de la Palabra de Dios en su hogar, hay tres principios primordiales a los que debe prestarles atención de manera especial. Estos principios, cuando sean aplicados, servirán para aprovechar al máximo la experiencia del estudio bíblico de sus hijos. Dichos principios involucran cómo debemos *recibir* la Palabra de Dios, cómo *reflexionar* sobre ella y cómo *responder* ante ella.

Recibir la Palabra

En este pasaje, Santiago nos dice cómo debemos recibir la Palabra: «Así que quiten de su vida todo lo malo y lo sucio, y acepten con humildad la palabra que Dios les ha sembrado en el corazón, porque tiene el poder para salvar su alma» (Santiago 1:21).

Crear un ámbito donde la Palabra de Dios sea la máxima autoridad sobre todo será clave en el entrenamiento que les dé a sus hijos sobre cómo valorar la verdad de Dios.

A continuación, ellos deben recibir la palabra *implantada*, que significa «innata», y la mejor manera de ilustrarla es compararla con un óvulo fertilizado en el útero de una mujer[2]. Gracias a la ubicación y a la conexión que tiene el óvulo implantado, ahora puede recibir el alimento que la madre le provee para que pueda desarrollarse hasta ser un bebé.

Así como el óvulo fertilizado necesita alimentarse para crecer y desarrollarse, la semilla de la Palabra de Dios implantada en nosotros también debe ser alimentada. Y, así como el bebé tiene que recibir el alimento necesario para crecer solamente a través del cordón umbilical, Dios ha provisto una manera para que la semilla de su Palabra se expanda dentro de nosotros, que es por medio del Espíritu Santo.

Recuerde que la palabra pudo haber sido implantada, pero aún no haber sido recibida. La palabra que se tradujo *recibir* significa aceptar favorablemente, prestar atención a, acoger, apropiarse de, aprobar, no rechazar. Significa más que el simple hecho de escuchar algo, de tener algo o de saber algo. Mi interpretación es que esta palabra significa «dar bienvenida al conocimiento»[3].

Cuando usted «recibe» a alguien que está parado en la puerta de su casa, lo invita a pasar. La persona pasa por la puerta y entra en su hogar. Usted no se queda parado en la puerta y le dice: «Está bienvenido». Acompaña a entrar a la persona, lo cual le permite a esa persona experimentar y vivir en la práctica su «bienvenida». Cuando nosotros le «damos la bienvenida» a la Palabra de Dios, esta empieza a trabajar en nuestra alma.

Antes que nada, debe instruir a sus hijos para que permitan que la Palabra de Dios llegue a lo profundo de su ser, para que pueda arraigarse y florecer a través de sus pensamientos, sus sentimientos y sus actos. Esto necesitará de tiempo para reflexionar en la Palabra de Dios.

Reflexionar en la Palabra

Cuando lean la Palabra de Dios alrededor de la mesa, tómense un tiempo para que cada miembro de la familia reflexione en lo que está diciendo el pasaje y después compartan sus reflexiones unos con otros. Básicamente, estas reflexiones deberían generar acciones por hacerse. Como dice Santiago: «No basta con oír el mensaje; hay que ponerlo en práctica, pues de lo contrario se estarían engañando ustedes mismos. El que solamente oye el mensaje, y no lo practica, es como el hombre que se mira la cara en un espejo: se ve a sí mismo, pero en cuanto da la vuelta se olvida de cómo es» (Santiago 1:22-24, DHH).

Debe instruir a sus hijos para que permitan que la Palabra de Dios llegue a lo profundo de su ser, para que pueda arraigarse y florecer.

Es interesante que la palabra usada en el versículo 23 haga alusión específicamente al género masculino[4]. Este pasaje habla sobre los hombres y los espejos, lo cual es completamente distinto a hablar sobre las mujeres y los espejos. Si se tratara de mujeres y espejos, diría: «Oye la Palabra y ponla en práctica como hace la mujer que mira su rostro natural o maquillado en el espejo; pues una vez que se miró, no se va, sino que toma otro espejo para revisar la parte de atrás de su cabello y, luego, otro espejo para ver en primer plano cómo está su delineador y su labial y, después, camina hacia otro espejo para tener una vista de cuerpo entero. Ella no olvidará cómo se ve».

Ahora, ese es un versículo completamente diferente. Y es así como realmente debemos reflexionar en la Palabra de Dios: como una mujer frente a un espejo; no como un hombre, que se mira una vez, se va y se olvida de volver a mirarse por el resto del día, olvidándose de cómo se veía. Los hombres se conforman con ojear el espejo, mientras que las mujeres necesitan contemplarse. Reflexionar en la Palabra de Dios es mucho más que una ojeada. Implica darle vueltas en la mente hasta que la persona empieza a verse a sí misma como Dios dice que esa persona realmente es. Una manera excelente de enseñarles a sus hijos cómo hacerlo es que practiquen aprenderse versículos bíblicos de memoria y luego los reciten cuando estén a la mesa. Esto es un regalo que puede darles a sus hijos continuamente, que seguirá estando con ellos hasta que sean adultos. Una vez que la Palabra se arraigue profundamente en su memoria y en su alma, siempre estará ahí para que el Espíritu la evoque cuando más la necesiten. Ahora que nuestra hora de la comida ha evolucionado hasta abarcar a los nietos, uno de sus momentos favoritos definitivamente es cuando se paran en una silla o en una plataforma y recitan de memoria sus versículos. Me encanta ver sus sonrisas cuando todos les prestan atención y los aplauden por este logro importante en su vida.

Responder a la Palabra

Por último, usen su tiempo en la Palabra de Dios sentados a la mesa para enseñarles a sus hijos cómo responder a ella. La bendición de Dios a menudo depende de cómo respondamos a lo que él dice. En la parábola del sembrador, Jesús habla de cuatro respuestas a la semilla de su Palabra (vea Lucas 8:4-15). La primera es, en realidad, la falta de respuesta. La tierra ni siquiera recibe la semilla.

Luego, está la respuesta superficial: la de las personas que reciben la Palabra, pero no la riegan ni la cuidan, de manera que pronto se marchita.

El arte de escuchar
por Priscilla Shirer

Cuando era niña, pasaba muchas horas sentada en el piso del pasillo de nuestra casa, escuchando con mucha atención las conversaciones que había del otro lado de la pared. Papá y mamá solían invitar a predicadores, cantantes y misioneros que estaban de visita para que vinieran a comer una comida casera. Y cuando la conversación se trasladaba de la mesa del comedor a la comodidad de la sala, me escabullía a mi sitio en el pasillo para que no me vieran.

Y escuchaba.

Yo estaba fuera de lugar entre estos líderes y lo sabía. Los grandes hombres de Dios discutían los puntos más delicados de las Escrituras, analizando minuciosamente diversos fragmentos de la teología con pasión. Todo lo que decían me parecía interesante, incluso cuando las personas que estaban en la sala estuvieran de acuerdo con lo que decían los demás. Pero lo que más me gustaba era cuando llegaban esos momentos de discusión sobre alguna enseñanza u opinión. Eran debates amistosos, desde luego. Siempre eran amables y pacientes unos con otros. Pero cada vez que me daba cuenta de que estaba comenzando un buen debate, apoyaba fuertemente el oído contra la pared y escuchaba más de cerca, esperando entender.

Muy pocas veces sucedía, por supuesto. Yo era demasiado joven para entender, pero no para escuchar (a escondidas) o para buscar en las Escrituras lo que había oído, reflexionando en ello mucho tiempo después de que los invitados de mis padres se habían ido.

Todavía lo hago.

La Palabra se volvió algo vivo para mí cuando era niña porque *me rodeaba*. Estaba en todas partes. Mis padres llenaban nuestros oídos, nuestras manos, nuestro corazón y nuestra mente con ella. La música de alabanza flotaba en el aire todos los días, no solo los domingos. Tenían la costumbre de guiarnos en los devocionales a la hora de la cena como algo habitual y colgaban versículos bíblicos en lugares estratégicos en toda la casa, impresos sobre obras de arte. Invitaban a la casa a los miembros de nuestra iglesia y en algún momento cambiaban a propósito la conversación y la llevaban hacia las cosas espirituales para que mis hermanos y yo pudiéramos escuchar y aprender, para que recogiéramos las migajas de sabiduría compartidas sobre las tazas de té caliente.

Y también, por supuesto, estaba el tablero de franela. Mucho antes de que tuviéramos las distintas opciones electrónicas, esa pizarra de rostro suave siempre estaba al alcance de la mano, plegada dentro del armario del otro lado de la puerta de mi habitación y lista para ser usada sin previo aviso. Mi mamá la sacaba, junto con una bolsa llena de personajes bíblicos de fieltro, y nos contaba las historias de Jonás o de David, de Noé o de Ester. Nosotros mirábamos con los ojos bien abiertos, maravillados, cada vez que ella adhería esa roca de fieltro a la cabeza de Goliat y lo hacía caer de hocico al suelo.

Cada vez que la contaba.

A ella le encantaba contarnos esas historias. Y a nosotros, escucharlas.

Porque la Palabra de Dios es una bendición. A esa edad; a cualquier edad. Aun hoy, una de mis más profundas esperanzas es poder transmitirles a mis hijos esa bendición de amar la Palabra de Dios: de la misma manera que me la comunicaron a mí. Cada vez que tenga la oportunidad.

La tercera respuesta de la que habló Jesús es la que yo llamo la reacción inadecuada. A estas personas les interesan demasiado las cosas del mundo como para prestarle atención a Dios y dedicarle el tiempo que él merece. Como consecuencia, su vida espiritual cae en un estado de descuido.

La cuarta respuesta es la respuesta correcta: la tierra buena absorbe la Palabra y produce fruto. Demuestra en palabras, en pensamientos y en hechos los preceptos y los principios de la verdad de Dios.

La Biblia se autodenomina una ley que nos hace libres (vea Santiago 1:25) cuando respondemos correctamente a ella. A muchos, esto nos parece una contradicción porque consideramos que la ley es algo que nos estorba y nos restringe, no que nos libera. Pero David dijo: «Caminaré en libertad, porque me he dedicado a tus mandamientos» (Salmo 119:45). Cuanto más obedecía la ley de Dios, más libre era porque no estaba obligado por las consecuencias de vivir la vida fuera de la voluntad perfecta de Dios. Jesús nos habla de esta libertad cuando dice: «Conocerán la verdad, y la verdad los hará libres» (Juan 8:32).

Podemos tener reglas y libertad al mismo tiempo porque la verdadera libertad exige límites. La mayoría de las personas tiene una definición errónea de la libertad. Piensan que la libertad es la ausencia de toda regla, el hacer todo lo que quieran cuando quieran. Pero dicha «libertad» es objetivamente la peor forma de esclavitud. Jesús dijo: «Todo el que comete pecado es esclavo del pecado» (Juan 8:34). Por lo tanto, la verdadera libertad llega cuando somos liberados del pecado y nos convertimos en esclavos de Cristo.

Una manera de apurar el proceso de responder a la Palabra de Dios es mediante lo que Santiago nos dice en el primer capítulo: «Todos ustedes deben ser rápidos para escuchar, lentos para hablar y lentos para enojarse» (Santiago 1:19).

Quizás esté preguntándose: «¿Rápido para escuchar qué?». Debemos ser rápidos para escuchar el punto de vista de Dios sobre determinado tema. También podría preguntar: «¿Lento para hablar qué?». Debemos ser lentos para comunicar nuestro propio punto de vista sobre algún tema. Y cuando el punto de vista que Dios tiene sobre algún tema difiera de nuestro punto de vista, nos dice que seamos lentos para enojarnos al respecto.

Padres, no usen el tiempo en la mesa familiar solo para divertirse y fraternizar, sino además para crear un ámbito de conocer y aplicar la Palabra de Dios en las situaciones cotidianas de la vida.

> *Padres, no usen el tiempo en la mesa familiar solo para divertirse y fraternizar, sino además para crear un ámbito de conocer y aplicar la Palabra de Dios en las situaciones cotidianas de la vida.*

Al hacerlo, sembrarán en el espíritu de sus hijos las semillas para un legado duradero de la verdad. Los habrán situado para experimentar la victoriosa vida del reino.

Santificados por la oración

En el pasaje que leímos anteriormente de 1 Timoteo 4, Pablo escribió que estas cosas (entre ellas, la comida) son santificadas por la Palabra de Dios, pero también son santificadas por medio de la oración. Un entorno que promueva la oración como un hecho normal y constante les dará a sus hijos las herramientas necesarias para crecer espiritualmente en el hogar y seguir así en su vida adulta. Si sus hijos dominan el arte de la oración, empezarán con el pie derecho a enfrentar todo lo que necesiten enfrentar en la vida.

La oración es una de las cosas más importantes —si no la más importante— en la vida de todo creyente.

Ahora bien, a los cristianos nos encanta hablar de la oración. Nos fascina escuchar a otras personas hablar sobre las oraciones contestadas. Nos emocionan las historias sobre los grandes cristianos de antes, quienes vivieron una vida de oración increíble y vieron a Dios hacer cosas increíbles. Nos encanta todo acerca de la oración... excepto, al parecer, la disciplina real de orar.

¿Por qué lo digo? Solo el 38 por ciento de los protestantes oran más de una vez al día. Eso significa que el 62 por ciento ora una vez por día o quizás apenas una vez a la semana, o tal vez nunca[5]. Me estremezco al imaginar qué dirían las estadísticas si los investigadores quitaran de la lista la opción de la oración para agradecer los alimentos.

> *Nos encanta todo acerca de la oración... excepto, al parecer, la disciplina real de orar.*

Si quiere saber dónde se ubica en su vida de oración, permítame sugerirle una prueba. Compare el tiempo que pasa quejándose con el tiempo que pasa en oración. O compare cuánto tiempo dedica a hablarle a personas acerca de otras personas al tiempo que pasa hablando con Dios acerca de otras personas. La oración es un área en la que muchos adultos luchan. Si usted sabe cuánto le cuesta a usted mantener una vida constante de oración, puede imaginar lo difícil que es para su hijo o hija.

Todos necesitamos mejorar —y mucho— en la oración, niños y adultos por igual. Dios ha ordenado su mundo de tal manera que hay muchas cosas que él no hará en la vida del cristiano si falta la oración. La oración es dar lugar a la intervención celestial en la historia. Es introducir lo sobrenatural en lo natural: buscar que lo extraordinario invada lo ordinario.

La oración es dar lugar a la intervención celestial en la historia.

La tendencia natural del ser humano, incluso entre los cristianos, es pensar en la oración como una especie de último recurso. Cuando tenemos una necesidad o un problema, consideramos qué podemos hacer y lo resolvemos mediante nuestro propio poder. Únicamente cuando la situación parece desesperada es que concluimos que necesitamos orar por el tema. Sin embargo, si pensáramos con claridad, la oración sería nuestra primera reacción ante una necesidad.

Como padres, para crear un clima de oración en su hogar, lo mejor y lo más efectivo que pueden hacer es orar por sus hijos todos los días. Mejor que eso es orar *con* ellos y además orar *por* ellos cada día. Pueden empezar a hacerlo cuando estén a la mesa, pero deje que esto se extienda a otros lugares y momentos de su vida familiar. De hecho, aunque se hayan mudado de la casa o cuando estén lejos en la universidad, llámelos a menudo para hacer una pequeña oración con ellos... o una larga, si puede mantenerlos en la línea durante más tiempo. Eso los llenará de amor y de valor y, al mismo tiempo, busca la intervención constante de Dios a favor de ellos. Al hacerlo, used está entrenando a sus hijos en el poder de la oración, siendo usted mismo ejemplo de cuánto la valora y la usa ante ellos.

¿Por qué tipo de cosas debería orar en cuanto a sus hijos? Deje que Lucas 2:52, versículo que describe la niñez de Jesús, sirva como su guía para empezar. Leemos: «Jesús crecía en sabiduría y en estatura, y en el favor de Dios y de toda la gente».

Aquí se mencionan cuatro áreas de desarrollo, y todas son áreas en las que nos gustaría ver madurar a nuestros hijos. La primera es la sabiduría: no solo el conocimiento fáctico, sino la capacidad de aplicar la verdad espiritual a las cuestiones prácticas de la vida diaria. Usted puede orar para que sus hijos crezcan en sabiduría. El libro de los Salmos nos dice que el temor del Señor es la base de la sabiduría (vea Salmo 111:10). En la medida que sus hijos crezcan en su reverencia por Dios, también crecerán en sabiduría.

«Crecía [...] en estatura» se refiere al desarrollo físico. Aquí, ore por la seguridad y la buena salud de sus hijos para que puedan desarrollarse al máximo de las capacidades que Dios les dio. Ore para que traten bien a su cuerpo comiendo alimentos saludables, evitando los contaminantes negativos, descansando lo suficiente y llevando a la práctica las medidas de prevención necesarias como usar el cinturón de seguridad dentro del carro.

«En el favor de Dios» es una clara referencia al crecimiento espiritual. Ore para que sus hijos siempre tengan un corazón sensible al Señor: para que su mayor deseo sea conocerlo, caminar con él y servirlo. Ore para que, a medida que pase el tiempo, sean cada vez más parecidos a Cristo. Y ore para que Dios les dé la gracia de su favor sin reservas. Similar a la oración que dijo Jabes cuando pidió el favor de Dios de que expandiera los límites de su influencia, pídale a Dios que amplíe los límites de la influencia de sus hijos, por medio de su favor abundante en la vida de ellos.

Por último, «En el favor [...] de toda la gente» se refiere al desarrollo social. Ore para que sus hijos aprendan a llevarse bien con los demás, a ser amigos de verdad y a socializar sin comprometer sus valores. Pídale a Dios que les ponga buenos amigos que sean una influencia positiva, y pídale a Dios que encamine a sus hijos para que sean una influencia positiva en la vida de quienes los rodean. Pídale a Dios que ponga en ellos un corazón interesado por su pueblo y por llevar su verdad salvadora a quienes la necesitan. Y ore para que, aunque todavía sean jóvenes, Dios esté preparando al muchacho o a la muchacha que será su pareja algún día, para que Dios les dé un compañero santo a cada uno de sus hijos.

Como cualquier otra iniciativa que valga la pena, recuerde que la oración requiere de práctica y perseverancia. No hay mejor lugar para dedicarse a la oración que el momento habitual en el que se reúnen a la mesa familiar. Si usted, su familia o sus hijos no tienen la costumbre de hablar con Dios, y el concepto les resulta extraño o incómodo, conviértalo en un tema de oración. Sea sincero con Dios en cuanto a querer desarrollar el clima de oración en su hogar.

Lo importante es orar. Si está cansado, enfermo o emocionalmente agobiado, ore. Si está en el séptimo cielo y su vida familiar le parece perfecta, ore. Si su vida o la de sus hijos no tiene rumbo, ore. Si duda de que la oración cambie las cosas, ore. Si las circunstancias en su casa están fuera de control, ore. Si las circunstancias en su hogar parecen estar perfectamente bajo su control, ore aún más. Haga lo que haga, *ore.*

Lo importante es orar.

No permita que el enemigo lo engañe a usted o a sus hijos haciéndolos abandonar el invaluable privilegio y la postura poderosa de comunicarse con nuestro gran Dios.

Al incorporar el estudio de la Palabra de Dios y la oración a sus comidas familiares, así como las actividades divertidas, las bromas, el entrenamiento de los modales, las charlas sobre la escuela y los amigos y miles de cosas más, establecerá un entorno de salud espiritual en el que sus hijos crecerán como árboles de olivo alrededor de su mesa.

Quiero presentar la próxima sección que compartiremos juntos volviendo brevemente a Lucas 2:52, donde leemos que Jesús crecía en sabiduría, en estatura y en el favor de Dios y de toda la gente. La mayoría de las personas creemos fervientemente en el desarrollo físico, social e intelectual de nuestros hijos. Nos encargamos de que tengan vestimenta y albergue. Nos ocupamos de que coman bien y de que duerman lo suficiente. Los ayudamos a que aprendan a mezclarse con otras personas para que no se sientan raros ni excluidos, y observamos cuidadosamente a sus amigos para que no estén jugando con niños malos. Además, seguimos de cerca sus notas y su escolaridad para saber qué están aprendiendo.

Dios dice que deberíamos ocuparnos de la misma manera del crecimiento espiritual de nuestros hijos. Tenemos que asegurarnos de estar proporcionándoles un régimen de alimento espiritual y de preparación habitual en el hogar. Padres, la próxima sección sobre inculcar las virtudes del reino describe los principios bíblicos clave que deben promover y alentar en el corazón de sus hijos.

TERCERA PARTE

CÓMO INCULCAR LAS VIRTUDES DEL REINO

11

LA SABIDURÍA

La vida está llena de decisiones, y la mayoría de nosotros estamos hartos de decidir mal. Como padres, algunos todavía sentimos los efectos de las malas decisiones que tomamos cuando éramos jóvenes o, incluso, adultos. Si tuviera la oportunidad de volver a vivir su adolescencia, a la luz de lo que ahora sabe, ¿haría alguna cosa de otra manera? ¿Tomaría mejores decisiones?

Si bien nadie puede hacer retroceder el tiempo y tomar mejores decisiones, como padres educando hijos del reino ciertamente podemos usar nuestro poder y nuestra influencia para hacer todo lo posible por inculcar la virtud de la sabiduría en nuestros hijos, para que vivan su vida con la menor cantidad de remordimientos posible. Nadie toma la decisión perfecta en cada ocasión, simplemente porque nadie es perfecto. Pero la sabiduría divina puede hacer que una persona acierte la mayoría de las veces, lo cual nos encamina hacia más seguridad y una acumulación positiva para el futuro.

La capacidad de tomar decisiones positivas y productivas —la capacidad de elegir bien— es lo que la Biblia llama sabiduría.

> *Nadie toma la decisión perfecta en cada ocasión, simplemente porque nadie es perfecto. Pero la sabiduría divina puede hacer que una persona acierte la mayoría de las veces.*

Elegir bien

Me encantan las películas de Indiana Jones. Me fascina la aventura, la persecución, la intriga y la conquista final que aparecen en cada una de ellas. Indiana Jones supera todos los obstáculos y trepa todas las paredes para llegar a su objetivo final. Pero la victoria no se consigue simplemente con músculos y determinación; la mayoría de las veces, también necesita sabiduría para lograr lo que quiere.

Una de mis escenas favoritas de la película *Indiana Jones y la última cruzada* es esa en la que él va en busca del escurridizo Santo Grial, la copa que Jesús usó durante su última cena. Indiana Jones atraviesa muchos peligros, muchas dificultades y muchas trampas para llegar sano y salvo a su último desafío: un reto que pondrá a prueba toda su sabiduría. Vemos a Indiana Jones, iluminado por velas, parado en el santuario del Grial en el Templo del Sol, que es continuamente custodiado por el envejecido pero intemporal Caballero del Grial. En la sala, hay docenas de cálices y recipientes, cada uno con su estilo propio y sus grabados únicos. La prueba final para demostrar el mérito propio para descubrir la verdadera copa atesorada depende de una búsqueda entre las diversas opciones para finalmente elegir al único y verdadero Grial.

Se revelará si esa elección es la correcta o no cuando la persona tome la copa que seleccionó, la llene con agua de la fuente de la recámara y beba un sorbo. Si elige el Santo Grial, vivirá. Si elige otro cáliz, rápidamente sufrirá una muerte dolorosa.

Cuando Indiana Jones y los demás personajes de la película entran por primera vez en el santuario del Grial, se encuentran con el Caballero del Grial, quien les explica qué deben hacer y luego añade la siguiente advertencia: «Elige sabiamente, porque si el verdadero Grial da la vida, el falso grial priva de ella»[1].

El antagonista de la película elige primero... y elige mal, agonizando y pudriéndose ante las miradas de todos. Indiana Jones es el siguiente que decide. Lo hace sabiamente y, por consiguiente, no solo recibe la vida para sí mismo, sino que además recibe la vida sanadora que necesita darle a su padre, que ha sido herido y está a punto de morir.

Las películas de Indiana Jones fueron hechas para entretenernos. Pero esta escena hace eco de la profunda realidad que encontramos en la Palabra de Dios. Dios nos dio sus mandamientos, preceptos y principios para mostrarnos cómo vivir una vida de sabiduría, pero, a final de cuentas, la decisión es nuestra. Usted puede educar a sus hijos, protegerlos y ponerles límites mientras sean jóvenes, pero, a la larga, verá que no puede tomar las decisiones de la vida por sus hijos.

Si sus hijos deciden sabiamente, la verdad de la Palabra de Dios les traerá vida a ellos y a quienes los rodeen. Si eligen mal, la vida puede llevarlos por una variedad de caminos indeseables y, asimismo, afectar negativamente a quienes los rodeen.

Una de las áreas con las que tuve que luchar como padre fue este equilibrio entre tomar las decisiones por mis hijos o darles la libertad de elegir. Esto fue especialmente notable durante los años de la adolescencia, en particular con las amigas que mis dos hijas, Chrystal y Priscilla, elegían. No siempre eligieron sabiamente en lo que tenía que ver con la clase de personas con quienes se juntaban.

Para mí era difícil saber cómo negar o limitar las amistades que mis hijas estimaban y al mismo tiempo ayudarlas a tomar sus propias decisiones sobre cuáles amistades cultivar, sin obligarlas. A veces, sencillamente les decía: «Basta», acerca de alguna amiga en particular. En otros casos, les pedía a mis hijas que trajeran a sus amigas a casa para poder pasar tiempo con ellas y, entonces, tener la oportunidad de analizar las influencias positivas o negativas.

Aunque la sabiduría es algo que usted no puede imponerles a sus hijos, sino algo que necesitan aprender por sí mismos, es el pulso mismo de la vida. Enseñarles a sus hijos cómo tener y cómo valorar la sabiduría es fundamental para educarlos como hijos del reino. Enseñarles a elegir sabiamente en cuanto a las relaciones es especialmente importante. Por ejemplo, es importante que les enseñe a sus hijos a escoger amigos con base en su carácter, no en su cultura; con base en la ética, en vez que en la etnia. La vida es frágil; la sabiduría nos ayuda a protegerla. Una manera de hacerlo es cuidando de quién elijamos rodearnos.

Cuando sus hijos apliquen a su vida la sabiduría de Dios,

Enséñeles a sus hijos a escoger amigos con base en su carácter, no en su cultura; con base en la ética, en vez que en la etnia.

cuando vivan de acuerdo con lo que él les ha enunciado en las Escrituras, experimentarán vivir en la voluntad de Dios. La sabiduría es poner en funcionamiento la voluntad de Dios en las áreas prácticas de la vida.

Sabiduría versus información

El libro de Proverbios habla enteramente sobre la sabiduría, y gran parte de él está escrito por un padre que se dirige a su hijo. En el primer capítulo, leemos: «El temor del Señor es la base del verdadero conocimiento, pero los necios desprecian la sabiduría y la disciplina» (Proverbios 1:7). Es un necio el que no quiere ser sabio. Pero quienes buscan la sabiduría la encontrarán conociendo a Dios y entendiendo sus caminos. «El temor del Señor es la base de la sabiduría. Conocer al Santo da por resultado el buen juicio» (Proverbios 9:10). Proverbios nos dice cuán disponible está la sabiduría: «La Sabiduría hace oír su voz en las calles; clama en la plaza pública» (Proverbios 1:20). La sabiduría no es escurridiza; al contrario, brinda ayuda a todo el que tome una decisión.

Básicamente, la sabiduría es la capacidad dada por Dios para percibir la verdadera naturaleza de algo y entonces poner en marcha la voluntad de Dios al respecto. Es ese punto de vista especial el que le permite a la persona intuir lo que realmente está sucediendo y, a partir de allí, aplicar la guía de Dios a esa comprensión. La sabiduría es la verdad espiritual aplicada a las realidades de la vida.

Dado que la vida está llena de altibajos, desvíos y precipicios, ser sabios es fundamental. Tenemos que tomar decisiones en todo momento. La sabiduría le permite a una persona descifrar claramente qué está sucediendo y luego hacer lo correcto con esa información. Pero, para percibir la verdadera naturaleza de algo, primero tiene que saber qué es lo verdadero. Esto es lo que la Biblia denomina conocimiento: «El temor del Señor es la base del verdadero conocimiento» (Proverbios 1:7).

Vivimos en una época en la que hay cada vez más

> **La sabiduría es la verdad espiritual aplicada a las realidades de la vida.**

información, pero menos conocimiento. La información está al alcance de nuestros dedos: en nuestras tabletas, en los teléfonos celulares, en los cuadros de búsqueda de Google. Podemos acceder a ella al instante, aunque quizás no sea del todo precisa. En gran medida, nos hemos convertido en una cultura sumamente desinformada. Los engaños se vuelven virales en Internet, y miles de personas creen que son reales. Los chismes parecen más valiosos que los hechos; los rumores gozan de más respeto que la verdad.

La sabiduría es más que información. Está encuadrada en el conocimiento de la verdadera naturaleza de algo porque Dios en su esencia es verdad: su Palabra es verdad. Sin embargo, el conocimiento, en sí mismo, no es sabiduría. Hay muchas personas que tienen bastante conocimiento sobre muchas cosas, pero no saben qué hacer con ese conocimiento. No pueden aplicarlo. Tal vez conozca a alguien que es un genio sin mucho sentido común. Básicamente, es alguien brillantemente ignorante. Para tener sabiduría, el conocimiento debe unirse al entendimiento (Proverbios 9:10). Estos dos elementos combinados nos dan lo que necesitamos para vivir la vida del reino y fundar hogares sanos.

Vivimos en una época en la que hay cada vez más información, pero menos conocimiento.

Muchos de los que están leyendo este libro tienen hijos en la universidad o los tendrán en el futuro. Pasarán cuatro años, o más, adquiriendo el conocimiento y las habilidades necesarias para desarrollar una profesión. Usted tiene la esperanza de que esta inversión en información y preparación den sus frutos en el futuro. Pero una de las peores cosas que puede hacer un joven adulto es adquirir un montón de conocimiento sin acompañarlo de la sabiduría divina.

Tan pronto como su hijo o hija se gradúe y entre al mundo real como lo conocemos, sus decisiones comenzarán a demostrar cuán esencial es la verdadera sabiduría. Quizás, su hijo o hija salte de un empleo a otro sin entender la importancia de afianzar un currículum sólido. Tal vez se gaste el sueldo recién ganado en cosas que no durarán, sin invertir en su futuro o, en caso de necesitarlo, saldando el pasado. Puede que su hijo o hija no entienda la cultura de la oficina y el valor del respeto en las relaciones del ámbito laboral y, de pronto, se quede sin trabajo sin previo aviso. Sea cual sea el caso, la información sin sabiduría de poco sirve en la vida.

Los beneficios de la sabiduría

La sabiduría da vida porque proviene de Dios, el autor de la vida. Cuando conocemos a Dios (su carácter, sus atributos, sus preceptos y sus deseos) descubrimos la percepción que necesitamos para la vida del reino. Ahora, conocer a Dios no es lo mismo que saber *acerca* de Dios. Más bien, es tener una comunión íntima y permanente con él. Es por eso que Dios se refirió a Abraham como su «amigo». Es por eso que dijo que David era un hombre conforme al corazón de Dios.

Es probable que sus hijos, si son preadolescentes y más grandes, «conocen» a personas famosas y deportistas, pero nunca se han encontrado personalmente con ellos. Es probable que usted mismo los conozca. Puede mencionar estadísticas de goles o de puntos anotados. Puede nombrar qué famosos se divorciaron recientemente, quién está en algún tratamiento de rehabilitación, quién usa qué, quién compra en qué lugares, etcétera. Las telerrealidades nos han dado un vistazo de la vida de

Conocer a Dios no es lo mismo que saber acerca de Dios.

las personas como nunca antes habíamos visto. Ahora se exponen horas y más horas de la vida de los individuos para que todo el mundo la vea. Y, después de ver suficientes episodios, quizás sienta como si realmente los conociera.

Pero si en la calle pasara junto a alguno de estos deportistas o alguna de estas celebridades, él o ella ni siquiera lo saludaría con la cabeza porque no lo conoce... y, finalmente, usted no los conoce a ellos. Solo sabe *de* ellos.

He sido pastor durante treinta años y, muchas veces, he visto que en la iglesia sucede algo similar. Las personas vienen a la iglesia, asienten con la cabeza diciendo «amén» durante el sermón, adquieren conocimientos intelectuales sobre la Palabra de Dios y, después, en su vida, toman decisiones desastrosas (demostrando que finalmente no conocen bien a Dios en absoluto). Conocer a Dios implica que haya una conversación y entendimiento, no solo información unilateral. Es necesario permanecer en la presencia de Dios, dejando que su Palabra cale hondo en el alma y produzca fruto.

La bendición de conocer profundamente a Dios se manifiesta de muchas maneras. Cuando usted conoce a Dios, tiene una vida menos problemática y, cuando los problemas aparecen, puede vencerlos. La mire por donde la mire, la vida tiene problemas y sufrimientos. Enseñarles a sus hijos lo contrario es desviarlos. Muchos padres cometen el error de tratar de proteger a sus hijos contra el sufrimiento o las desilusiones, en lugar de enseñarles cómo enfrentarlo todo con confianza y en victoria. Al aislar a sus hijos de las realidades de la vida, simplemente está retrasando lo inevitable. Lo que es peor aún: los lanzará a la adultez sin las herramientas emocionales y espirituales que necesitan para abrirse paso en la vida.

Una vez, una mujer que es miembro de nuestra iglesia me contó que cuando su hija, que estaba en tercer grado de la escuela primaria, no logró pasar las pruebas del coro, quedó devastada. A su mamá le partió el corazón ver que los sueños de su hija se habían hecho pedazos tan pronto en la vida; le dolía ver que tuviera que sufrir un rechazo tan grande a tan corta edad. Pero, luego, me contó cómo una amiga la ayudó a cambiar su perspectiva acerca de la situación, cuando le comentó: «Realmente, prefiero que mis hijos aprendan a manejar estas lecciones difíciles en un entorno positivo y de amor, mientras todavía están en casa, y no que tengan que aprenderlas recién cuando se conviertan en adultos jóvenes. Dejarlo para entonces significaría darles una sorpresa muy dura, y quizás no sabrían cómo recibirla».

Aunque queremos proteger a nuestros hijos de las desilusiones y del sufrimiento, no podremos hacerlo para siempre. El enfoque más sabio es no tratar de encubrir la desilusión con un paseo al centro comercial, con un juguete nuevo o con alguna buena comida; al hacer eso, en realidad está enseñándole a su hijo o hija a recurrir a los vicios en lugar de las virtudes, aunque esos vicios parezcan inocentes en el momento. El enfoque sabio es darle a su hijo o hija las herramientas para que enfrente la desilusión a la luz de la sabiduría de la Palabra de Dios, que nos dice que él es soberano y que tiene un plan y un destino para cada uno de nosotros. En las Escrituras, hay muchos ejemplos de

El beneficio de la sabiduría no es que no tendrá problemas. El beneficio de la sabiduría es que los problemas no se apoderarán de usted.

contratiempos que simplemente fueron provisiones para algo mejor.

El beneficio de la sabiduría no es que no tendrá problemas. El beneficio de la sabiduría es que los problemas no se apoderarán de usted. En este mundo, tendremos problemas, pero cuando usted prepara a sus hijos, equipándoles con la sabiduría, esos problemas no tienen que consumirlos. Ellos sabrán cómo enfrentarlos y, como consecuencia, experimentarán más de la bondad de Dios en su vida.

Salomón dice en Proverbios: «Si así lo haces, vivirás muchos años, y tu vida te dará satisfacción» (Proverbios 3:2). La sabiduría trae paz. En Proverbios 3:24, leemos: «Puedes irte a dormir sin miedo; te acostarás y dormirás profundamente». Básicamente, el temor y la ansiedad que nos acosan a tantos hoy en día no serán una vivencia para sus hijos, si los entrena en esta virtud clave que es la sabiduría.

El libro de Colosenses revela otro beneficio de la sabiduría: una vida productiva. «Así que, desde que supimos de ustedes, no dejamos de tenerlos presentes en nuestras oraciones. Le pedimos a Dios que les dé pleno conocimiento de su voluntad y que les conceda sabiduría y comprensión espiritual. Entonces la forma en que vivan siempre honrará y agradará al Señor, y sus vidas producirán toda clase de buenos frutos» (Colosenses 1:9-10).

Cuando sus hijos aprendan a adquirir la sabiduría y a ponerla en práctica, tendrán la oportunidad de aprovechar su vida al máximo. Serán productivos y fructíferos en todo lo que hagan. ¿Qué más podrían desear sus padres?

Los distintos tipos de sabiduría

La Palabra de Dios nos enseña que hay distintos tipos de sabiduría que surgen de dos fuentes muy diferentes. En el libro de Santiago, leemos acerca de estos dos tipos de sabiduría:

Si ustedes son sabios y entienden los caminos de Dios, demuéstrenlo viviendo una vida honesta y haciendo buenas acciones con la humildad que proviene de la sabiduría; pero si tienen envidias amargas y ambiciones egoístas en el corazón, no encubran la verdad con jactancias y mentiras. Pues la envidia y el egoísmo no forman parte de la sabiduría que proviene de Dios. Dichas cosas son terrenales, puramente humanas y demoníacas. Pues, donde hay envidias y ambiciones egoístas, también habrá desorden y toda clase de maldad.

Sin embargo, la sabiduría que proviene del cielo es, ante todo, pura y también ama la paz; siempre es amable y dispuesta a ceder ante los demás. Está llena de compasión y del fruto de buenas acciones. No muestra favoritismo y siempre es sincera. Y los que procuran la paz sembrarán semillas de paz y recogerán una cosecha de justicia. (Santiago 3:13-18)

En primer lugar, hay una forma de sabiduría que no proviene de Dios, sino que son cosas «terrenales, puramente humanas y demoníacas» (Santiago 3:15). En contraste, «la sabiduría que proviene del cielo es, ante todo, pura y también ama la paz; siempre es amable y dispuesta a ceder ante los demás. Está llena de compasión y del fruto de buenas acciones. No muestra favoritismo y siempre es sincera» (versículo 17).

Fíjese nuevamente en la sabiduría que no viene de Dios. Es «terrenal», mundana, inferior. En nuestra sociedad, las personas quedan atrapadas por esta manera de pensar, que no es algo para sorprenderse. Sin embargo, lo lamentable es la cantidad de cristianos que viven conforme a la sabiduría humana, y no a la sabiduría divina. Estos creyentes pagan un alto precio por ir detrás de la sabiduría del mundo, y seguirán haciéndolo. La Biblia dice: «Delante de cada persona hay un camino que parece correcto, pero termina en muerte» (Proverbios 14:12).

Es esencial que les enseñe a sus hijos que sepan cómo distinguir entre estos dos tipos de sabiduría. La Biblia dice: «Qué alegría para los que no siguen el consejo de malos, ni andan con pecadores, ni se juntan con burlones; sino que se deleitan en la ley del SEÑOR meditando en ella día y noche» (Salmo 1:1-2).

Sea un águila

por Anthony Evans Jr.

Durante los últimos dos años, he vivido en Los Ángeles. Sinceramente, puedo asegurarle que esta ciudad es un desafío para la sabiduría y las convicciones personales. La cultura es impulsiva y tiene el propósito de hacer que uno adopte el estilo de vida de hacer cualquier cosa que sienta que es correcta en ese momento.

He aprendido el valor de la sabiduría a través del ejemplo de mis padres. Los he visto hacer movimientos planeados que habían sido cotejados con las verdades bíblicas. A medida que voy abriéndome paso en esta cultura, tratando de tomar buenas decisiones, siempre recuerdo una historia que mi papá solía contarme acerca de un águila americana que fue criada en una granja de pavos. Por causa de su entorno, el águila pensaba que era un pavo. Creía de todo corazón que su potencial estaba definido por los pavos con los que había pasado la mayor parte de su vida... hasta que, un día, vio un águila volando sobre su cabeza. Levantó la vista y notó que esta ave real era sumamente alta y que volaba sin ningún esfuerzo. Con su vista maravillosa, empezó a darse cuenta de que él se parecía a esa criatura majestuosa. Por curiosidad, el águila comenzó a aletear más y más fuerte, hasta que abandonó el suelo y empezó a volar. Subía cada vez más alto, disfrutando de su capacidad recién descubierta. Cuando volvió a la granja, sus hermanos pavos trataron de hacerlo sentirse raro porque él era muy diferente. Esta águila ahora se daba cuenta de que siempre había tenido su potencial, pero, por causa de los pavos con los que se juntaba, nunca lo había aprovechado. Mi padre me contaba esta historia y luego me decía: «Anthony, tú eres un águila. Usa la sabiduría y no te rodees de pavos, porque ellos limitarán tu potencial y te harán quedar confinado a la tierra».

Cuando hablo de mis padres, suelo decir: «Los vi...». Como hijo de padres cristianos, «verlos» fue el ingrediente que hizo que «escucharlos» se tradujera en mi adopción de cierta forma de creer. Cuando anime a sus hijos para que se acerquen a la sabiduría, es muy importante que no solo escuchen lo que usted les diga, sino que también lo vean hacer lo que les dice.

El haber visto cómo se vive la sabiduría es una razón por la que quiero ser sabio como adulto, sin importarme cuán insensata sea la cultura que me rodea.

Fíjese que «la sabiduría de este mundo es necedad para Dios» (1 Corintios 3:19). La sabiduría humana es inútil cuando se trata de hacer lo que Dios espera. No sabemos dónde encontrar sabiduría si no es de parte de Dios, debido a que Dios es el único que todo lo sabe.

Estamos rodeados de ejemplos de personas que van detrás de la sabiduría carnal. Considere la pregunta tan frecuente: «Si te hace sentir bien, ¿cómo puede ser tan malo?». Yo respondería: «Si es tan bueno, ¿cómo puede ser que tu vida sea tan desastrosa?». Quien se acerca a la sabiduría de manera carnal pone sus sentimientos por encima de la fe. Permite que la emoción prevalezca sobre la revelación de Dios. Para la sabiduría humana, lo importante es cómo me sienta yo, no lo que Dios diga.

Pero la sabiduría divina dice que nuestros sentimientos deben amoldarse a la verdad de Dios. Si queremos ser sabios, debemos ajustar nuestros sentimientos a la fe que tenemos. La Palabra de Dios, sumada al conocimiento íntimo de Dios, son las únicas fuentes de la verdadera sabiduría que viene de lo alto. La Biblia nos enseña: «Piensen en las cosas del cielo, no en las de la tierra» (Colosenses 3:2). Únicamente los que accedan a la sabiduría de Dios experimentarán el poder de Dios.

En estos tiempos, demasiados jóvenes son como el hombre del pueblo rural, quien compró una motosierra porque el dueño de la ferretería le dijo que podría talar más árboles cada día con mucho menos esfuerzo. El hombre nunca antes había visto una

Si queremos ser sabios, debemos ajustar nuestros sentimientos a la fe que tenemos.

motosierra, pero le hizo caso y compró una. Una semana después, volvió y le dijo al comerciante: «Devuélvame mi dinero. Esto es una porquería. La usé todo el día y logré cortar solamente un árbol».

El vendedor se sorprendió; tomó la sierra de las manos del hombre y tiró del cable. La motosierra rugió al encenderse y el hombre saltó hacia atrás, asombrado. Nunca se había enterado de que tenía que encenderla para hacerla funcionar.

Muchos jóvenes (y muchos adultos) piensan que ya han probado la sabiduría de Dios y han llegado a la conclusión de que simplemente no sirve. Creen que han vivido como Dios quería —se aprendieron de memoria versículos bíblicos, fueron a la escuela dominical, tildaron su lista de cosas por hacer y se mantuvieron apartados de la lista de cosas que no debían hacer—, pero en realidad siguen atrapados en su manera de vivir de siempre. En lugar de poner en práctica de verdad la sabiduría de Dios, simplemente mezclan un poquito de Dios con mucho de cualquier otra cosa, y luego aún más. Es verdad: han cumplido con las reglas de su religión, pero también han seguido siendo carnales. Eso no sirve. Podemos compararlo con el veneno para ratas. ¿Usted sabía que una gran cantidad de cebo para ratas es, en realidad, comida buena? No es la comida lo que mata a las ratas; lo que las mata es la pequeña porción de veneno que ingieren. Hasta una pequeña cantidad de sabiduría terrenal puede anular la sabiduría divina porque no puede mezclar la verdad con una mentira.

Es por este motivo que Dios quiere nuestra devoción incondicional y pura. Él quiere que le demos todo. La sabiduría de Dios y la sabiduría terrenal surgen de dos fuentes infinitamente distintas y mutuamente excluyentes.

Todos tienen dos opciones para elegir de dónde recibir sabiduría: de lo alto o del mundo. Hoy en día, demasiadas personas van a la iglesia los domingos y después viven su vida según los parámetros del infierno de

Hoy en día, demasiadas personas van a la iglesia los domingos y después viven su vida según los parámetros del infierno de lunes a sábado.

lunes a sábado, porque están viviendo de acuerdo con la sabiduría de esta época. La mayoría de nuestros problemas surgen de la combinación de estas dos cosas. Como vemos en Santiago:

> Si necesitan sabiduría, pídansela a nuestro generoso Dios, y él se la dará; no los reprenderá por pedirla. Cuando se la pidan, asegúrense de que su fe sea solamente en Dios, y no duden, porque una persona que duda tiene la lealtad dividida y es tan inestable como una ola del mar que el viento arrastra y empuja de un lado a otro. Esas personas no deberían esperar nada del Señor; su lealtad está dividida entre Dios y el mundo, y son inestables en todo lo que hacen. (Santiago 1:5-8)

Burger King dice que cada uno lo puede tener a su manera, pero Dios dice que no se puede tener las dos cosas. Es a su manera, o ninguna. Los que no buscan la sabiduría que proviene de Dios en su totalidad «no deberían esperar nada del Señor». A eso se le llama inconstancia.

Burger King dice que cada uno lo puede tener a su manera, pero Dios dice que no se puede tener las dos cosas.

Cuando tratamos de incorporar la sabiduría de lo alto a la sabiduría terrenal, Dios dice que ya elegimos: queremos la sabiduría terrenal. Él no va a incorporar sus caminos, su manera de pensar y su voluntad a nada que no sean sus caminos, su manera de pensar y su voluntad. Esto puede explicárselo a sus hijos utilizando el siguiente ejemplo: suponga que su hijo tiene su licencia para conducir y decide ir a 150 kilómetros por hora por la carretera. Cuando la policía lo detiene, su hijo toma la decisión de bajar la ventanilla y le dice a la policía que su mamá, su amigo o incluso su jefe (si tiene trabajo) le dijo que, de hecho, él puede conducir a 150 kilómetros por hora. A la larga, esa conversación sería irrelevante, porque ni la madre, ni el amigo ni un jefe son la autoridad cuando se trata de las leyes del país.

Tampoco es pertinente como autoridad la sabiduría terrenal cuando se trata de vivir bajo las leyes del Rey en su territorio. Él es quien gobierna todas las cosas.

El Espíritu de sabiduría

Tenga en cuenta, también, el profundo contraste entre el espíritu que hay detrás de la sabiduría terrenal y el Espíritu que impulsa a la sabiduría celestial. Como vimos en el pasaje de Santiago, el espíritu que hay detrás de la sabiduría terrenal suscita envidias y egoísmo. Esta sabiduría es del diablo, quien tuvo envidia de Dios y dejó que su ambición tratara de sacar a Dios de su trono.

Pero la sabiduría de Dios está impulsada por el dulce y pacífico Espíritu Santo. Esta sabiduría está caracterizada por la bondad y la calma, y produce asimismo los mejores resultados.

Las Escrituras dicen que la sabiduría humana produce «toda clase de maldad» (Santiago 3:16). La sabiduría celestial, por otra parte, es «de compasión y del fruto de buenas acciones» (versículo 17).

La sabiduría terrenal nos lleva a las «jactancias y mentiras» (versículo 14), a usar las mentiras para satisfacernos a nosotros mismos y a promover nuestros propios planes. La sabiduría humana subordina la verdad para que se adapte a las metas personales.

La sabiduría celestial, por otra parte, busca potenciar el programa del reino en la tierra (Mateo 6:10: «Que tu reino venga pronto. Que se cumpla tu voluntad en la tierra»), mediante el conocimiento, el entendimiento y la aplicación de la naturaleza y de la verdad de Dios.

Entrene a sus hijos en la sabiduría celestial, y los habrá preparado para vivir la vida plenamente, así como para experimentar la eternidad con las mayores recompensas. Cuando les dé a sus hijos el regalo de cultivar la sabiduría celestial, no necesitará cercarlos con tantas reglas, porque sabrán cómo tomar decisiones sabias en el mundo real. Recuerde que la crianza de hijos del reino implica supervisar de manera intencionada que la fe sea transmitida de una generación a la otra, de manera tal que los hijos aprendan a vivir toda la vida consecuentemente bajo la autoridad divina de Dios.

Una forma útil de entrenar a sus hijos en la virtud de la sabiduría es que contraigan el hábito de conectar un principio espiritual a sus elecciones y a sus decisiones. Puede hacerlo mostrándoles cómo usted pone en práctica los principios espirituales en su vida. También puede hacerlo brindándoles principios espirituales cuando surjan las decisiones en la vida de ellos, analizando con ellos las distintas respuestas posibles. Invítelos a charlar con usted y guíelos en

Cuando les dé a sus hijos el regalo de cultivar la sabiduría celestial, no necesitará cercarlos con tantas reglas, porque sabrán cómo tomar decisiones sabias en el mundo real.

el proceso de tomar la decisión. Esto les dará la oportunidad de interactuar con el principio y de discernir la dirección ellos mismos.

Una de las maneras que hicimos esto con nuestros hijos tuvo que ver con el área de la administración financiera y la economía personal. Les enseñamos que no podían vivir una vida del reino en lo económico simplemente con desearla. Les hicimos ver que la Biblia nos aconseja que tengamos en cuenta que la hormiga almacena para el futuro mientras las cosas van bien (Proverbios 6:6-11). También les enseñamos tres palabras de sabiduría para guiarlos al tomar decisiones que tengan que ver con ganar dinero.

La primera palabra es *dar*. Les enseñamos a nuestros hijos que honren a Dios con las «primicias» de sus ingresos. Si querían la bendición de Dios, primero tenían que honrarlo, porque él es el Dueño de todas las cosas. Para ayudarlos con esto cuando eran pequeños, pusimos una caja en la cocina, en la que ponían el 10 por ciento de su mesada cada vez que la recibían. Luego, esta suma se entregaba como ofrenda o para las misiones. También les enseñamos el principio espiritual de que si una persona le roba a Dios sus diezmos a la iglesia y las ofrendas, provocando que no sean suplidas las necesidades urgentes de los pobres, debe olvidarse del resto de lo prometido (Malaquías 3:8-9). Nuestro destino es darle primero a Dios su parte.

La segunda palabra es *ahorrar*. Luego de que nuestros hijos habían dado al Señor, les enseñamos que ahorraran una parte de lo que ganaban. Nunca debían gastar todo. Por último, la tercera palabra es *gastar*. No tiene nada de malo gastar. Pero debe estar en el tercer lugar de sus prioridades financieras, no en el primero. Para ayudar a que nuestros hijos entendieran el valor del dinero, también alentamos a los cuatro a que consiguieran un empleo tan pronto como pudieran hacerlo legalmente. Estaban mucho menos dispuestos a gastar el dinero que tanto les había costado ganar (sabiendo cuánto tiempo les había llevado conseguirlo) que a gastar el nuestro. Por último, además de enseñarles a nuestros hijos a ser sabios con su economía, procuramos ser un modelo en todo lo que hacíamos.

Otra manera de inculcar la sabiduría en sus hijos es leer el libro de Proverbios juntos en su casa con regularidad. Elija los proverbios apropiados a la edad de sus hijos y dedique un tiempo diario a analizar algunos, repasando qué principios contienen. Puede hacer que esto forme parte de sus actividades normales de la comida, o podría ser algo que hagan antes de que sus hijos se vayan a dormir o cuando se despiertan en la mañana.

Cuando mire el libro de Proverbios, u otros pasajes bíblicos, notará las referencias naturales que hace a los temas que enfrentan sus hijos, como su salud personal o sus relaciones. Por ejemplo, gran parte de la crisis de salud que enfrentamos hoy en día en nuestro país nos la hemos provocado por consumir productos alimenticios hechos de manera barata, sintéticos y dañinos, o alimentos alterados genéticamente. Una de las trazas de sabiduría más importantes que puede enseñarles a sus hijos es a discernir cuáles son las alternativas alimenticias más sanas. Cada día es más difícil elegir opciones de comidas saludables, pero, a la larga, el costo de no hacerlo será sumamente debilitante, si no letal (vea Proverbios 23:6-8; 30:8; Daniel 1:8-14; 3 Juan 1:2).

Además de lo que nos llevamos a la boca, enseñémosles a nuestros hijos que las personas de las que se rodeen afectarán las decisiones que tomen en cuanto a llenar su tiempo y su mente;

Una de las trazas de sabiduría más importantes que puede enseñarles a sus hijos es a discernir cuáles son las alternativas alimenticias más sanas.

sus relaciones tendrán grandes consecuencias en el futuro. La Biblia contiene mucha sabiduría acerca de las relaciones (Salmo 1:1-3; Proverbios 1:16; 4:14; 6:24; 17:17; 24:1; 27:6) y sirve como un excelente punto de partida para guiar a sus hijos a tomar buenas decisiones para hacer amigos. Se dice que uno puede predecir dónde estará alguien dentro de diez años, de acuerdo con los libros que lee y los amigos que tiene. (Hoy tal vez habría que modificarlo para agregar las aplicaciones y los juegos con los que se involucran en sus tabletas, en sus teléfonos celulares o en las computadoras). Al darles a sus hijos la base de la sabiduría para sus relaciones, contribuirá mucho a brindarles un cimiento sólido para el futuro.

Sea cual sea la manera con la que decida incorporar la enseñanza de la sabiduría en su hogar, asegúrese de enseñarles a sus hijos con coherencia los principios que hay detrás de las reglas, para que aprendan el valor de la sabiduría y empiecen a aplicarla por su cuenta.

12

La Integridad

En 1980, tuve el privilegio de participar en un viaje a China como maestro de la Biblia, con un grupo de jugadores de la NBA (la liga nacional de baloncesto en los Estados Unidos) que incluía a Julius Erving, conocido también como Dr. J. La presencia de los jugadores de la NBA en China llamó mucho la atención. La gente se reunía dondequiera que fuéramos para fijarse en estas altísimas estrellas del deporte de los Estados Unidos. La mayoría de los días de nuestra estadía, los jugadores participaron en partidos de exhibición o en enseñanzas de las técnicas del juego.

El despliegue publicitario que rodeaba a los jugadores, combinado con otros eventos animados a lo largo de este viaje, lo convirtieron en una de mis visitas internacionales más interesantes. Me maravillaban las calles rebosantes de bicicletas que iban en todas direcciones y a toda velocidad. Como crecí en la Baltimore urbana, no estaba acostumbrado a ver tantas personas en bicicleta. La comida tampoco se parecía a la que me encantaba de Baltimore. Sin embargo, el suceso más impresionante de todos en este viaje a China se produjo durante la visita a la Gran Muralla, acompañados de nuestros anfitriones.

Vea, yo había estudiado la Gran Muralla en la escuela, pero ver esa serie de fortificaciones en fotos o en películas viejas no sirvió para prepararme para lo que presencié cuando estuve parado frente a ella aquel día. La Gran Muralla dominó mi atención; surgía de la tierra como si estuviera viva, arqueándose por el campo con movimientos de una fuerza tremenda.

Nuestros huéspedes querían que hiciéramos algo más que contemplarla. Querían que la viviéramos. Entonces nos propusieron escalarla, lo cual resultó ser una aventura en sí misma. Algo que no me enseñaron en la escuela sobre la Gran Muralla china es la cantidad de escalones que tiene. Nunca antes había subido tantos escalones difíciles y desiguales. La construcción de la Gran Muralla incluyó construir a propósito escalones con espacios irregulares entre una y la siguiente para hacer disminuir la velocidad a los enemigos y evitar que pudieran apoderarse de la muralla.

Con el paso del tiempo, los escalones desaliñados también sirvieron para desacelerar a los turistas como yo. No obstante, por fin llegué a un puesto de observación y me quedé maravillado, asimilando la pura magnitud de la piedra, los ladrillos y los otros materiales de la construcción establecidos firmemente debajo de mí y que se extendían tan lejos como alcanzaba mi vista. En una época y un lugar en que los viajes y las batallas estaban restringidas a la tierra, la Gran Muralla, por su escabroso tamaño, proporcionaba un alto nivel de protección contra las incursiones militares y las intrusiones indeseadas de sus vecinos nómadas.

Pero hubo una cosa contra la que la Gran Muralla china no pudo defenderse: el soborno.

Luego de proteger a su pueblo durante siglos, la Gran Muralla fue violada en 1644 por un grupo invasor conocido como los manchúes, quienes sobornaron a un general influyente para que abriera las puertas y los dejara entrar a China[1]. Ni siquiera la magnífica Muralla pudo defenderse de semejante falta de integridad.

Límites, normas, llámelos como le guste: la integridad es una virtud indispensable para vivir una vida plena y victoriosa del reino.

Como la Gran Muralla, la integridad define los límites que en nuestra vida nos guían, nos guardan y nos protegen contra los ataques de los enemigos. Estos límites protegerán a nuestros hijos cuando Satanás intente robarles su destino. Pero, cuando esos límites fallan —por el motivo que sea—, al enemigo le resulta fácil avanzar y derrotar a sus hijos. Límites, normas, llámelos como le guste: la integridad es una virtud indispensable para vivir una vida plena y victoriosa del reino.

La naturaleza de la integridad

La integridad implica algo más que la reputación. Lo que piensan los demás sobre usted conforma su reputación, pero la integridad consiste en lo que reside en su interior: sus pensamientos y su código personal de conducta (sus valores). Este código moral guía y rige sus decisiones. La persona íntegra teme y reverencia a Dios, al mismo tiempo que vive de manera genuina y de acuerdo con sus convicciones. La definición de integridad podría entenderse como ser consecuentemente sincero y ético en su discurso, sus actitudes y sus actos, sin comprometer la verdad. Significa vivir coherentemente por sus convicciones: lo que dice es lo mismo que lo que hace.

En estos tiempos, cada vez es más difícil encontrar personas íntegras. O, tal vez, siempre haya sido difícil; en los Salmos leemos: «Señor, ¿quién puede adorar en tu santuario? ¿Quién puede entrar a tu presencia en tu monte santo? Los que llevan una vida intachable y hacen lo correcto, los que dicen la verdad con corazón sincero» (Salmo 15:1-2).

La integridad va más allá de las reglas. No se trata de un listado de cosas que usted puede tildar. La integridad mora en el corazón, pues del corazón mana la vida (vea Proverbios 4:23, NVI).

Como padres, sería mucho más fácil si pudiéramos, de alguna manera, legislar la integridad en nuestros hijos. Educarlos sería mucho más simple si tuviéramos manera de crear reglas suficientes para controlar sus decisiones. Pero las reglas no son la esencia de la integridad. De hecho, según Pablo, es la misma ley la que despierta en nosotros la tentación de incumplirla (vea Romanos 7).

Educar hijos del reino es mucho más profundo que controlar cuánto tiempo pasan mandando mensajes de texto con sus teléfonos celulares, navegando en Internet o andando con sus amigos. Va más allá de elegir su ropa o decidir a qué edad podrán usar maquillaje. Educar hijos del reino implica inculcar la integridad en lo profundo de su ser para que sus hijos estén preparados para discernir por sí mismos los límites personales y las normas, en sintonía con la voluntad de Dios.

Tenga presente que cuando su hijo o hija crezca y se vaya de casa, no habrá nadie allí para establecer y hacer cumplir las reglas que necesita para vivir una vida productiva y personalmente responsable. Con demasiada frecuencia, los niños que fueron demasiado protegidos, amparados o controlados no saben qué hacer sin las normas externas. A veces, eso lleva a la rebeldía. A veces, causa un mal manejo del tiempo y de los recursos a una edad en la que es muy costoso hacerlo.

Hay otro efecto negativo por criar a hijos imponiendo y recalcando las reglas, en lugar de inculcarles la integridad: el hecho de cumplir las reglas solo por cumplirlas puede generar una falsa seguridad y un falso orgullo. Al fin y al cabo, los fariseos eran excelentes guardando las normas, pero Cristo no se dejó impresionar por ellos. Le interesaba más que limpiaran el interior de la taza que el exterior (Mateo 23:26). Si el interior de la taza está limpio, eso obrará sobre el exterior... pero no al revés.

De hecho, como padres, a veces podemos ser engañados por lo que se ve al exterior de la taza de nuestros hijos. Si usted tiene más de un hijo, conoce diferencias en sus personalidades que son visibles entre los hermanos. Con algunos hijos, usted sabe inmediatamente cuándo han hecho algo malo; es obvio. Pero otros hijos quizás sean más disimulados y parezcan inmaculados por fuera. Los padres pueden ser fácilmente engañados y terminan sin abordar la situación como deberían hacerlo. Como padres, esto nos pasaba de vez en cuando, y un ejemplo en particular que involucró a nuestra hija Priscilla fue el que más sobresale para mí.

Como ya mencionó Priscilla en uno de sus aportes, su boca fue lo que más problemas le trajo. Ya sea que estuviera siendo irrespetuosa, que hablara demasiado o que la descubrieran en una mentira, su boca era el problema. Ahora bien, como muchos saben, Priscilla es una oradora muy persuasiva, así que hubo ocasiones en las que yo le creía en el momento mismo en que estaba mintiendo. Una vez, llegué a ir a su escuela a quejarme con su maestro de algo que Priscilla nos había contado acerca de otro alumno de su clase. Descubrí que Priscilla había inventado toda la historia; el otro alumno no había hecho absolutamente nada malo. No solo tuve que volver y pedirle disculpas al maestro, también tuve que disculparme con el alumno y con su familia. Ese día, aprendí una lección importante: hay que tomarse un tiempo para discernir el núcleo del problema. La integridad implica mucho más que actos exteriores: involucra al corazón. Y no siempre es fácil reconocer cuando no hay integridad.

El proceso de santificación en nuestros hijos (que produce el crecimiento espiritual, la integridad y la santidad) es un desarrollo complicado y continuo. Muchas veces, los ajetreados padres pueden sentir la tentación de reducir los conceptos de fe e integridad a una lista manejable de cosas que se deben hacer y que no se deben hacer. Sin embargo, al estar más atentos a lo permitido y a lo no permitido que al Señor mismo, la lista puede empezar a eclipsar el debido lugar de Dios en el corazón de su hijo. La lista más bien se convierte en el dios, lo cual ciertamente la hace más fácil de cumplir cuando le conviene, así como también más fácil de racionalizar cuando no le es conveniente.

Vivimos en un mundo en el cual la integridad se ha quedado a medio camino; pero, cuando sus hijos sean íntegros, esta cualidad los protegerá contra la irresponsabilidad, la pereza, la inmoralidad, el engaño, el acoso escolar y muchas otras tentaciones. Suelo comparar a la integridad con el pasar por la seguridad del aeropuerto. El equipamiento de seguridad capta si tenemos metales en nuestros bolsillos o si los llevamos ocultos. Pero ese equipamiento debe ser programado por alguien que decide cuál es el nivel apropiado de sensibilidad. Algunos monitores reconocen los metales rápidamente y envían una señal de advertencia debido a las llaves y a los relojes, mientras que otros pocas veces se dan cuenta de nada.

Programar el equipamiento de seguridad es similar a programar la consciencia de sus hijos. Al inculcar la virtud de la integridad en sus hijos, les proporciona una sensibilidad encendida a las cosas de este mundo que afligen a Dios para que su consciencia les permita vivir una vida santa.

Daniel y sus leones

Uno de los mayores ejemplos de integridad de las Escrituras nos llega a través de la vida de Daniel. Recordará de la primera parte de este libro que Daniel fue capturado en Jerusalén y que lo enviaron a Babilonia, donde fue educado en un entorno secular. Es importante mostrarles a sus hijos que Daniel mantuvo su integridad en un entorno que carecía de ella. De hecho, la Biblia menciona a muchas personas que hicieron lo mismo, tales como José, Ester y Rut. No sucumbieron ante la invitación del mundo a sumarse a él haciendo concesiones.

> Darío el medo decidió dividir el reino en ciento veinte provincias y nombró a un alto funcionario para gobernar cada provincia. Asimismo, el rey escogió a Daniel y a dos personas más como administradores para que supervisaran a los altos funcionarios y protegieran los intereses del rey. Pronto Daniel demostró ser más capaz que los otros administradores y altos funcionarios. Debido a la gran destreza administrativa de Daniel, el rey hizo planes para ponerlo frente al gobierno de todo el imperio. (Daniel 6:1-3)

Para entonces, Daniel ya no era un adolescente y se había dedicado a trabajar en el ámbito gubernamental secular. Los 120 funcionarios de cada provincia fueron nombrados para ocuparse de los intereses del rey. Los dividieron en tres grupos, y cada grupo tenía un inspector que los controlaba. Básicamente, era una estructura organizativa para hacer funcionar el reino y proteger al rey.

Gracias al espíritu extraordinario de Daniel, el rey finalmente tenía pensado ponerlo a cargo de todo. En cuestión de años, Daniel llegó al rango más alto. Había hecho bien su trabajo, había realizado excepcionalmente sus tareas, había manejado sus proyectos con eficiencia y nada de eso había pasado desapercibido.

Pero, como suele suceder cuando alguien llega a la cima, la aceptación de Daniel despertó la envidia de otros dirigentes del reino, quienes buscaron la manera de acusarlo de algo. Sin embargo, después de una búsqueda exhaustiva, se dieron cuenta de que no podían encontrar nada en absoluto. El trabajo de Daniel no ponía en evidencia ninguna falta de integridad, sin importar cuánto escarbaran sus enemigos (vea el versículo 4).

El trabajo de Daniel soportó la prueba del escrutinio en cuanto a la manera en que lo desempeñaba, así como la actitud con la que lo hacía. En otras palabras, Daniel era íntegro. A continuación, sus enemigos intentaron tenderle una trampa. Procuraron crear un conflicto entre la iglesia y el estado, por medio del cual el gobierno declararía ilegal que Daniel cumpliera con determinada ley de Dios.

La primera cosa interesante que descubro en la historia de Daniel es que era tan íntegro que sus enemigos se dieron cuenta de que lo único que podrían usar contra él sería su propia integridad. Supusieron que si creaban una ley contra las leyes del Dios de Daniel, él tendría la integridad suficiente para obedecer a su Dios de todas maneras. Lo más probable es que hayan recordado a Daniel en su juventud, alzándose contra los líderes babilonios cuando le pidieron que comiera la comida del rey. Entonces, basándose en su integridad, desarrollaron un plan para destituir a Daniel:

Así que los administradores y los altos funcionarios se presentaron ante el rey y dijeron: «¡Que viva el rey Darío! Todos nosotros —administradores, autoridades, altos funcionarios, asesores y gobernadores— nos hemos puesto de acuerdo en que el rey apruebe una ley que se haga cumplir estrictamente. Ordene usted que, en los próximos treinta días, todo aquel que ore a quien sea, divino o humano —excepto a usted, su majestad—, sea arrojado al foso de los leones». (Daniel 6:6-7)

Esta nueva ley le presentaba a Daniel un conflicto espiritual: la Biblia era clara en cuanto a honrar a los demás, pero también decía claramente que había un solo Dios. Daniel tenía un empleador, pero ese empleador no era igual a Dios. El empleador de Daniel cruzó la raya cuando quiso tomar para sí la adoración de Daniel. La adoración era solamente para Dios, y Daniel no transigiría sobre ese principio.

Lo que pasó a continuación es un punto clave que quiero que capte mientras eduque a sus hijos para que sean íntegros: «Sin embargo, cuando Daniel oyó que se había firmado la ley, fue a su casa y se arrodilló como de costumbre en la habitación de la planta alta, con las ventanas abiertas que se orientaban hacia Jerusalén. Oraba tres veces al día, tal como siempre lo había hecho, dando gracias a su Dios» (6:10).

El pasaje señala que Daniel tenía «las ventanas abiertas que se orientaban hacia Jerusalén». En esta frase corta hay dos datos críticos. Primero, nos hace saber que, a pesar de los riesgos que implicaba, Daniel decidió obedecer a Dios públicamente. Daniel no permitió que el temor hacia los que estaban en cargos poderosos lo hiciera esconder su temor y reverencia hacia Aquel que tiene el cargo más alto de todos.

En segundo lugar, vemos que Daniel seguía manteniendo la ventana abierta hacia su hogar. Jerusalén había sido el hogar de Daniel. Era el lugar donde lo habían criado sus padres, el primer lugar donde había escuchado de Dios y donde se había vuelto un joven de carácter y de integridad. Al abrir sus ventanas hacia Jerusalén, Daniel tenía un recordatorio continuo de que el lugar donde vivía no era el lugar de donde procedía. El lugar donde trabajaba no era el lugar donde tenía sus raíces. Las promesas y el poder de Dios tenían origen en su hogar; por eso, a pesar de que Daniel viviera en una tierra extranjera, su mente permanecía en su hogar.

Padres, a medida que críen a sus hijos y les inculquen virtudes santas, lo harán para que cuando ellos crezcan y se vayan de su casa al entorno secular, al cual denominamos nuestra cultura contemporánea, siempre se acuerden de su hogar. Su ventana estará abierta hacia su hogar. No perderán de vista los valores, los principios y los preceptos que aprendieron allí.

> *Daniel tenía un recordatorio continuo de que el lugar donde vivía no era el lugar de donde procedía.*

Además de que Daniel oraba públicamente mirando hacia Jerusalén, el pasaje nos dice que lo hacía tres veces por día. Era la costumbre de Daniel. No era un pensamiento fugaz dirigido al cielo mientras se dedicaba a sus planes. No, era una posición de oración concentrada, enfocada y constante, demostrando que Dios era el centro de su vida.

Con razón los otros líderes del país lo despreciaban. Había llegado a la cima por ganarse la confianza del rey. Y, por su conducta y su ética laboral, no veían que fuera a perder pronto esa confianza, y por eso le tendieron una trampa.

Pero Daniel decidió confiar en Dios en esa situación. Y, a pesar del afecto que el rey tenía por Daniel (versículo 14), no pudo evitar el castigo impuesto por incumplir su ley. Directo al foso de los leones con Daniel. Ya conoce la historia. Dios cerró la boca de los leones y, a la mañana siguiente, esto es lo que sucedió:

> Muy temprano a la mañana siguiente, el rey se levantó y fue deprisa al foso de los leones. Cuando llegó allí, gritó con angustia:
>
> —¡Daniel, siervo del Dios viviente! ¿Pudo tu Dios, a quien sirves tan fielmente, rescatarte de los leones?
>
> Y Daniel contestó:
>
> —¡Que viva el rey! Mi Dios envió a su ángel para cerrarles la boca a los leones, a fin de que no me hicieran daño, porque fui declarado inocente ante Dios y no he hecho nada malo en contra de usted, su majestad.
>
> El rey se alegró mucho y mandó que sacaran a Daniel del foso. No tenía ningún rasguño, porque había confiado en su Dios. (Daniel 6:19-23)

El rey no solo hizo sacar a Daniel del foso, sino que además hizo arrojar a los enemigos de Daniel al foso de los leones. Y esta vez, Dios no les cerró la boca a los leones. Dios puede tomar a los enemigos de uno y ponerlos bajo sus pies cuando la vida de uno se somete a él.

Yo creo que Dios nunca deja que la integridad pase desapercibida. Podrá ser ignorada en el momento, pero él buscará la manera de que salga a la luz o que sea recompensada, aunque suceda en el cielo. Es Dios quien levanta o depone a los reyes. Esta realidad tiene que asentarse en el corazón de la integridad de su hijo o hija:

Dios puede tomar a los enemigos de uno y ponerlos bajo sus pies cuando la vida de uno se somete a él.

Cumplir la norma
por Jonathan Evans

Cuando era niño, mi deporte favorito era indudablemente el baloncesto. Estaba obsesionado con ser como «Mike», igual que todos los que amaban el juego en esos días. Y, aunque no fui tan bueno como Michael Jordan, claramente era bueno para los deportes y podía jugar bien. De hecho, la primera vez que hice una clavada con una pelota de baloncesto, tenía solo once años. Si le cuesta creerlo, a mi padre probablemente le haya pasado lo mismo cuando entré corriendo a su oficina y grité: «¡Hice una clavada! ¡Hice una clavada! Papá, ¡ven al gimnasio conmigo, para que pueda mostrarte!». Él sabía que yo era bueno para ese deporte, pero, como usted, era muy escéptico. Finalmente, lo convencí de que lo que estaba diciéndole era cierto y, entonces, se levantó y me siguió al gimnasio para ver esa hazaña increíble.

Cuando entramos al gimnasio, tomé la pelota de baloncesto y le dije a mi papá que se quedara a verme. Recuerdo perfectamente cómo empecé justo sobre la línea de triples para iniciar mi carrera hacia la canasta. Respiré hondo y salí disparado hacia la canasta. Mientras me acercaba, puse todo lo que tenía para brincar tan alto como pudiera y, en un abrir y cerrar de ojos, ¡pun! A los once años, logré clavar con poderío. Estaba sumamente emocionado por lo que había logrado frente a mi padre.

Sin embargo, cuando lo miré, mi padre no parecía tan impresionado como yo pensaba que estaría. De pronto, salió del gimnasio y volvió unos segundos más tarde con el encargado de conserjería y le pidió amablemente que levantara el aro de los dos metros hasta los tres metros. Luego, me miró y me dijo: «Hijo, no te conformes con clavar a los dos metros, porque esa no es la norma. Cuando estés listo para clavar a los tres metros, que es la norma en el baloncesto profesional, ven a buscarme, que yo estaré dispuesto a mirarte entonces». Ese día, aprendí una lección valiosa: el hecho de que hayas hecho una clavada no significa que hayas cumplido la norma.

> Muchos piensan que están haciendo bien las cosas solo porque hacen buenos tiros según la norma cultural. Sin embargo, vivir conforme a la Biblia y vivir conforme a la cultura son dos maneras completamente diferentes de vivir. El hecho de que la cultura esté de acuerdo con usted no significa que Dios lo esté. El hecho de que la sociedad lo aplauda no significa que Dios lo haga. Como aquel día en el gimnasio, mi padre y mi madre muchas veces nos inculcaron a mis hermanos y a mí que, aunque vivamos en esta cultura, la cultura no es la norma. Sin embargo, si su objetivo es enorgullecer a su Padre celestial, debe elevar el aro y hacer una clavada conforme a la norma bíblica, incluso en una cultura pagana.

la confianza definitiva de que Dios es su fuente. Los demás son solo agentes. Ya sea que algún agente les brinde diversión, amistad, un trabajo, o lo que sea, enséñeles a sus hijos que sus necesidades serán satisfechas cuando recurran a Dios y lo obedezcan a él, en lugar de obedecer a los hombres.

Cuando sus hijos crezcan, Dios podría decidir ponerlos en un ámbito babilónico. Quizás en su trabajo enfrentarán presiones para hacer concesiones en sus valores. No obstante, aunque su trabajo les pague un sueldo, no será su dueño: ellos pertenecen a una entidad colectiva más grande, llamada el reino de Dios. A lo largo de toda la Biblia, Dios tuvo personas metidas en entornos malvados. Tuvo a Daniel en la malvada Babilonia, a Moisés en el malvado Egipto, a Ester en la malvada Persia. Por toda la Biblia, Dios guardó a hombres y mujeres para levantarlos en el momento justo para sus propósitos eternos.

Dios es su fuente. Los demás son solo agentes.

Deles a sus hijos un regalo mejor que la simple capacidad de cumplir las reglas que les ha puesto. Perfeccione en ellos el corazón íntegro que las obedezca hasta que sean adultos y que les permita llevar a la práctica los principios de Dios en cualquier contexto en el que estén.

Críelos para que su ventana siempre esté abierta en dirección a su hogar.

13

LA FE

Nunca olvidaré ese día de otoño hace varias décadas cuando llevamos a nuestra hija mayor, Chrystal, hasta la universidad con el carro lleno de sus pertenencias. Yo sé que en ese momento ella era oficialmente adulta, pero yo seguía viendo a una niñita cuando la miraba por el espejo retrovisor mientras manejaba. En muchos sentidos, era emocionante ver la transición de Chrystal hacia la vida independiente que tanto se había esforzado por conseguir, pero también me daba mucho que pensar.

¿Está realmente preparada para todo esto? me preguntaba. *¿La hemos preparado para que esté sola? ¿Tomará decisiones sabias? ¿Es suficientemente firme la fe que le hemos transmitido como para soportar los desafíos y las pruebas que tiene por delante?*

Muy pronto llegarían las respuestas a todas estas preguntas, y otras más. Algunas respuestas fueron buenas; otras, no. Pero sobre todas las cosas que yo haya experimentado en la vida, el ver a Chrystal partir hacia su adultez me hizo reconocer la extrema importancia de inculcar una fe firme y viviente en cada uno de nuestros hijos, así como en nuestros nietos.

Padres del reino, una vez que sus hijos abandonen el nido, ustedes tendrán solamente escaso efecto en lo que les suceda (además de brindarles sus consejos, sus advertencias y su ayuda). Por lo tanto, una de las cosas más importantes que pueden hacer como padres es darles a sus hijos una fe propia: la capacidad de recurrir a Dios por cuenta propia durante las pruebas y los éxitos, y de aprender a manejar bien las situaciones de la vida.

Chrystal habla sobre este tema en el libro que escribimos juntos (*Una mujer del reino*), pero yo quiero compartirlo aquí también porque para mí fue muy importante. Chrystal tuvo que afrontar algunos desafíos muy escabrosos como joven adulta, y su fe fue puesta a prueba en varios frentes. Era una madre soltera, pero también era estudiante universitaria; tenía dificultades económicas, sus horarios eran muy apretados y su autoestima había sido duramente castigada. Por iniciativa propia, escribió varios pasajes bíblicos sobre cómo se sentía Dios acerca de ella. Al principio, no se lo contó a nadie; se limitó a ponerlos en un lugar donde pudiera sacarlos durante el día y leerlos. Lo hacía para recordarse a sí misma quién era ella en Cristo Jesús. Con el tiempo, estos pasajes le devolvieron a Chrystal la confianza en su situación como hija del Rey.

Me sentía más orgulloso que nunca cuando vi cómo Chrystal recurrió a su fe en Dios (incluso cuando esa fe estuviera en su nivel más bajo) para volver a levantarse sobre tierra firme y ponerse de pie espiritualmente, a lo largo de esos años.

Como padre o madre, usted no puede tomar las decisiones por sus hijos, a pesar de que muchas veces quisiera poder hacerlo. A veces, decidirán con sabiduría, y otras veces, tomarán malas decisiones. Lamentablemente, esas malas decisiones muchas veces traerán consecuencias inesperadas y no deseadas con las que ellos tendrán que luchar. Cuando eso suceda, lo único que podrá hacer será esperar que sus hijos vuelvan al Señor, con el nivel de fe que tengan, y confiar en Dios para que los acompañe en su travesía.

Chrystal le diría el día de hoy que, en aquel tiempo, no necesariamente se sentía como que los versículos que había anotado tenían vigencia en su vida. Pero durante su infancia, había aprendido que la Palabra de Dios era algo de lo que se puede depender. Le habían enseñado a confiar en ella. Entonces, en fe, tomó la decisión de poner cada día la verdad de Dios en su corazón con la esperanza de que, con el tiempo, se afianzara y produjera fruto... cosa que sucedió. Saber que ella hizo esto durante su momento de mayor necesidad hace que mi corazón se llene de regocijo y de satisfacción. ¿Qué más podría esperar un padre que la fe de su hija sea real durante las pruebas y los errores de la vida?

Ningún padre o madre educará a hijos perfectos. Todos tenemos eso en común. Hay una cosa que cada padre y cada madre tendrá que enfrentar: acompañar a su hijo o hija cuando comete un error o toma una decisión equivocada. Esto es, simplemente, porque ningún ser humano es perfecto. Pero lo que usted sí puede hacer como padre o madre es educar a su hijo o hija de tal manera que, cuando esos errores o pecados (y sus consecuencias) lleguen, vuelva a su fe (en el nivel que pueda) para superar la situación. Esto producirá en ellos un nivel de crecimiento espiritual cada vez mayor en la medida que maduren.

Cuando esos errores o pecados (y sus consecuencias) lleguen, su hijo o hija volverá a su fe (en el nivel que pueda) para superar la situación.

Lecciones en la oscuridad

Nací al norte de Baltimore, Maryland, pero en los años setenta, Lois y yo nos mudamos a Dallas para que yo pudiera asistir al seminario y, cuando lo hicimos, descubrí algo que me encantaba de Dallas: el calor. Otra cosa genial que tiene Dallas es la inmensidad del cielo de Texas. A veces, pareciera que uno puede mirar directamente a la eternidad al contemplar ese cielo.

Una noche, mientras miraba el cielo durante el crepúsculo, sucedió algo interesante. Vi una única estrella en la enorme amplitud, mientras que el resto del cielo parecía vacío. Probablemente era un planeta. Pocos minutos después, volví a mirar. Esta vez, el cielo se había puesto un poco más oscuro, y así vi un par de estrellas más. Algunos minutos más tarde, volví a mirar. Ahora se podían ver aún más estrellas.

Las estrellas me hicieron recordar una verdad espiritual que tiene que ver con educar a hijos del reino con una fe viva: todas las estrellas ya estaban en su lugar la primera vez que levanté la vista. Simplemente, yo no podía verlas. Mis ojos no las habían reconocido antes, a pesar de que habían estado ahí todo el tiempo. No fue sino hasta que la oscuridad se instaló que pude ver las estrellas claramente.

La virtud de la fe

por Anthony Evans Jr.

Mi fe nació de ver a mi papá y a mi mamá seguir al Señor. Sin embargo, hubo un momento en el que tuve que darme cuenta de que Dios no tiene nietos. Cuando fui a la universidad, me di cuenta por primera vez de la realidad de que mi fe y la fe de mis padres no eran sinónimos. Descubrí que tenía muchas preguntas sobre lo que creía yo. Mientras seguían surgiendo las preguntas, mi lucha en la fe aumentó; tanto fue así, que ya no quería seguir estando en una universidad cristiana. Abandoné mis estudios por un semestre para averiguar qué quería hacer con mi vida espiritual. Lleno de confusión, luché durante meses contra la depresión. No podía creer que todo en lo que se había basado mi vida podría ser algo en lo que ya no confiaba. Durante ese período de intenso cuestionamiento, inundé a mi padre con llamadas telefónicas. En una ocasión, me dijo que leyera el Salmo 128. Nunca olvidaré cómo traté de asimilar este pasaje para mí mismo, cuando solo lograba pensar cuán válido era para mi abuelo y para mi padre: «¡Qué feliz es el que teme al SEÑOR! [...] Tu esposa será como una vid fructífera, floreciente en el hogar» (Salmo 128:1, 3). Analicé cómo la fe en el Señor de mi abuelo y de mi padre les había permitido ver las promesas en este salmo. Yo los había visto manejarse basándose en la verdad de este pasaje. Mi papá solía decir: «Fe es actuar como si Dios estuviera diciendo la verdad. Es actuar como si fuera de tal manera, incluso si no es así, para que pueda llegar a serlo, simplemente porque Dios dijo que así es». (¡Mi papá es un maestro en esos conceptos llamativos!). Por otra parte, yo explicaba mi fe con base en mis sentimientos y por eso la estaba pasando tan mal. El poder ver que la fe no era definida por las emociones me permitió empezar a confiar, a creer y a valerme por mí mismo espiritualmente.

Lo animo a usted a que genere un ámbito donde sus hijos puedan verlo ejerciendo su fe, para que experimenten a su vez la onda expansiva de las promesas de Dios. Entonces, cuando ellos crezcan y comiencen su propio recorrido espiritual, no solo contarán con sus palabras, sino tendrán su experiencia real en la cual podrán apoyarse.

A veces, en la vida del reino, las lecciones más importantes de fe las aprendemos en la oscuridad. En nuestra *propia* oscuridad. Como padres, desearíamos que nuestros hijos aprendieran sus lecciones a través de las profundas pruebas que nosotros hemos enfrentado. Les decimos cosas como: «Aprende de mis errores». Pero, en la mayoría de los casos, cada uno tiene que aprender las lecciones por sí mismo. A veces la causa es por las malas decisiones que tomamos, pero otras veces es la mano de Dios que permite las dificultades en nuestra vida que no son el resultado de algo que hayamos hecho, sino que simplemente fueron destinadas a fortalecer nuestra fe.

Suelo escuchar a personas que dicen (y, quizás, usted también lo haya dicho): «Dios no me dará más de lo que pueda soportar». Permítame desmentir ese mito en este instante, viendo un poco la vida de Pablo. En 2 Corintios 1:8, Pablo escribió: «Amados hermanos, pensamos que tienen que estar al tanto de las dificultades que hemos atravesado [...]. Fuimos oprimidos y agobiados más allá de nuestra capacidad de aguantar y hasta pensamos que no saldríamos con vida».

Si alguna vez existió una situación imposible, Pablo la estaba viviendo. Pablo no había hecho nada para causarla. De hecho, había seguido la guía de Dios directamente hasta allí. Y, sin embargo, escribe que él y sus compañeros fueron «oprimidos y agobiados» más allá de la fuerza que tenían para resistir. A decir verdad, dijo que había perdido las esperanzas de salir vivo.

A veces Dios permite situaciones en la vida que parecen imposibles porque quiere quebrantarnos de nuestra autosuficiencia y dirigir nuestra mirada hacia él. A veces Dios nos deja tocar fondo para que podamos descubrir que él es el firme cimiento. Él permite estas situaciones porque está buscando un bien mayor. Está tratando de hacer crecer nuestra fe. En ese momento, algunas personas pueden querer darse por vencidas porque no parecen poder encontrarle la solución a su situación, y nadie que conozcan parece poder hacerlo tampoco. Han agotado todos los recursos y agentes humanos.

Pero es precisamente de esos momentos de los que Pablo habló cuando reveló un principio clave de la fe en la siguiente

A veces, Dios nos deja tocar fondo para que podamos descubrir que él es el firme cimiento.

afirmación: «Nos sentíamos como sentenciados a muerte. Pero eso sucedió para que *no confiáramos en nosotros mismos, sino en Dios* [...]. En él tenemos puesta nuestra esperanza» (2 Corintios 1:9-10, NVI, énfasis añadido).

Para profundizar la fe de Pablo, Dios permitió una situación que su currículum, sus capacidades, su experiencia, su trasfondo, su formación y sus contactos no podían cambiar. ¿Por qué? Para que Pablo creciera en su fe y aprendiera a confiar en Dios a un nivel más profundo.

¿Dios estaba siendo malo o cruel? Pudo haber tenido esa sensación, pero lo que realmente estaba haciendo era tratar de llevar a Pablo más a lo profundo. Al final, fue en ese escenario imposible, en el que Pablo no vio ninguna manera por dónde salir, que vio a Dios actuar para liberarlo. Dios repuso una situación desesperada y, porque Pablo la vivió, Dios se volvió aún más real para él a un nivel que nunca antes había conocido.

Esto no es para decir que, como padres, busquemos crear situaciones de oscuridad en la vida de nuestros hijos. Pero el mejor regalo que puede hacerles a sus hijos es darles una fe viva para que cuando lleguen esos tiempos oscuros («En el mundo tendrán muchas pruebas y tristezas», Juan 16:33), ya sea por sus propias malas decisiones o porque Dios está tratando de hacerlos crecer y madurar, ellos tendrán las herramientas necesarias para acudir a Dios y soportar, más que solo tratar de escaparse.

En gran manera, vivir la vida victoriosa del reino se resume en como uno aprende a ver las situaciones de la vida a través del filtro de la Palabra de Dios. Todo es una cuestión de perspectiva. La claridad con la que ve las cosas es lo que marca la diferencia. ¿Verán sus hijos la oscuridad o las estrellas? ¿Tratarán de vivir guiados por sus propias luces, saltándose así las lecciones de fe y de obediencia que Dios les está enseñando? Recuerde que aun el Hijo de Dios, quien era libre de pecado, creció espiritualmente en su humanidad a través de las cosas que sufrió.

Claro que la fe de Chrystal no estaba en su nivel más alto de todos los tiempos cuando escribía esos versículos y los llevaba consigo a todas partes. Pero solo se necesita una fe del tamaño de una semilla de mostaza para hacer mover una montaña. Chrystal sabía lo suficiente para buscar a Dios en medio de una situación sombría. Como consecuencia, el Señor vio en su fe que su verdad cambiaría las cosas en la vida de ella y la vio sacar ese papel una y otra vez para leer aquellos versículos. Entonces Dios recompensó sus actos, permitiendo que su Palabra echara raíces y se transformara en algo grande dentro de ella.

La carrera

El libro de Hebreos es uno de los libros más exigentes de la Biblia, pero también nos enseña algunas de las mayores lecciones sobre la fe. Solo en este libro, hay tanto para descubrir acerca de la fe. De hecho, mientras escribo este capítulo, estoy predicando en nuestra iglesia una serie de sermones sobre la fe basada en el libro de Hebreos, y es una serie que ¡me llevará varios meses para completar! La fe es tan importante para la vida del reino que se han escrito tomos enteros sobre ella.

Antes de terminar este capítulo, quiero resaltar algunos principios importantes que podrá llevar consigo mientras procura educar a hijos del reino que tengan fe. Deles estas herramientas a sus hijos para que puedan disponer de ellas cuando aprendan sus propias lecciones en la oscuridad.

No estamos seguros de quién fue el autor del libro de Hebreos, pero muchos creen que fue el apóstol Pablo. Pablo parecía tener una afición a expresarse a través de las analogías atléticas, usando diferentes situaciones deportivas para ilustrar alguna verdad espiritual. Si me conoce siquiera un poco, sabe que Pablo es un hombre conforme a mi corazón. A mí me encanta ver cómo las verdades espirituales cobran vida a través de los deportes.

En Hebreos capítulo 12, leemos uno de los pasajes más poderosos sobre la fe, en el que la vida cristiana es comparada con correr una carrera:

> Por lo tanto, ya que estamos rodeados por una enorme multitud
> de testigos de la vida de fe, quitémonos todo peso que nos impida
> correr, especialmente el pecado que tan fácilmente nos hace tropezar.
> Y corramos con perseverancia la carrera que Dios nos ha puesto por
> delante. Esto lo hacemos al fijar la mirada en Jesús, el campeón que
> inicia y perfecciona nuestra fe. Debido al gozo que le esperaba, Jesús
> soportó la cruz, sin importarle la vergüenza que esta representaba.
> Ahora está sentado en el lugar de honor, junto al trono de Dios.
> (Hebreos 12:1-2)

Cuando el autor dice que debemos «correr con perseverancia la carrera que Dios nos ha puesto por delante», no está hablando de los cien metros llanos. Tampoco se refiere a una vuelta alrededor de la pista. Perseverar implica que es una carrera de larga distancia, más como un maratón. Para correr un maratón, el atleta necesita entrenarse y prepararse para llegar al nivel en el que pueda, por lo menos, finalizar la carrera. Sin la prueba de entrenamiento, no habrá ninguna carrera.

Educar hijos del reino con una fe viva significa educarlos con la perspectiva de que la vida cristiana no es un esprint a corto plazo. No es algo en lo que usted puede entrar y salir ligeramente los domingos y esperar vivir victoriosamente durante la semana. La vida en el reino demanda depender día tras día del carácter y de los atributos de Dios, así como de su Palabra.

Ante todo, la fe viva debe ser una fe de todos los días. Si no es una fe de todos los días, cuando lleguen los desafíos de la vida, su hijo o hija estará totalmente fuera de estado para poder dar el siguiente paso.

Educar hijos del reino con una fe viva significa educarlos con la perspectiva de que la vida cristiana no es un esprint a corto plazo. Una fe viva debe ser una fe de todos los días.

En nuestra casa, cuando los hijos estaban creciendo, leer las Escrituras y aprendernos de memoria versículos bíblicos era una parte diaria de nuestra fe. Al hacerlo, les enseñamos que las Escrituras son algo de lo que se puede depender. Les demostramos que la Biblia es tan importante como para que nos metamos de lleno en ella de manera regular, así como la comida es suficientemente importante para nuestro cuerpo como para que la consumamos de manera regular. Si la Biblia hubiera sido algo que abríamos solamente los domingos cuando me llegaba la hora de predicar, no les hubiéramos enseñado a nuestros hijos que la vida del reino es un compromiso a largo plazo que requiere una exposición continua a la Palabra de Dios. Los hubiéramos preparado para un esprint, cuando en realidad son llamados a correr un maratón.

Como resultado, cuando Chrystal se topó con una época de crisis personal, recurrió a lo que había aprendido de niña que sería la manera más efectiva de superar las emociones negativas y las realidades que estaba enfrentando.

Ahora que nuestros hijos tienen sus propios hijos, soy testigo de cómo les transmiten este valor a nuestros nietos. Cada mes tenemos un almuerzo familiar en el que todos los hijos y los nietos se reúnen para pasar un rato especial para relacionarse. Los nietos sacan turno para subirse a una silla (si son pequeños) o a simplemente pararse frente a nosotros y recitar los distintos pasajes bíblicos que se aprendieron de memoria durante el mes anterior. Es este énfasis en la Palabra de Dios lo que, esperamos, los guiará en su propia fe personal cuando maduren y se hagan adultos en los años venideros.

Hacer énfasis en la Palabra de Dios es lo que, esperamos, guiará a sus hijos en su propia fe personal cuando maduren y se hagan adultos en los años venideros.

Quitar los estorbos y el pecado

Mientras escribo este libro, los Juegos Olímpicos de invierno han empezado nuevamente para un período de competencias mundiales. Algo que nunca deja de impresionarme de las olimpiadas es la espectacularidad de la ceremonia inaugural. Los deportistas de los países involucrados participan del desfile usando trajes coloridos y, a veces, elaborados.

Pero cuando llega el momento de competir, hay un cambio notable en su vestuario. Las chaquetas se dejan al lado. Las faldas son reemplazadas por pantalones cortos. Las banderas son enrolladas, y los sombreros quedan guardados. ¿Por qué? Porque la espectacularidad y la utilería nunca han ayudado a nadie a ganar una carrera. Más bien, son un estorbo: algo que le impide al deportista avanzar a la máxima velocidad posible.

Los estorbos también llegan a la vida del reino. Una de las cosas más importantes que debemos enseñarles a nuestros hijos es cómo reconocerlos. Gran parte de la vida suele ser desperdiciada simplemente porque estamos involucrados en las distracciones y los estorbos. Quizás sea la gente equivocada: un grupo que busca causar una influencia negativa o un estilo de vida mundano. O podrían ser los estorbos de las heridas o de los hábitos del pasado que paralizan la mente de sus hijos, llevándolos a tener un patrón de pensamiento equivocado. Otros estorbos quizás no parezcan serlo en lo más mínimo, porque son divertidos: cosas como la televisión, las películas de cine, las tabletas y los demás dispositivos electrónicos. A pesar de que esas cosas no tienen nada de malo en sí mismas, pueden convertirse en un estorbo cuando empiezan a dictar la vida interior de sus hijos o a dominar su tiempo. Tiene que haber un equilibrio entre el entretenimiento y la responsabilidad personal y el crecimiento espiritual personal.

Hay una receta bíblica simple que usted puede enseñarles a sus hijos para tratar con los estorbos. Hebreos 12:1 dice que debemos despojarnos de tales cosas. No dice que oremos por ellos, que hablemos de ellos o que averigüemos la manera de resolver las cosas. Cuando nuestros hijos reconocen a algo como un estorbo (algo que los refrena de experimentar el destino pleno que Dios tiene para ellos), deben despojarse de ello. Tan simple como eso.

Hay muchas cosas que pueden ser consideradas estorbos, y cada una necesita ser tratada a su manera y en la medida que demuestre influir negativamente sobre los pensamientos y el tiempo de sus hijos.

Ahora, mientras avanzamos en el pasaje que leímos anteriormente en Hebreos, notará que, así como el autor menciona muchos estorbos, solo menciona un pecado. Como habla de un solo pecado, podemos suponer que el autor se refiere al pecado que se reconoce como la raíz de todos los demás pecados: el pecado de la incredulidad. La incredulidad (la falta de fe) da origen a todos los demás pecados que cometemos. Cuando tenemos fe y creemos en la Palabra de Dios, confiamos en él y lo obedecemos, lo cual nos impide pecar, porque «todo lo que no procede de fe, es pecado» (Romanos 14:23, LBLA).

Es como el estudiante universitario que decidió lavar su propia ropa por primera vez. Juntó toda la ropa sucia y la envolvió con su sábana. Como todo necesitaba ser lavado, metió el bulto entero en la lavadora, solo para descubrir más tarde que la sábana estaba limpia, pero todavía seguía teniendo algunas prendas sucias. Las prendas no habían quedado limpias porque estaban enmarañadas en la sábana.

El pecado de la incredulidad también enreda todo lo demás en la vida del ser humano. Por eso es tan importante entrenar a sus hijos para que tengan una fe viva. Es importante entrenarlos para que reconozcan la naturaleza fundamental de confiar en Dios, de creer en su Palabra y de encomendar sus pensamientos, sus palabras y sus actos a él frente a las realidades de la vida cotidiana. Esta fe será el cimiento para su futuro. Muéstreme la fe de sus hijos, y yo le mostraré su futuro.

La fe es actuar como si Dios estuviera diciendo la verdad. Es confiar en su Palabra. La fe es actuar como que algo es así aunque no sea así para que sea así simplemente porque Dios dijo que es así. Enséñeles a sus hijos esa verdad y sea un modelo de esa verdad para ellos; así, los pondrá en la mejor posición para vivir una vida victoriosa del reino.

Muéstreme la fe de sus hijos, y yo le mostraré su futuro.

14

⚜

LA RESILIENCIA

Cuando yo era un muchachito, no se nos permitía ver demasiada televisión en casa. Más allá de eso, realmente no había demasiados programas de televisión que me parecieran atractivos a esa edad. Eran los años cincuenta, y la radio servía como nuestra principal fuente de entretenimiento. Indefectiblemente, mis padres escuchaban a distintos predicadores a lo largo del día, así como un poco de música de vez en cuando. Estoy seguro de que mi amor por la prédica se desarrolló a partir de la insistencia de mis padres en hacernos escucharla de manera habitual. Estaban disciplinándonos a mis hermanos y a mí de un modo que nos generaría la sed y el hambre constante por la Palabra de Dios.

Sin embargo, recuerdo claramente que, de vez en cuando, un programa de radio era interrumpido por el anuncio de que la estación iba a probar el sistema emisor de emergencia, seguido por un ruido fuerte y muy fastidioso que duraba hasta un minuto.

Yo odiaba esas pruebas porque siempre parecían llegar en el peor momento, precisamente cuando no quería que interrumpieran la programación. Y, como nunca anticipaban que la prueba estaba por comenzar, no había manera de evitarla. La emisora sencillamente interrumpía y hacía su prueba.

A veces, las pruebas en la vida son así; llegan sin aviso. También llegan en el peor momento posible. Son ruidosas, molestas y siempre parecen durar demasiado tiempo. No hay nada que le advierta que una prueba de ese tipo está por llegar. Estoy seguro de que, como padre o madre, usted ha atravesado sus propias dificultades y pruebas. Y, a pesar de que eso pueda ser difícil, en general es más difícil estar a un lado viendo cómo sus hijos pasan por sus propias pruebas, especialmente cuando usted no puede solucionarles las cosas. La resiliencia es una virtud del reino que cada hijo necesita cuando se trata de sortear exitosamente las dificultades de la vida. La tenacidad es la determinación y la capacidad de perseverar durante las dificultades de manera tal que la manifestación completa del propósito de Dios se haga realidad en la vida. En contraste, la resiliencia es la capacidad de salir adelante en esos desafíos, al cultivar la fortaleza para enfrentarlos cuando aparezcan.

Conozco de primera mano la importancia de la resiliencia porque he visto a mis hijos soportar sus propias pruebas de tanto en tanto, ya sea porque la dificultad se la causaron a sí mismos como consecuencia de malas decisiones o porque la vida suele ponernos desafíos. Fácilmente, los hijos querrán darse por vencidos o tirar la toalla, pero nuestro papel como padres es alentarlos a que aguanten y que sigan teniendo fe. Muchas veces, mi corazón de padre quería intervenir rápidamente y aliviar su dolor, pero mi mente y mi espíritu me recordaban que esa era su oportunidad para desarrollar la resiliencia. Aunque las dificultades no sean divertidas, nuestros hijos suelen necesitarlas (igual que nosotros) para experimentar la madurez espiritual plena que les permitirá vivir una vida abundante. Ellos tienen que aprender a lamentarse, particularmente cuando sufren una pérdida en la vida. También tienen que aprender a perdonar y a ser flexibles cuando enfrenten un cambio inesperado. Necesitan aprender a crecer a partir de sus errores, aprender de ellos y seguir adelante.

Deles la sabiduría y las herramientas que necesitan para entender qué son los desafíos de la vida y cómo reaccionar frente a ellos.

El mejor consejo que puedo darle mientras entrena a sus hijos en la virtud de la resiliencia es: deles la sabiduría y las herramientas que necesitan para entender qué son los desafíos de la vida y cómo reaccionar frente a ellos.

Nuestro Padre celestial quiere que cada uno de nosotros supere sus propias pruebas, y su hijo o hija no es la excepción. Y, como buen maestro que él es, no le molesta repetir una prueba. Entrenar a su hijo o hija en el entendimiento y la fortaleza espiritual para superar las pruebas de la vida es beneficioso porque cuanto antes su hijo o hija crezca en el área que la prueba apunta a fortalecer, menos veces tendrá que volver a pasar por esa situación. Repasemos en este capítulo la naturaleza y el propósito de las pruebas, para que usted tenga lo necesario para enseñarles a sus hijos cómo considerarlas y cómo abordarlas.

Las pruebas son inevitables

A lo largo de las Escrituras, vemos que las pruebas son una realidad inevitable en la vida, y encontramos imperativos como: «Hermanos míos, considérense muy dichosos cuando tengan que enfrentarse con diversas pruebas» (Santiago 1:2, NVI). Fíjese que la Biblia no dice «si» enfrenta pruebas; más bien, habla de «cuando» las pruebas lleguen. Las pruebas son ineludibles. Job dijo: «La gente nace para tener problemas tan cierto como que las chispas vuelan del fuego» (5:7). La única manera de no tener problemas sería no tener vida. Jesús dijo: «En el mundo tendrán muchas pruebas y tristezas» (Juan 16:33); puede contar con ello.

Una de las peores cosas que un padre o una madre puede hacer al educar a un hijo o hija es protegerlo de cualquier dificultad, especialmente en etapas tempranas, cuando las consecuencias y la profundidad de esas dificultades son limitadas. Yo preferiría mucho más que un hijo mío aprendiera las lecciones de la vida en el contexto controlado de la escuela primaria que en el caos que puede producirse cuando llega a la adolescencia.

Cuando estaba a finales de la escuela primaria, robé un pancito de canela de la barra de la cafetería. Es el único recuerdo que tengo de haber robado algo en la vida. No puedo decir que estuviera muerto de hambre ni que pasara ningún tipo de necesidad. Simplemente se veía bueno, y yo lo quería; así que lo tomé. Afortunadamente, una de las empleadas de la cafetería vio lo que hice. Digo «afortunadamente» porque estoy agradecido de haber aprendido de esa manera la lección sobre robar, y no luego de haber cometido un hurto siendo un joven, cuando posiblemente hubiera tenido que pasar tiempo en la estación de Policía.

Cuando la empleada de la cafetería vio lo que hice, se me vino directamente encima y me dijo que vio lo que yo había hecho. Mi cara se puso colorada de vergüenza y me imaginé en el sótano de la casa, parado frente a mi padre, quien estaba a punto de hacerme recordar que nunca más volviera a hacerlo. Pero, en lugar de eso, la mujer se dio cuenta de que yo estaba realmente apenado por lo que había hecho y notó que el haber sido atrapado por ella estaba causándome ya suficiente sufrimiento como para aprender la lección. Me dijo que no lo hiciera nunca más, y le hice caso.

Si ella hubiera elegido mirar para otro lado y no pasar por la dificultad de confrontarme, yo hubiera podido entender que podía actuar sin reproches en este tipo de cosas y quizás lo hubiera hecho de nuevo una y otra vez, hasta que las consecuencias hubieran sido más severas. Pero, como ella me corrigió con amor y me permitió experimentar el malestar y la vergüenza de esa situación —así como el temor de tener que enfrentar a mi padre, si ella hubiera decidido decírselo—, yo maduré a través de esa experiencia.

Demasiadas veces, como padres, queremos atenuarles el dolor a nuestros hijos y entonces pasamos por alto las mejores oportunidades para enseñarles porque no los confrontamos. Pero, al aislarlos de las realidades de la vida (haciéndoles la vida demasiado cómoda), no hacemos otra cosa que predisponerlos para que vivan pruebas más grandes cuando crezcan. En definitiva, necesitarán aprender las lecciones que surgen de vivir en un mundo no tan perfecto. Sean estas lecciones consecuencia de sus propias decisiones equivocadas (como la mía con el pancito de canela), o que se trate de lecciones sobre las dificultades de la vida (merezcan ellos dichas dificultades o no), hay verdades que todos debemos aprender si queremos superar las pruebas, dejar atrás el pasado y seguir adelante.

Mi historia del pancito de canela es un ejemplo de una pequeña prueba. Pero, en nuestra familia, también hemos tenido una cuota de grandes desafíos. Cuando yo apenas iba comenzando en el ministerio, nuestra hija mayor, Chrystal, nos llamó desde la universidad para contarnos que estaba embarazada. No estaba casada, y nunca olvidaré el pronunciado sentimiento de decepción y fracaso que inundó mis emociones. Se me cruzó por la mente la idea de renunciar al pastorado mientras sopesaba cómo se lo diría a nuestra congregación. Pronto me di cuenta de que la mayor parte de lo que estaba pensando giraba en torno a cómo percibía que los demás verían a nuestra familia, en lugar de cómo quería Dios que reaccionáramos ante esta situación. No fue hasta que el pastor auxiliar me animó a que buscara a Dios para preguntarle cómo quería él que creciéramos en esta situación, que logré que cambiara mi enfoque. Ese año fue difícil para nosotros mientras sentíamos distintas emociones, pero, finalmente, Dios usó ese tiempo para enseñarnos mucho sobre la compasión, la gracia, el perdón y la flexibilidad. Estas son lecciones que pudimos compartir en ese momento más plenamente con los otros miembros de nuestro hogar, así como con nuestra congregación.

La razón para las pruebas

Hay una razón para las pruebas. Dios es muy transparente acerca de por qué las pone en nuestro camino. La manera que usted tiene de reaccionar a las pruebas que suceden en su vida deja un modelo para que sus hijos sepan cómo deben responder a sus propias pruebas. Si usted se queja constantemente, si les echa la culpa a los demás o si siente lástima por sí mismo, les está mostrando a sus hijos que usted no confía en la mano soberana de Dios. Está enseñándoles que no hay ninguna razón para las pruebas.

Es fundamental saber que hay una razón para nuestras pruebas. Si su hijo o hija está enfrentando una prueba y no puede relacionar esa experiencia con la verdad bíblica, se desanimará y se sentirá agobiado, en lugar de «[considerarla] como un tiempo para alegrarse mucho» (Santiago 1:2). Esa alegría llega cuando, en medio de las pruebas, su hijo se da cuenta de que Dios está intentando algo grande con él. Y darse cuenta de ello es la clave para soportar y vencer las pruebas.

El problema no es tanto que su hijo o hija experimentará las pruebas; el verdadero problema es que su hijo o hija no entienda por qué. Dios quiere que sus hijos sepan que las pruebas tienen tres propósitos importantes: probar su fe, aumentar su tenacidad y hacerlos crecer espiritualmente.

Probar la fe de sus hijos

Cuando sus hijos pasan por momentos difíciles, Dios está poniendo a prueba su fe. Cualquiera puede decirle «Te amo» a Dios cuando las cosas le están

La tenacidad

por Chrystal Evans Hurst

Solía escabullirme de mi cuarto en la noche y caminar silenciosamente en puntillas hacia la mesa de la cocina, donde estaba segura de que encontraría a mi papá con sus libros abiertos, estudiando. Muchas veces, estaba preparándose para el sermón dominical. Otras veces, estudiaba para sus clases. Terminó su doctorado cuando yo tenía diez años, lo cual quiere decir que pasé la mitad de mi niñez viéndolo hacer equilibrio con unas grandes cargas. Con una familia en crecimiento, una iglesia local en crecimiento y un ministerio nacional en crecimiento, fui testigo del trabajo diligente de mi padre. Observándolo, aprendí qué era ser tenaz.

También vi a mi madre asumir muchos roles. A lo largo de los años, ella siempre manejaba muchas responsabilidades, y, además, ¡lucía muy bien mientras lo hacía! Ahora entiendo que seguir el ritmo de un esposo ajetreado y a cuatro hijos activos no fue una tarea fácil. Ahora entiendo que cuidar nuestro hogar mientras trabajaba en el ministerio o estaba en el lugar de trabajo probablemente haya sido agotador. Pero ella lo hizo. Mi madre era, y sigue siendo, un ama de casa inmaculada. Nuestra casa, mientras que estaba decorada con las comodidades suficientes como para que nos sintiéramos a gusto, también estaba siempre lista para que pudiéramos tener visitas en cualquier momento (y yo me pregunto cómo se las arreglaba para hacer todo a la vez). Recuerdo vívidamente que, una mañana, mi madre entró al cuarto que yo compartía con Priscilla para arreglar nuestras camas. Estaba llorando. Hasta el día de hoy, nunca supe qué había causado esas lágrimas. Pero sí sé que ella estaba tendiendo mi cama. No estaba en la suya, debajo de las mantas, mirando telenovelas y comiendo bombones. Estaba trabajando diligentemente, aunque pasaba un momento difícil. Y ahora sé que la maternidad, el matrimonio y el ministerio tienen el potencial de acarrear muchos momentos difíciles. Yo vi a mi mamá trabajar duramente. Observándola, aprendí qué era ser tenaz.

Mi oración es que mis hijos me vean seguir adelante en los momentos difíciles con la misma tenacidad que tienen mis padres. La vida que vale la pena vivir se logra haciendo las cosas difíciles y siguiendo adelante, a pesar de los días nublados. Yo he tenido mi cuota de caminos difíciles, pero cuando llego a un terreno escabroso, mi tendencia es seguir adelante: porque eso es lo que vi hacer a mi mamá y a mi papá.

yendo bien. Pero la prueba de ese amor llega cuando las cosas se ponen escabrosas. Cuando Dios permite que las pruebas toquen a sus hijos, lo hace por un propósito específico. Las dificultades ponen a prueba el corazón y revelan qué hay en él. Muestran si la fe es joven y todavía tiene un largo camino para crecer, y revelan dónde ha madurado ya. Las pruebas están para poner a la fe en el estrado del tribunal para dar testimonio experiencial de lo que la persona declara como creyente.

El apóstol Pedro dice que a usted y a su hijo o hija «Dios los protege con su poder» (1 Pedro 1:5) en cuanto a la salvación eterna. Pero dice que, mientras tanto, «permanecer firme en tantas pruebas, les traerá mucha alabanza, gloria y honra en el día que Jesucristo sea revelado a todo el mundo» (1 Pedro 1:7).

Estoy seguro de que usted recuerda cómo era ser puesto a prueba cuando estaba en la escuela. El buen maestro evalúa a los alumnos solo sobre la información que ya fue enseñada. El buen maestro, además, quiere que los alumnos aprueben. Eso no significa que las dificultades no duelan; sí que duelen. Una de las peores cosas que puede hacerle al niño que está pasando por una dificultad es minimizar la realidad de su dolor. Efectivamente, el dolor es real. Por cierto, debería ser reconocido. Superar una prueba no significa ignorar su presencia. La esencia de superar

Las pruebas están para poner a la fe en el estrado del tribunal para dar testimonio experiencial de lo que la persona declara como creyente.

una prueba es aceptar el dolor, aprender de él y descubrir cómo seguir adelante sin que disminuya la fe de uno.

Incrementar la tenacidad de sus hijos

La segunda razón para las pruebas es incrementar la tenacidad de sus hijos (vea Santiago 1:3). Lo digo nuevamente: es cuestión de madurar su fe. En la Biblia, se usa la palabra *constancia*. La palabra original, en griego, es una combinación de dos otras palabras que significan «permanecer» y «bajo», o sea soportar una prueba hasta que se haya cumplido su propósito[1].

La Biblia dice que no deberíamos huir de las dificultades. Más bien, tenemos que seguir andando *en medio de* ellas para desarrollar nuestra perseverancia y tenacidad. Cada tanto, recibo una lección dolorosa de primera mano sobre la importancia de la tenacidad durante las pruebas. Esto pasa cuando retomo la decisión de levantarme temprano e ir al gimnasio. Comienzo un programa de levantamiento de pesas desde el primer día: trabajando los bíceps, el pecho, de todo un poco. Veinticuatro horas más tarde, sin falta, ¡estoy experimentando una dificultad! No puedo caminar con facilidad. De hecho, a veces me ha dolido tanto que tuve que pedir ayuda para abotonarme la camisa. Le aseguro que, cuando estoy en las primeras etapas de esa dificultad, muchas veces, tengo ganas de huir de ella. Quiero que se termine. Sin embargo, como he decidido fijarme en el objetivo final, permanezco en ella, aun en medio de mi dolor.

Nunca olvidaré el año que mi hijo Anthony abandonó la universidad. Inmediatamente me sentí frustrado cuando percibí que él estaba rindiéndose en lugar de simplemente someterse a hacer ciertos cambios. Había veces que yo no tenía ganas de hablar con Anthony sobre su decisión porque me concentraba demasiado en mi propia decepción. Esa es una de las maneras en que «huimos de una dificultad»: sencillamente evitamos encararla. Finalmente, tuve que tragarme mis propias cuestiones y reemplazarlas con el reconocimiento de que él necesitaba que lo acompañara durante este período de su vida. Al principio, traté de obligarlo a que siguiera en la universidad, pero si me hubiera mantenido en esa actitud, no hubiera sido un ejemplo de flexibilidad y resiliencia para él cuando finalmente no se inscribió un semestre.

En las pruebas de la vida, Dios pondrá pesas sobre sus hijos, pero también les dirá: «Sigue levantando. No abandones, aunque te duela por un tiempo». A pesar de que su hijo ponga en pausa algún proyecto, una meta o una decisión en la vida, trate de no verlo como que se está dando por vencido, sino busque la manera en la que Dios podría estar reencauzándolo. Muchas veces, las lecciones más importantes de la vida las aprendemos durante esos momentos de ajustes. Así como cuando levantamos pesas, a veces tenemos que ajustar la empuñadura o la posición para levantarlas mejor. Y, si uno sigue levantando pesas, pronto verá que los músculos espirituales aparecen donde antes no había más que flacidez.

Hacer crecer espiritualmente a sus hijos

¿Por qué Dios pone a prueba la fe de sus hijos para incrementar su tenacidad en las pruebas? Para que «una vez que su constancia se haya desarrollado plenamente, serán perfectos y completos, y no les faltará nada» (Santiago 1:4).

El propósito que tiene Dios para las pruebas por las que pasan sus hijos es que crezcan y lleguen a la madurez espiritual. Eso no ocurrirá sin cierto sufrimiento y esfuerzo. Imagine que un joven anuncia: «Quiero ser médico, ¡pero no quiero pasar todos esos años en la facultad de Medicina!». Sabemos que esa es una declaración ridícula, pero solemos hacer lo mismo cuando se trata de las dificultades. Tratamos de evitarlas y nos distraemos del dolor en lugar de aprovecharlo y permitir que fortalezca nuestros músculos espirituales. Dios quiere hacer crecer a sus hijos mediante las pruebas, no solamente hacer que se sientan cómodos. Él es demasiado bueno y demasiado sabio para dejar que sus hijos sigan siendo espiritualmente inmaduros, lloriqueando por todas las cosas que no son como quieren y exigiendo lo que quieren cuando se les da la gana. El objetivo de Dios para sus hijos es que lleguen «a ser como su Hijo» (Romanos 8:29). Y Dios no estará conforme hasta que sus hijos lo logren.

Cómo responder a una prueba

¿Cuál es la mejor manera de responder ante una prueba? Santiago dice primero que tenemos que responder con «sumo gozo» (Santiago 1:2, LBLA).

Ahora, ¿no le suena eso un poco rebuscado? ¿Cómo es posible que una persona tenga sumo gozo si su mundo se está haciendo pedazos? Esa es exactamente la pregunta que le harán sus hijos cuando se siente a explicarles en detalle esta virtud. La respuesta llega con el entendimiento de que no podemos confundir gozo duradero con alegría pasajera. La Biblia no dice que debemos disfrutar las pruebas como si fueran un placer. Dice que lo consideremos como una oportunidad para «[considerarnos] muy dichosos» (NVI). Hay una gran diferencia entre el sentimiento momentáneo de placer y la calma del alma que reconoce nuestro verdadero estado como dichosos.

El objetivo de Dios para sus hijos es que lleguen «a ser como su Hijo» (Romanos 8:29).

La alegría pasajera depende de las circunstancias. Describe esa sensación de calor y de entusiasmo que siente por dentro cuando todo sale como usted quiere. Si le diera a su hijo o hija un millón de dólares en efectivo, no hay ninguna duda de que él o ella estaría alegre. Pero la persona más alegre del mundo no necesariamente tiene gozo duradero. Considerarse dichoso es más que sentir una emoción; es una manera de pensar que cambia la vida. El gozo duradero es una sensación profunda de bienestar que puede sostener a su hijo o hija, aunque pierda ese millón de dólares.

La Declaración de Independencia de los Estados Unidos reivindica el derecho a la vida, a la libertad y a «la búsqueda de la felicidad». Pero tener la libertad de buscar la felicidad no garantiza que vayamos a encontrarla. Encontrarla no garantiza que vayamos a mantenerla. Mantenerla no garantiza que vayamos a apreciarla. ¿Por qué? Porque las emociones son pasajeras, impredecibles y poco confiables. Dios quiere darnos algo más que una «copia aceptable» de la satisfacción del alma. Quiere que tengamos sumo gozo.

Cuando lleguen las pruebas, enséñeles a sus hijos a darse cuenta de que Dios está planeando algo aún más grande. Ayúdelos a ver que todo debe pasar primero por la mano de Dios, antes de llegar a ellos. No hay nada que les suceda en la vida de lo que Dios diga: «¡Uy! Eso no lo vi venir...». Si Dios lo permitió, es porque tiene un propósito para eso. Cuando sus hijos estén sufriendo, ayúdeles a buscar el propósito de Dios: su tesoro en la prueba.

Eso no quiere decir que les enseñe a sus hijos a evitar el dolor o a fingir que están alegres cuando no lo están. Las Escrituras no dicen que nos *sintamos alegres* durante las pruebas; más bien, debemos «[considerarnos] muy dichosos». La palabra griega para *considerar* es un término usado en contabilidad que significa «estimar» o «tener en cuenta»[2]. Eso es lo que Santiago nos pide que hagamos durante una prueba. La prueba y el dolor quizás no tengan sentido en sí mismos, pero tenemos que tener todo lo demás en cuenta y evaluarlo desde una perspectiva espiritual general y, al hacerlo, reconocer que llegará el bien. Estamos predestinados a reconocer que existe un propósito más grande para todo.

La actitud de sus hijos determinará su resultado. Enseñarles que, a veces, la respuesta correcta a la prueba acelera su fin es otra manera de enseñarles a ver el bien mayor como algo más valioso que la pérdida y el dolor temporales. Este gozo es una decisión, no una emoción. Cuando nos consideramos dichosos en las pruebas, demostramos nuestra fe en la soberanía de Dios. En segundo lugar, porque la vida implica dolor, y ninguno de nosotros puede evitarlo, es importante saber cómo abordar ese dolor, para que una «raíz [...] de amargura» (Hebreos 12:15) no brote para ahogar la vida abundante.

Jesús es el gran ejemplo en esto. La Biblia dice que él soportó la cruz porque previó el gozo de su resurrección, de su exaltación y de la redención de la humanidad (Hebreos 12:2). Él no sentía placer en cuanto a ir a la cruz. Oró para que su copa de dolor lo pasara de largo, si había alguna manera de que eso fuera posible (Mateo 26:39).

Pero él lo consideró un gozo porque estaba logrando la voluntad de su Padre al redimirnos a nosotros del pecado. Piense en una madre que está en trabajo de parto. Siente mucho dolor, pero también hay mucho gozo. No es un dolor sin esperanzas, porque está abocada al bien mayor que pronto llegará.

De manera similar, Dios usa las pruebas en nuestra vida para revelar un bien mayor. Cuando les enseñamos a nuestros hijos a mantener sus ojos en Cristo y en la esperanza de su gloria y su bondad, estamos enseñándoles cómo responder al sufrimiento de la vida.

Otra cosa que Dios nos enseña a hacer ante las pruebas es pedirle ayuda.

Santiago dice que si le pedimos sabiduría a Dios, él nos la dará gratuita y generosamente (1:5). ¿Cuál es la sabiduría que necesitamos pedirle a Dios? La sabiduría para saber cómo manejar la prueba. Enséñeles a sus hijos a orar pidiendo la sabiduría de Dios, pero no a medias. Como dice Santiago: «Cuando se la pidan, asegúrense de que su fe sea solamente en Dios, y no duden, porque una persona que duda tiene la lealtad dividida y es tan inestable como una ola del mar que el viento arrastra y empuja de un lado a otro. Esas personas no deberían esperar nada del Señor; su lealtad está dividida entre Dios y el mundo, y son inestables en todo lo que hacen» (1:6-8).

> *Cuando les enseñamos a nuestros hijos a mantener sus ojos en Cristo y en la esperanza de su gloria y su bondad, estamos enseñándoles cómo responder al sufrimiento de la vida.*

La sabiduría, como ya vimos, es la capacidad de aplicar la verdad espiritual a las situaciones de la vida. La persona instruida ha acumulado mucha información, pero la persona sabia sabe cómo recurrir a esa información para aplicarla a la vida. Dios nos da sabiduría sin reservas cuando se la pedimos.

Las pruebas producen un resultado perfecto

En Santiago 1:4, leemos que las pruebas producen constancia, y la constancia produce el resultado perfecto que Dios quería: «Así que dejen que crezca, pues una vez que su constancia se haya desarrollado plenamente, serán perfectos y completos, y no les faltará nada».

Un día, un muchacho descubrió un capullo en un árbol del patio de su casa. Estudió detenidamente el capullo, buscando alguna señal de vida. Al fin, varios días después, el muchacho vio lo que había esperado ver. Dentro del caparazón vaporoso, una mariposa recién formada luchaba por salir. Lleno de compasión por la pequeña criatura, el muchacho usó su navaja para agrandar el agujero.

Exhausta, la mariposa salió atropelladamente y quedó tendida. Lo que el muchacho no sabía es que la lucha por escapar estaba diseñada para fortalecer el sistema muscular de la mariposa y prepararla para el vuelo. Su acto de «compasión» involuntariamente había incapacitado a la mariposa y la había condenado a la muerte.

La noche anterior a ser crucificado, Jesús oró a su Padre, pidiéndole que no nos sacara de este mundo, sino que nos protegiera *en* este mundo. Jesús se dio cuenta de que la meta no era evitarnos las pruebas, sino ayudarnos a atravesarlas. Ese concepto podrá parecerle problemático a usted como padre, tanto como a sus hijos, pero muchos tenemos la idea equivocada de que la vida del reino debería estar libre de pruebas. No es así. Imagine que un jugador de baloncesto llega a la línea de banda y dice: «Bueno, entrenador, yo hubiera anotado. Pero cada vez que me acercaba para hacer un tiro, algún tipo del equipo contrario me ponía la mano delante de la cara». No hay que ser un entrenador muy experimentado para llegar a la respuesta correcta: «El tipo del otro equipo está para ponerte la mano en la cara; así es este juego. Su trabajo es hacer todo lo que pueda para que tú no tengas éxito». En el baloncesto, como en la vida, los obstáculos son inevitables.

Dios entiende que el proceso de vencer las pruebas es tan importante como el resultado. Es por eso que a veces elige no librarnos de determinadas situaciones. Recuerdo haber llevado a mi hijo Anthony al médico cuando era niño. Cuando nos dieron el diagnóstico, le recetaron una vacuna. «No, papi —gritó él—. ¡No dejes que me pinchen!». Se le llenaron los ojos de lágrimas. No entendía por qué yo lo sujetaba en su lugar para que él recibiera un pinchazo doloroso. Creía que yo, siendo su padre, debía liberarlo. Yo era indudablemente más grande que el doctor. Sin embargo, permití que el doctor le diera la vacuna porque sabía que Anthony la necesitaba para recuperarse.

La voluntad de Dios hará lo mismo con cada uno de nosotros en una prueba, si él entiende que esa prueba producirá un resultado mayor. Teniendo esto en mente, uno de los mejores regalos que puede darle a su hijo o hija es la sabiduría para entender la soberanía de Dios y de qué se tratan las pruebas. Padres, recuerden que al ayudar a sus hijos a madurar en sus pruebas, simultáneamente Dios quizás esté ayudándolos a ustedes a madurar también.

15

LA PUREZA

Decir que Dios le da un altísimo valor a la pureza sexual es aminorar la cosa. La razón por la que muchas personas regalan la intimidad sexual con tanta facilidad es porque no saben lo valiosa que es la pureza sexual a los ojos de Dios. Aquello que usted considera barato, lo malgasta. Lo que considera que vale demasiado, se aferra a ello.

Una de las grandes tragedias de hoy es que si sus hijos están en la escuela pública, lo más probable es que reciban información nociva e incorrecta sobre el sexo. Incluso si su escuela no distribuye preservativos, la mentalidad del «sexo seguro» sigue impregnando gran parte de lo que se enseña. Y esta mentalidad se desliza sigilosamente en las escuelas cristianas también. Indudablemente, es algo preponderante en el entretenimiento convencional. Entonces, quiera usted abordar el tema con sus hijos o no, el darles las herramientas para enfrentar este desafío y mantener su pureza sexual es una de las cosas más importantes que puede darles. No puede ignorarlo, porque sus cuerpos no lo ignorarán, por más que usted desee que así sea.

El sexo es una pasión legítima y lícita que Dios nos ha dado. Cuando sus niños se conviertan en adolescentes, sentirán las hormonas que Dios les puso para servir a sus propósitos para la familia, la procreación y el placer en el momento adecuado. En lugar de actuar como que esta realidad no existe, ore con y por sus hijos para que sus deseos sexuales legítimos y lícitos no los dominen. El sexo es parte del ADN creado por Dios, pero nunca fue diseñado para ser nuestro amo.

El sexo es como un fuego. Contenido en la chimenea, el fuego nos mantiene a todos calientitos. Sin embargo, si libera el fuego, toda la casa se quemará. Usted no quiere darle rienda suelta al fuego que hay en su casa. Lo quiere contenido para que genere calor pero no destrucción. Libertad no significa hacer todo lo que *queremos* hacer. Libertad es hacer lo que *debemos* hacer... y no hacer lo que no debemos hacer.

Sí, el sexo es una cuestión espiritual

El cuerpo y el espíritu están íntimamente relacionados. Para el cristiano, el sexo es una cuestión espiritual. Una persona no puede adorar a Dios el domingo, involucrarse en la inmoralidad sexual el lunes y mantener ambas cosas por separado, porque el cuerpo —no solo el espíritu— es para el Señor. A decir verdad, cada vez que el cristiano practica la sexualidad, sea física o mentalmente, Cristo también está ahí en ese momento. Y también el Espíritu Santo, y él se entristece.

Una de las primeras cosas que debe enseñarles a sus hijos en cuanto a la pureza sexual es la razón primordial que hay detrás de ella: que ellos fueron comprados por un precio muy alto, la muerte y la sangre misma de Jesucristo. Ya no son dueños de sí mismos; ahora le pertenecen a Jesucristo. Como consecuencia, las decisiones que tomen respecto a su cuerpo (ya sean hacerse perforaciones, consumir sustancias o involucrarse en actividades sexuales), todas deben ser tenidas en cuenta según glorifiquen o no a Aquel a quien le pertenecen. Pablo escribió: «Porque Dios los compró a un alto precio. Por lo tanto, honren a Dios con su cuerpo» (1 Corintios 6:20). Esa es la pregunta más importante acerca de las múltiples cuestiones que se relacionan con el cuerpo, porque el cuerpo es el templo del Espíritu Santo.

En 1 Corintios 6:18, Pablo subraya la naturaleza espiritual del sexo: «Ningún otro pecado afecta tanto el cuerpo como este, porque la inmoralidad sexual es un pecado contra el propio cuerpo». La inmoralidad sexual no es como ningún otro pecado, porque su naturaleza destructiva deja un daño duradero en el propio cuerpo de quien la practica.

Ni las drogas ni el delito pueden compararse con el sexo en su destructividad, porque el pecado sexual conlleva sus propios problemas intrínsecos y autodegradantes. Esto surge de la realidad de que el sexo combina de manera única lo físico y lo espiritual.

El acto sexual significa que se ha efectuado una relación espiritual, un vínculo de pacto que fue diseñado para suceder únicamente dentro del matrimonio. Por lo que, en una relación espiritual ilegítima (como el sexo prematrimonial), cuando una persona se desvincula de ella, se retira con cicatrices espirituales, físicas y emocionales. Frecuentemente,

La inmoralidad sexual no es como ningún otro pecado, porque su naturaleza destructiva deja un daño duradero en el propio cuerpo de quien la practica.

esas cicatrices luego son traspasadas a la siguiente relación de la persona, afectando también la autoestima de esa persona, lo cual impacta sus decisiones y sueños futuros. El sexo prematrimonial les roba el futuro a los jóvenes de muchas maneras más que el simple riesgo de un embarazo no planificado. Reforma su manera de pensar sobre los demás, sobre sí mismos y sobre Dios. Dios le da muchísimo valor a la virginidad y a la pureza sexual.

Es probable que este no sea un mensaje que su hijo o hija escuche de parte de sus compañeros en la escuela. Por ese motivo, es muy importante que usted se adelante en esta área de tentación en su vida, estableciendo desde etapas tempranas la manera de pensar del reino en cuanto a la pureza sexual.

La pureza sexual implica algo más que mantenerse alejado del acto consumado de la relación sexual. En su carta a la iglesia de Corinto, Pablo abordó de frente este tema cuando escribió: «Bueno es para el hombre no tocar mujer» (1 Corintios 7:1, LBLA). La palabra que se tradujo *tocar* tiene como base el verbo que significa «encender», como encender un fuego[1]. Llegó a entenderse como un eufemismo de la pasión sexual. Y Pablo nos dice que es bueno ni siquiera encender el fuego.

El tratado sobre el amor apasionado que encontramos en el libro de Cantar de los Cantares habla directamente de la manera de encarar la pureza sexual con nuestros jóvenes. Para mantener la pureza sexual, es necesaria la protección en forma de supervisión; no es algo que sucede por casualidad. Como padres, tenemos que ser intencionados en esta área que puede desenfrenarse tanto. Como dice Cantares: «Tenemos una hermanita demasiado joven para tener pechos. ¿Qué haremos con nuestra hermana si alguien pide casarse con ella? Si es virgen como un muro, la protegeremos con una torre de plata; pero si es promiscua como una puerta que gira, le trabaremos la puerta con una barra de cedro» (8:8-9).

Estos hermanos mayores sabían que cuando su hermana más joven fuera «pretendida», cuando ese hombre joven la eligiera como el objeto de su cariño, comenzaría la batalla. Hablaban en términos de guerra y de medidas defensivas (trabar la puerta y proteger con una torre). La pureza sexual debe ser protegida a toda costa debido a su valor extremado.

La idea de Dios es que la relación sexual sea preservada para un hombre y una mujer en el contexto del matrimonio. El sexo no es una manera de agradecer una cita agradable. El sexo no les fue dado a las personas para que liberen tensiones ni para que tengan un pasatiempo. El sexo no está solo para que las personas se sientan bien. Dios nos dio el sexo para que expresemos el compromiso y la entrega total dentro del pacto con otra persona.

Enséñeles a sus hijos que esperen hasta que Dios les dé la persona con la que se casarán. Ore con ellos por esa persona. Recuérdeles habitualmente su valor, su pureza y su estima. Recuérdeles que es algo muy grave que uno dé rienda suelta a su sexualidad fuera de la seguridad de un matrimonio exclusivo y para toda la vida.

El sexo también es una cuestión química

El acto sexual crea un vínculo espiritual y de pacto entre dos personas y Dios. Pero, además, la actividad sexual de cualquier tipo (no solo el coito) crea un vínculo psicológico entre dos personas. El sexo no necesariamente sucede en la habitación. Más bien, se produce en las conexiones químicas que operan en el sistema límbico del cerebro[2].

Hay una parte del cerebro llamada diencéfalo, que contiene otras dos partes: el tálamo y el hipotálamo. Esto quizás suene demasiado científico, pero, dentro de esas áreas del cerebro, las reacciones químicas se producen a partir de los actos de ver, escuchar, oler, contemplar, abrazarse y excitarse en cualquier nivel, y las reacciones son aún mayores cuando van acompañadas de la atracción. Es una mezcla sumamente compleja de sustancias químicas diseñada por Dios para producir una respuesta intencionada dentro de nuestro matrimonio. Sin embargo, estos químicos no están sujetos al compromiso matrimonial; ocurren como una reacción a estas distintas actividades. Como puede ver, no existe tal cosa como el sexo seguro. Toda excitación, a cualquier nivel, produce una reacción que luego altera las secuencias de nuestro cerebro. Esto puede literalmente llamarse un romance químico.

En el matrimonio, todo esto es bueno. Fuera del matrimonio, no. Estos lazos químicos pueden dejar marcas duraderas, deseos intensos, huecos y hasta el síndrome de abstinencia. Pueden llevar a adultos jóvenes a tomar decisiones impetuosas sobre el matrimonio o a comprometerse antes de estar listos y preparados adecuadamente. El desamor más profundo suele producirse cuando una relación se desmorona, a veces dejando los efectos residuales de un dolor insoportable debido a la unión química sin compromiso.

Debido a que las sustancias químicas están conectadas con los altibajos fluctuantes de las relaciones rotas, pueden ser comparados con abandonar de una sola vez la adicción a la heroína. El deseo, el apego y los antojos del síndrome de abstinencia permanecen, simplemente por la marca química que han dejado en el cerebro. Si se mantiene la decisión de dejar de consumir heroína, será necesario otro generador químico adictivo para saciar la compulsión y adormecer el dolor. Así, se produciría un ciclo de conductas adictivas, o aparecerán los síntomas relacionados con tratar de detener los comportamientos adictivos (síntomas como la depresión, la confusión y la irritabilidad).

En esencia, la heroína causa una impresión o una marca duradera en el cerebro, que no desaparecerá por el simple hecho de no estar presente. Algo similar sucede durante la actividad sexual prematrimonial. Al acumular el suficiente dolor causado por el apego y el desgarro, el resultado es una infinidad de adolescentes que vuelven a recurrir al sexo para calmar el dolor o para llenar el vacío, o que buscan otras maneras de sobrellevar el dolor.

Los estudios científicos nos han aclarado la verdad que la Palabra de Dios nos ha enseñado todo el tiempo. Cuando vienen acompañadas de la atracción física, estas sustancias químicas pueden ser producidas por algo tan supuestamente inocente como el contacto visual o el sutil toque físico y los abrazos.

La clave para una vida sexual santa
por Jonathan Evans

Cuando yo tenía diecisiete años, mi padre me llevó a almorzar afuera para que tuviéramos una conversación seria y privada sobre la pureza. Él quería que yo entendiera claramente cuáles eran las expectativas que tenía Dios a medida que iba llegando la hora de irme de casa y de mudarme a la universidad. Me explicó que Dios me había llamado a la santificación: a vivir y caminar como alguien que cree. Continuó explicándome que Dios no me había llamado a la inmoralidad sexual y que la impureza era lo opuesto a ser santificado. Me dijo que Dios tenía todo un mundo de vida para acceder, la cual es la devoción a él, pero que las llaves de la impureza y de la inmoralidad no abrirían el camino a ese mundo. Cuando terminó la conversación, sacó una cajita y la deslizó sobre la mesa para que yo la abriera. En su interior, había un collar de oro con un pendiente con la forma de una llave. Mi reacción inicial fue la del típico muchacho de diecisiete años:

—Papá, este collar parece para una chica. ¿En serio quieres que lo use?

Afortunadamente para mí, mi papá me respondió que sí era para una chica.

—Es para la mujer que Dios ha dispuesto para que te cases con ella —me explicó. Siguió reiterándome que la llave representaba el acceso y había sido diseñada para una cerradura específica. Me explicó que esa llave tenía que dársela únicamente a la mujer con la que me casaría; ella sería la cerradura creada por Dios para mi llave. Terminó nuestro almuerzo diciendo:

—Toma esta llave y entra en el reino de la devoción, en lugar de iniciarte en el mundo de la inmoralidad.

El no esperar a la persona que está esperando para usted en el reino de Dios es conseguir el acceso a un lugar donde no es bienvenido. Como un ladrón, usted podría haberse metido, pero no se quedará ahí por mucho tiempo, y siempre habrá consecuencias.

Nuestra cultura ha decidido no usar la llave de la pureza, y todos estos ingresos ilegales han provocado el caos en nuestra sociedad actual. Las enfermedades de transmisión sexual, los embarazos de adolescentes, las madres solteras, la pobreza, la depresión, el suicidio y la ruptura familiar (descomponiendo el núcleo de la sociedad)... todos han sido consecuencia de ello. Para reducir el caos, primero tenemos que reducir la cantidad de ingresos ilegales. Es hora de que le enseñemos a la próxima generación la importancia de la clave del reino, que es la pureza.

Esto puede ser bueno, cuando es apropiado. La oxitocina es una hormona positiva que Dios nos dio para que trajera alegría y consolidara los vínculos en nuestra vida y en nuestras relaciones[3]. Solo se vuelve dañino cuando hay altos niveles de oxitocina asociados con un lazo ilegítimo con alguien fuera del matrimonio, especialmente cuando esa relación termina o se disipa con el tiempo. Una vez que ese químico se presenta y se cimienta en el cerebro, es difícil olvidarlo, descartarlo o satisfacerlo legítimamente.

Cuando Pablo les escribió a los ciudadanos de Corinto durante la cima de decadencia moral y espiritual que había en esa sociedad, era como si ya supiera sobre estas ataduras químicas. Dijo: «¿Y no se dan cuenta de que, si un hombre se *une* a una prostituta, se hace un solo cuerpo con ella?» (1 Corintios 6:16, énfasis añadido).

La palabra que Pablo utilizó, que se tradujo *unir*, en el lenguaje original significa «juntarse, [...] para pegar»[4]. Bajo la inspiración del Espíritu Santo, la carta de Pablo a los corintios fue científicamente tan sólida como cualquier artículo o estudio de las revistas médicas y psicológicas más recientes de la actualidad.

La actividad sexual y la posterior liberación de químicos que generan ataduras y que dejan su huella en el cerebro «pegan» o cimientan a las personas. Cuando esas personas deciden terminar la relación, ocurre una realidad psicológica dolorosa, fundamentalmente en las mujeres, cuyo sistema límbico (el que almacena esos depósitos y marcas químicas) es generalmente más grande que el de los hombres.

Cuando una reacción fisiológica tan fuerte se produce en el cerebro, frenar la acción es un desafío. Y, una vez que se detiene, volver a hacerlo es algo que se da más fácilmente y con mayor frecuencia. Podríamos compararlo con eliminar la marca favorita de cerveza de un alcohólico y luego enviarlo de vuelta a un bar, donde tendría una infinidad de otras marcas para elegir. ¿Dejaría él de beber su marca preferida? Sí. Pero ¿tendría las herramientas emocionales, físicas y espirituales que necesita para rechazar la oportunidad de probar una marca diferente? Probablemente no.

No estoy exagerando al remarcar lo importante que es que los padres del reino ayuden a sus hijos a comprender la necesidad espiritual de la pureza sexual. Esta es un área en la que vale mucho más prevenir que lamentar.

La enseñanza de Dios sobre lo sagrado que es el sexo y la naturaleza esencial de mantener pura la relación sexual, reservada para las dos personas casadas que se unieron en un pacto de compromiso, no debe ser para nada tomada a la ligera. Sabiendo lo profundamente adictiva y cimentadora que es la relación sexual, Dios advierte claramente: «¡Huyan del pecado sexual! Ningún otro pecado afecta tanto el cuerpo como este, porque la inmoralidad sexual es un pecado contra el propio cuerpo» (1 Corintios 6:18). En efecto, pecamos contra nuestro propio cerebro, y ni hablar de nuestro propio cuerpo a la luz de todas las potenciales enfermedades y de todo el daño que se puede causar física y espiritualmente.

Cuando el sexo se mantiene santo, facilita el camino hacia la verdadera intimidad y el auténtico conocimiento. Pero cuando el sexo se usa casual e incorrectamente, crea vínculos cementados que, cuando se rompen, dejan síntomas prolongados de inseguridad, dolor, abandono, falta de respeto por uno mismo y por los demás y una necesidad mayor de otro apego (haciendo, también, que los límites relacionales personales sean menos seguros para futuras relaciones).

> *El matrimonio es el único método de Dios para el sexo seguro.*

Para educar a sus hijos según el principio del reino sobre la pureza sexual, debe animarlos a que tengan por objetivo el valor que Dios nos ha dado en su Palabra. El matrimonio es el único método de Dios para el sexo seguro. Padres, no permitan que la cultura les provea a sus hijos la educación sexual. Más bien, edúquenlos con las capacidades adecuadas a cada edad y la sabiduría necesaria para que vivan victoriosamente en esta área de la vida.

16

El Servicio

En los Estados Unidos, es difícil encontrar estaciones de servicio que atiendan al cliente, a menos que esté en el Pacífico Noroeste; la mayoría de las estaciones de los Estados Unidos solo ofrecen el autoservicio. Recuerdo la época en que alguien salía a echar el combustible, limpiar las ventanillas, revisar el nivel del aceite y mirar las llantas. Ya no es así; de hecho, en estos tiempos, es raro ver a persona alguna. Usted pasa la tarjeta, llena su tanque y sigue su camino.

Lamentablemente, lo que vemos en las estaciones de servicio hoy en día también aplica al pueblo de Dios de muchas maneras. En lugar de haber personas que vengan al servicio de adoración, ahora aparecen para «la auto-adoración»... porque todo tiene que ver con ellos. Quieren los beneficios y las bendiciones del reino, sin invertir y servir en el reino. Aunque los beneficios o las bendiciones no tienen nada de malo, no encuentro nada en la Biblia que diga que la bendición debe terminar con quien la recibe. La bendición siempre tiene la finalidad de seguir adelante para beneficiar también a los demás (no solo de llegar a alguien). Nuestros hijos están creciendo en una «Generación Yo» como nunca antes. Las redes sociales y el fácil acceso a muchas cosas han cultivado en ellos un espíritu que busca la gratificación instantánea, como si eso fuera lo normal.

Muchos padres crían a sus hijos con la mentalidad de que todos los que los rodean están para servirlos a ellos. Volviendo a nuestra metáfora del Magic Kingdom del comienzo de este libro, cuando usted ingresa al Magic

La bendición siempre tiene la finalidad de seguir adelante para beneficiar también a los demás (no solo de llegar a alguien).

Kingdom, lo reciben con sonrisas permanentes; los empleados lo ayudan en todo el recorrido, las actividades son divertidas, la comida es sabrosa, los personajes disfrazados con sus trajes están saludando con la mano y dando abrazos... y, hoy en día, la mayoría de los niños piensan que todo en la vida debería funcionar de esa manera.

Demasiados niños han sido educados con la mentalidad distorsionada del príncipe y la princesa, que los lleva a creer que el mundo en el que viven gira alrededor de ellos. No obstante, cuando lleguen a la adultez, tendrán un brusco despertar. No solo es que el mundo real no funciona así; tampoco el reino de Dios. Nosotros somos realeza en el reino de Dios, pero su reino no es el Magic Kingdom; en el reino de Dios, Cristo nos ha llamado a arremangarnos la camisa y ponernos a servir.

El Jesús que vino a darnos vida en abundancia es el mismo Jesús que nos pide que tomemos nuestra cruz, y que lo hagamos todos los días (Lucas 9:23). El servicio debería ser un modo de vida: una mentalidad de servicio tanto en usted como en sus hijos, porque fuimos llamados a servir. En Efesios, leemos: «Pues somos la obra maestra de Dios. Él nos creó de nuevo en Cristo Jesús, a fin de que hagamos las cosas buenas que preparó para nosotros tiempo atrás» (2:10). Las buenas obras incluyen actos o actividades que benefician a los demás a la vez que glorifican a Dios. Básicamente, las buenas obras significan servicio.

Ya sea que el servicio implique un acto que se realiza por única vez (como repartir regalos navideños a las familias necesitadas, o darle una botella de agua al cartero cuando llega a la puerta en el verano), o que se trate de un compromiso a largo plazo para mejorar la vida de los demás, todo servicio es importante para Dios. Cuando el servicio es tanto una actitud como una virtud, sus hijos buscarán maneras de servir regularmente a lo largo de su vida.

En Gálatas, leemos: «Pues ustedes, mis hermanos, han sido llamados a vivir en libertad; pero no usen esa libertad para satisfacer los deseos de la naturaleza pecaminosa. Al contrario, usen la libertad para servirse unos a otros por amor» (5:13). Una manera de expresar nuestra identidad en Cristo es a través del servicio. La libertad que Cristo compró para nosotros en la cruz tiene el fin de ser un catalizador para nuestro servicio. El cristiano que no sirve es una contradicción.

Cuando sus hijos llegan a cierta edad, usted espera que consigan un empleo. Hasta ese momento, usted es más que feliz de alimentarlos, vestirlos y comprarles cosas. Sin embargo, a partir de determinada edad, es responsabilidad de su hijo o hija comprarse la ropa nueva que tanto desea. Lo mismo es válido para nosotros como hijos del Rey. Llega un momento en nuestro desarrollo y madurez espiritual en el que se espera que sirvamos. Tenemos que convertirnos en colaboradores del programa del reino de Dios, más que ser solamente receptores en él.

La libertad que Cristo compró para nosotros en la cruz tiene el fin de ser un catalizador para nuestro servicio.

El creyente que no sirve a otros no puede recibir plenamente todo lo que Dios tiene reservado para él. Si todo es para él, Dios pierde el interés en seguir bendiciéndolo. Sí, Dios sigue amándolo, pero si el creyente no promueve el programa y el plan de Dios, Dios buscará a otra persona para bendecir. Dios salva al pecador para que ese pecador luego pueda servir.

¿Qué haría usted con una refrigeradora sin ganas de enfriar, o con una estufa sin ganas de calentar, o con un abrelatas sin ganas de abrir ninguna lata? Probablemente los reemplazaría por aparatos domésticos que funcionaran según el propósito para el que fueron inventados. Posiblemente, llegaría a la conclusión de que la refrigeradora, la estufa y el abrelatas sencillamente no entienden por qué fueron elegidos para estar en su cocina.

Todos y cada uno de nosotros, como hijos en el reino de Dios, hemos sido creados con un propósito, y ese propósito es servir a Dios. Pero muchos no entendemos ese propósito.

El epitafio del rey David debe ser el objetivo de cada uno de nosotros, incluso nuestros hijos: «Pues, después de haber hecho la voluntad de Dios en

El servicio de Navidad

por Priscilla Shirer

Navidad.

Esa sola palabra evoca una ráfaga de nostalgia para la familia Evans. Mi madre, a quien llamábamos cariñosamente «Señora Claus» durante el mes de diciembre, adora este día. Siempre le ha gustado. Apenas estábamos digiriendo el pavo del Día de Acción de Gracias, cuando ella ya empezaba a hacer planes y preparativos para la época más feliz del año. Y parte de ese plan dejaría una huella imborrable en mí, grabando su enseñanza de vida en mi alma como un hierro de marcar recién salido de las brasas.

Nosotros *dábamos* regalos en Navidad.

Ah, también los recibíamos. Nuestro árbol escondía una gran cantidad de sorpresas bajo sus ramas, los cuales esperaban que corriéramos a abrirlas apenas despuntaba la mañana del 25. Pero, *antes* de ese día, nosotros ya habíamos entregado regalos en el hogar de otros también. Llevábamos la Navidad afuera de las paredes de nuestra propia casa.

Todos los años, mis padres buscaban una familia que tuviera hijos de edades parecidas a las nuestras, que necesitaran ayuda para las fiestas. Juntos comprábamos (o hacíamos) regalos, los envolvíamos y luego salíamos a conocer a nuestros nuevos amigos, a pasar tiempo con ellos y a compartir golosinas.

Recuerdo todo con mucha claridad. Tan pronto como tocábamos el timbre y atravesábamos el umbral de la casa, era como desenvolver un regalo nuestro. Los ojos y los semblantes de los niños se iluminaban, los hombros de la madre agotada descansaban, las sienes tensas del padre se relajaban y el hogar palpitaba con el entusiasmo y la paz que vibraban en el aire como la corriente eléctrica en un cable. ¡Ah, qué felicidad era aquello! Salíamos con las manos vacías pero con el corazón lleno.

Fue uno de los mejores regalos navideños que recibimos, desde entonces y hasta la actualidad. Recibimos un corazón generoso para los demás. El don de dar. La satisfacción de servir. Y todo porque, cada año, mis padres priorizaban la estrategia de planificar esta actividad familiar.

En mi familia, hemos hecho lo mismo para que nuestros hijos también conozcan este placer incomparable. Cada diciembre, me llevo de compras a los muchachos. Ellos dejan de lado sus largas listas navideñas y recorren los pasillos de las tiendas buscando satisfacer los deseos de otra persona. Yo no hago las compras por ellos para no robarles el puro deleite que llena su corazón cuando la generosidad derriba, ladrillo por ladrillo, el muro de la soberbia egocéntrica. *Ellos* oran por los niños cuyas fotos he pegado en la puerta de su cuarto, mientras tenemos en cuenta qué regalos podrían ser más adecuados para cada uno. *Ellos* eligen los regalos que más desean, resistiendo el deseo de quedarse con los mejores para sí mismos. Y *ellos* nos acompañan a mi esposo y a mí al hogar de esa familia para que *ellos* puedan conocer el gozo de dar durante una época famosa por el hecho de recibir.

La entrega del servicio. No es solo una tradición navideña. Es el legado de la familia del reino que las generaciones nunca deben perder con los años.

su propia generación, David murió, fue enterrado con sus antepasados y su cuerpo se descompuso» (Hechos 13:36).

En la cruz, Jesucristo pagó el precio por comprar la salvación de los hijos de usted, pero no la compró simplemente para que sus hijos se sentaran, se pusieran en remojo y se echaran a perder. Tampoco lo hizo para que sus hijos fueran nada más que los receptores de las bendiciones de él. La compró para que sus hijos pudieran glorificarlo en todo lo que hicieran (vea 1 Corintios 6:20). Así como David, sus hijos están llamados a no hacer menos que servir al propósito de Dios en su propia generación. No se olvide que cada uno de ellos tiene el llamado de servir al «propósito de Dios» en su vida, no el que *usted* tiene para ellos. En vez de decirles lo que *usted* piensa que deberían estar haciendo, ayúdelos a descubrir el llamado de Dios al servicio. Una de mis mayores luchas y áreas de fracaso como padre fue presionar demasiado a mis hijos, especialmente en sus primeros años. Yo quería que se involucraran en áreas de la iglesia que a ellos no les interesaban en absoluto. Por ejemplo, a un par de ellos les gustaba el coro juvenil, pero a los otros no. Al obligarlos a participar, les causé una frustración, en lugar del deseo de servir en la iglesia. Gracias a Dios, Lois me ayudó a darme cuenta de esto, y aprendí a no usar el mismo molde para todos mis hijos en cuanto al servicio. En lugar de ello, procuré animarlos a conectarse con el lugar donde mejor pudieran servir.

La grandeza a través del servicio

En Marcos 10, leemos acerca de la ocasión en que Jesús trató con sus discípulos el tema de su actitud con respecto a la grandeza. Dos de ellos, Santiago y Juan, le habían pedido a Jesús si podían sentarse a su izquierda y a su derecha en el reino de Dios. Ellos buscaban su propia grandeza. Y, si bien la grandeza no tiene nada de malo en sí misma (de hecho, Jesús no los castigó por su deseo de ser grandes), lo que Jesús les aclaró es cómo la persona tiene que comportarse para llegar a ser grande:

> Cuando los otros diez discípulos oyeron lo que Santiago y Juan habían pedido, se indignaron. Así que Jesús los reunió a todos y les dijo: «Ustedes saben que los gobernantes de este mundo tratan a su pueblo con prepotencia y los funcionarios hacen alarde de su autoridad frente a los súbditos. Pero entre ustedes será diferente. El que quiera ser líder entre ustedes deberá ser sirviente, y el que quiera ser el primero entre ustedes deberá ser esclavo de los demás. Pues ni aun el Hijo del Hombre vino para que le sirvan, sino para servir a otros y para dar su vida en rescate por muchos». (Marcos 10:41-45)

Jesús no dijo: «No tengan el deseo de ser grandes». Dijo: «Si quieren llegar a ser grandes, sirvan». Así es como se hace. Inculque en sus hijos el deseo de grandeza, pero también enséñeles que esto se logra mediante la virtud del servicio. En el reino de Dios, se asciende la escalera yendo hacia abajo.

Cuando, algún día, sus hijos se paren delante de Jesús en el trono de juicio de Cristo para recibir la recompensa por sus obras, en ninguna parte de la Biblia dice que Dios revisará la lista de asistencia de la escuela dominical (aunque la escuela dominical es importante para inculcar virtudes santas). Pero lo que sí va a ser revisado es dónde y con qué espíritu sirvieron sus hijos: qué tan bien se amaron unos a otros. ¿Cuántos vasos de agua fría dieron sus hijos en el nombre de Jesús (vea Marcos 9:41)?

Hay una sutil distinción que debe hacerse con respecto al servicio. El servicio hecho con la correcta actitud de corazón es el que se realiza sin esperar nada a cambio. Se brinda para que Jesús sea glorificado. Hacer algo por otro y esperar que esa persona, a cambio, haga algo por usted se llama hacer negocios, no brindar servicio. Y, aunque no tiene nada de malo hacer negocios, nosotros queremos que nuestros hijos comprendan que servicio es solamente cuando se hace con el simple propósito de glorificar a Dios y de ayudar a otros. Por más pequeño que sea el acto, cuando va acompañado por el espíritu de servicio adecuado, Dios le presta atención. El Señor ha llamado a su hijo o hija a una vida de grandeza, y esa grandeza llega caminando la senda del servicio.

> *Inculque en sus hijos el deseo de grandeza, pero también enséñeles que esto se logra mediante la virtud del servicio. En el reino de Dios, se asciende la escalera yendo hacia abajo.*

La humildad

Para que el servicio verdaderamente honre a Dios, debe sostenerse en un corazón de humildad. En Filipenses, leemos:

> No sean egoístas; no traten de impresionar a nadie. Sean humildes, es decir, considerando a los demás como mejores que ustedes. No se ocupen solo de sus propios intereses, sino también procuren interesarse en los demás.
>
> Tengan la misma actitud que tuvo Cristo Jesús.
>
> Aunque era Dios,
>   no consideró que el ser igual a Dios
>   fuera algo a lo cual aferrarse.

En cambio, renunció a sus privilegios divinos;
adoptó la humilde posición de un esclavo
y nació como un ser humano.
Cuando apareció en forma de hombre,
se humilló a sí mismo en obediencia a Dios
y murió en una cruz como morían los criminales. (Filipenses 2:3-8)

Jesús existía en forma de Dios, pero él no consideró que esa forma fuera algo a lo cual debiera aferrarse. Él rechazó esa forma; no la abrazó con tal fuerza como para no poder rebajarse lo suficiente para servir a los demás. En cambio, se despojó a sí mismo para poder servir a otros. La palabra griega utilizada para *esclavo* en este pasaje es el término *doulos*[1].

En la cultura romana de la época en que Jesús vivió, un *doulos* era lo más bajo que uno podía ser. De esto aprendemos que Jesús no se contentaba solo con llevar un poco de efectivo o unas bolsas de comida en el carro para dárselo a algún indigente mientras andaba por ahí. Eso se llama caridad, no servicio. En cambio, Jesús adoptó la forma de siervo; de hecho, la forma más baja de siervo: el rango de esclavo. Y, como coherederos y coherederas con Cristo, nosotros no debemos hacer menos. Sus hijos no deben hacer nada menos.

Padres, en la medida que les enseñen a sus hijos la virtud esencial del servicio, denles un corazón de servicio. Denles un corazón de sacrificio por su Salvador y compasión por su prójimo. Permítanles ver cómo ustedes sirven a los demás, porque al ser un modelo de este corazón ante ellos, ustedes serán sus mejores maestros. Y que la compasión sea la guía de ellos.

La compasión

Las Escrituras nos enseñan que la fe genuina se demuestra en la compasión. Pero no se trata solo de sentir compasión; nosotros somos llamados a tener compasión en acción, a ser compasivos. Es «visitar a los huérfanos y a las viudas en sus aflicciones» (Santiago 1:27, LBLA). La palabra griega para *visitar* en este versículo no significa pasar de vez en cuando para ver cómo les están yendo las cosas. La palabra original quiere decir «ir a ver» a las personas para cuidarlas y satisfacer sus necesidades[2]. La verdadera religión no es egoísta. Ayuda a los que no pueden hacer nada por nosotros en retribución.

En la economía del mundo del primer siglo, los huérfanos y las viudas eran las personas más desamparadas de la sociedad. Eran los más pobres entre los pobres. A menudo, necesitaban ayuda, pero no podían ofrecerles nada a cambio a quienes los ayudaban. Y, como las viudas y los huérfanos eran básicamente indefensos, solían ser víctimas de la injusticia. Dios le advirtió a su pueblo que se asegurara de defender a los desamparados.

En Isaías 1:11-17, Dios le dirige a Israel unas palabras duras. Comienza preguntando:

> «¿Qué les hace pensar que yo deseo sus sacrificios?
> —dice el Señor—.
> Estoy harto de sus ofrendas quemadas de carneros
>   y de la grasa del ganado engordado.
> No me agrada la sangre
>   de los toros ni de los corderos ni de las cabras.
>   [...] aunque hagan muchas oraciones, no escucharé.
>   (versículos 11, 15)

¿Qué había hecho Israel para que Dios despreciara sus sacrificios y sus oraciones? Las Escrituras continúan relatando la historia: «Tienen las manos cubiertas con la sangre de víctimas inocentes» (versículo 15).

En otras palabras, Israel era un lugar donde la injusticia prosperaba. Los desamparados eran maltratados por los poderosos. Las cosas estaban tan mal, que la práctica religiosa hipócrita del pueblo asqueaba a Dios.

Esto es lo que les pidió que hicieran para corregir la situación: «¡Lávense y queden limpios! Quiten sus pecados de mi vista. Abandonen sus caminos malvados. Aprendan a hacer el bien. Busquen la justicia y ayuden a los oprimidos. Defiendan la causa de los huérfanos y luchen por los derechos de las viudas» (versículos 16-17).

Para vivir una fe que sea valiosa para Dios, debemos tender nuestra mano a los que no pueden ayudarse a sí mismos. Eso es lo que nuestro Padre celestial hizo por nosotros. Cuando éramos pecadores y no podíamos hacer nada para retribuirlo, Dios en Cristo, se «hizo pecado por nosotros, para que fuéramos hechos justicia de Dios en Él» (2 Corintios 5:21, LBLA). Dios quiere que eduquemos a hijos del reino quienes se ocuparán de las necesidades de los desamparados en el reino. Es de esta manera que nuestros hijos verdaderamente serán portadores de la imagen de nuestro Rey.

Sin embargo, la compasión a través del servicio no solo nos motiva a ayudar a los necesitados, también nos anima a hacernos responsables permanentemente de hacerlo. Este es un aspecto decisivo en el cual el cuerpo de Cristo ha fallado. Hemos dejado en manos del gobierno nuestra responsabilidad espiritual de ayudar a los necesitados que hay entre nosotros. Las Escrituras nos preguntan: «Amados hermanos, ¿de qué le sirve a uno decir que tiene fe si no lo demuestra con sus acciones? ¿Puede esa clase de fe salvar a alguien?» (Santiago 2:14). En otras palabras, ¿de qué sirve una religión que es solo palabras? El llamado a servir a los indefensos y a los necesitados es un tema muy fuerte que se repite a lo largo de las Escrituras y, particularmente, en el Nuevo Testamento. En 1 Juan, leemos:

> Conocemos lo que es el amor verdadero, porque Jesús entregó su vida por nosotros. De manera que nosotros también tenemos que dar la vida por nuestros hermanos. Si alguno tiene suficiente dinero para vivir bien y ve a un hermano en necesidad pero no le muestra compasión, ¿cómo puede estar el amor de Dios en esa persona?
>
> Queridos hijos, que nuestro amor no quede solo en palabras; mostremos la verdad por medio de nuestras acciones. (1 Juan 3:16-18)

Juan dice que nuestra fe debe abarcar tanto la convicción como el servicio. No es cuestión de una u otra cosa; son ambas. En Mateo 25:31-46, Jesús dijo que las ovejas lo vieron con hambre, con sed, desnudo, como un extranjero y en prisión, y satisficieron sus necesidades. Las cabras vieron las necesidades de Jesús, pero no hicieron nada. Las ovejas preguntarán: «Señor, ¿en qué momento te vimos [con necesidades y te servimos]?» (versículos 37-39). Jesús responderá: «Les digo la verdad, cuando hicieron alguna de estas cosas al más insignificante de estos, mis hermanos, ¡me lo hicieron a mí!» (versículos 40).

En otras palabras, Jesús acredita en su cuenta en el cielo cada vez que usted ayuda a las personas necesitadas. En su época, las viudas y los huérfanos estaban considerados como «los más humildes» de la lista. Cuando usted cría a sus hijos con una sensibilidad hacia los necesitados, los prepara para cosechar las bendiciones de Dios en su vida.

Una de las maneras que pude ser ejemplo de esta mentalidad para mis hijos fue alcanzando a un muchachito de una madre soltera cuyo padre estaba ausente. Solía invitarlo a que nos acompañara en los devocionales familiares y a comer, o veía que se sentara con nosotros en la iglesia. Esta especie de ser mentor en el estilo de vida puede lograrse simplemente al incluir en sus actividades normales a quienes están alrededor de usted.

Alentamos a los miembros de nuestra iglesia para que sean mentores intencionados mediante el programa de alcance comunitario que tiene nuestra iglesia en colaboración con unos colegios. Cada año, enviamos cientos de mentores a las escuelas públicas para charlar sobre la vida, dar consejos y causar un impacto en quienes corren el riesgo de tomar malas decisiones a causa de sus hogares arruinados o inestables. También apoyamos a los jóvenes a través del programa deportivo de nuestra iglesia (alrededor de mil niños por año vienen al campus de la iglesia para participar) así como a través de otras actividades. Nuestra iglesia ha estado haciendo esto durante veinticinco años, y seguimos viendo los frutos cuando estos niños que no tienen planes para ir a la universidad vislumbran una esperanza que cambia el curso de su vida; lo cual los guía, finalmente, al destino que Dios tiene preparado para ellos[3]. Muchos de nuestros mentores cultivan relaciones que llegan a ser más profundas que un programa, porque nacieron en un espíritu de auténtico servicio y amor.

Pablo, quien fue un modelo de servidor a un gran costo personal, nos pide que también nosotros tengamos la mentalidad de Cristo cuando sirvamos. No se trata de una actitud caritativa, en la que damos de lo que nos sobra para satisfacer las necesidades de otros. Servir es dar de uno mismo para satisfacer de manera continua las necesidades de quienes nos rodean. A pesar de que Cristo es el Rey de reyes, se humilló a sí mismo al punto de morir. Lo que dio le costó mucho. Jesús servía porque tenía una cosmovisión que veía más allá del presente. Él no vio solamente la cruz; también vio la victoria que lograrían la cruz y la resurrección. No vio solamente el dolor; también nos vio a usted y a mí viviendo en salvación. Vio a sus hijos.

Nosotros hemos recibido un don inmenso y maravilloso mediante el servicio de Cristo en la cruz: la vida eterna. Lo único que pide a cambio es que tengamos la misma manera de pensar que él estuvo dispuesto a tener: la mentalidad de servir.

Padres, la actitud de servir es una herramienta poderosa para los hijos del reino. Puede llevarlos muy lejos, porque Dios da gracia a los humildes y exalta a los que sirven, como exaltó a Jesús. Dios sí desea bendecir a sus hijos, pero también desea que esta bendición se extienda a otras personas a través de sus hijos. Él quiere que, como resultado de haber sido salvos y, posteriormente, bendecidos, sus hijos tengan este espíritu dentro de ellos (la misma mentalidad de Cristo) para servir a los demás.

De vez en cuando, me gusta mirar alguna película de vaqueros, y una de mis favoritas es *El árbol del ahorcado*, protagonizada por Gary Cooper. Cooper actúa como un médico joven que, en cierto momento de la película, se cruza con un vaquero joven que ha recibido un tiro. Cooper saca su cuchillo, le abre un tajo al hombre y extrae la bala, salvándole la vida. Luego de que el médico cuida al vaquero durante su recuperación, finalmente el hombre se cura y vuelve a estar sano.

El vaquero le pregunta al médico qué puede hacer él para recompensarlo por salvarle la vida. El doctor responde que el vaquero puede ser su ayudante.

Entonces, el vaquero se pregunta cuánto tiempo el doctor querrá que él haga este servicio a cambio de salvarle la vida. A esto, el médico replica que quiere que el vaquero lo sirva por el resto de su vida, ya que ese es precisamente el tiempo que hubiera pasado si él hubiese muerto[4].

Jesucristo ha pagado el precio de la salvación de sus hijos para toda la eternidad. Cuando ellos confían en él para su salvación, reciben ese regalo. Servir a Cristo por un regalo que durará tanto tiempo no debería ser un gran esfuerzo. Dios no debería tener que suplicarles a quienes él ha salvado que le sirvan a cambio. Sin embargo, en esta época, él sí tiene que suplicar porque nosotros hemos educado una generación que se ha olvidado de lo que él hizo

por ellos, y los hemos educado con la mentalidad de que Dios les debe algo
en retribución por cualquier cosa que hagan.

Este concepto me hace acordar a un joven que le escribió una nota a su
madre un día antes de marcharse hacia la escuela. Después de que se fue, su
mamá encontró la nota que había dejado sobre la encimera de la cocina. En
ella, leyó:

Querida mamá:
Por limpiar mi cuarto, puedes pagarme cinco dólares.
Por limpiar el garage, cinco dólares.
Por juntar las hojas, cinco dólares.
Por llevar los bártulos al ático, cinco dólares.
Por cuidar a mi hermanito, cinco dólares.
Mamá, me debes veinticinco dólares.

A la mañana siguiente, cuando llegó la hora de irse a la escuela, el niño
encontró una nota en el mismo lugar donde había dejado la suya. Decía:

Querido hijo:
Por llevarte nueve meses en mi vientre, no te cobro nada.
Por quedarme despierta toda la noche cuando estabas enfermo, no te
    cobro nada.
Por perder dinero por salir de mi trabajo para estar contigo cuando
    te metiste en algún problema, no te cobro nada.
Por trabajar horas extra para conseguir el dinero que necesitabas para
    comprarte el uniforme deportivo para que pudieras practicar el
    deporte que querías, no te cobro nada.
Por todo esto, y más, no te cobro nada.
Hijo, no me debes nada, porque te amo.

Como vimos antes en Gálatas, hemos sido justificados libremente por la
gracia de Dios. Dios no debería tener que pagarnos para que sirvamos: él ya
nos ha dado una eternidad de gracia. Dios tampoco debería tener que rogar-
nos que sirvamos.

Padres del reino, entrenen a sus hijos en esta virtud para que busquen activamente oportunidades para servir en agradecimiento por lo que Dios ya ha hecho. Es esta actitud lo que realmente impulsará a sus hijos hacia una vida de grandeza.

Pues el reino de Dios les pertenece a los que son tales como ellos.

17

USE TODAS SUS FLECHAS

Como soy pastor, padres y madres que enfrentan situaciones difíciles en su hogar o en su matrimonio habitualmente me preguntan de qué manera se mostrará Dios y cómo transformará cualquier desafío en el que estén metidos. Mi respuesta siempre es la misma: «No lo sé. Pero sí sé lo siguiente: cuando Dios le dice que cruce el Jordán, mejor empiece a caminar y deje que él lo resuelva».

Casi nunca comienza Dios a resolver las cosas hasta que lo vea a usted reaccionar a lo que él está pidiéndole que haga. Dios responde cuando usted camina por fe, no cuando usted desea por fe. No puede practicar la fe desde una mecedora. La mecedora lo hace sentir cómodo, pero no lo lleva a ninguna parte. Demasiados padres se conforman con tener hogares cómodos a costa de crear familias que llevarán a cabo el programa de Dios y avanzarán su reino en la tierra.

Dios tiene tantos métodos para recuperar o fortalecer su hogar y sus hijos como estrellas hay en el cielo. Él es el gran Dios indescifrable. Él sabe cómo arreglar las cosas, cómo modificarlas y transformarlas de arriba abajo y de abajo arriba. En un instante, él puede cambiar las

Dios responde cuando usted camina por fe, no cuando usted desea por fe.

situaciones de los niños, estabilizar su matrimonio y sanar las heridas que estuvieron podridas durante años o, incluso, décadas. El problema surge cuando nosotros tratamos de descifrar *cómo* va a hacerlo... o cuando nos resistimos a su manera de hacerlo.

Dios puede guiarlo de una manera en una situación, y de una manera completamente diferente en otra situación muy parecida. Cuando David combatió contra los filisteos en el valle de Refaim la primera vez, Dios le dijo que los enfrentara directamente y que él se los entregaría en sus manos (vea 2 Samuel 5:17-21).

Pero, a la batalla siguiente, que se produjo cuando los filisteos volvieron a invadir el mismo valle de Refaim, Dios le dijo a David: «No los ataques de frente. [...] En cambio, rodéalos y, cerca de los álamos, atácalos por la retaguardia». Dios le indicó a David que, cuando escuchara «un sonido como de pies que marchan en las copas de los álamos, ¡mantente alerta! Esta será la señal de que el SEÑOR va delante de ti para herir de muerte al ejército filisteo» (2 Samuel 5:23-24).

En la primera batalla, David debía atacar de frente al enemigo. En la segunda batalla, debía esperar hasta escuchar la brisa soplando en los árboles. Me imagino que no es algo que David hubiera aprendido en la Academia de Batallas de la Tierra Santa. Estoy bastante seguro de que David nunca asistió a una clase de estrategia de combate sobre «La brisa que sopla entre los árboles».

Los caminos de Dios no son nuestros caminos. Pero, dentro de la constancia de los cambios, se mantiene un elemento que nunca cambia: Dios responderá a su fe. Muchas veces, Dios aumentará o limitará lo que hace, en respuesta a lo que usted hace.

Las flechas de la aljaba

Ya sea que esté iniciando su recorrido en la educación de los hijos, que siga en él o quizás que esté listo para lanzar a sus hijos para que hagan su propio camino, quiero dejarle una última reflexión. El llamado a ser padres y madres es elevado. Hacerlo bien requiere más de lo que tiene para ofrecer por sus propios medios. Pero no pierda de vista el hecho de que cuando Dios llamaba a las personas a que hicieran algo espectacular en la Biblia, lo que él les pedía que hicieran era normalmente algo más grande que ellos. Llamó a Abraham para que fuera el padre de una nación poderosa. Llamó a David para que derrotara con una pequeña piedra, sin ayuda de nadie, a alguien que tenía el doble de su tamaño. Llamó a Moisés a dividir el mar Rojo.

Y él está llamándolo a usted a que eduque hijos del reino.

Generalmente, usted se dará cuenta de que es Dios quien está pidiéndole que haga algo, si es algo que usted no puede hacer por cuenta propia. No podrá descubrir cuán grande es Dios, a menos que lo necesite para algo más grande de lo que usted puede manejar. Educar a los hijos del reino en la actual cultura llena de caos y desorden es algo más grande de lo que cualquiera de

No pierda de vista el hecho de que cuando Dios llamaba a las personas a que hicieran algo espectacular en la Biblia, lo que él les pedía que hicieran era normalmente algo más grande que ellos.

nosotros podemos manejar por nuestra cuenta. Solamente lo haremos bien mediante el espíritu y el corazón de humildad que a sabiendas depende de Dios y sigue sus caminos y sus preceptos.

Como individuos, muchas veces podemos hacer grandes cosas, en términos de nuestras capacidades humanas. Pero Dios solo recibe la gloria cuando él saca adelante lo que usted nunca podría haber hecho por su cuenta. Y, generalmente, él lo hace en respuesta a que usted siga avanzando en fe. Ser buenos padres es un proyecto compartido con Dios.

Poco antes de que el profeta Eliseo muriera, el rey Joás de Israel acudió a él aterrorizado. Los arameos lo atacaban y tuvo mucho miedo de no estar preparado para ganar la batalla. A lo lejos, podía sentirse el olor de la derrota y del desastre, traído por los vientos. Al analizar los números puros, Joás supo rápidamente que estaba del lado perdedor de la batalla. Todo lo que tenía a disposición era insuficiente para ganar esta guerra. Entonces, desesperado, el rey fue a Eliseo a pedirle ayuda. A pesar de que el rey estaba enfrentando una crisis militar física y concreta, buscó una solución espiritual.

Eliseo respondió diciéndole al rey que tomara su arco y sus flechas y colocara sus manos sobre ellos. Cuando lo hizo, Eliseo puso sus propias manos encima de las del rey. Al hacerlo, fusionó lo espiritual con lo físico, y dio lugar a que el punto de vista celestial impactara sobre la tierra.

A continuación, Eliseo le indicó al rey que abriera la ventana que daba al oriente (donde su enemigo estaba esperando) y que disparara una flecha a través de la ventana. Cuando el rey lo hizo, Eliseo dijo: «Esta es la flecha del Señor, una flecha de victoria sobre Aram, porque tú conquistarás por completo a los arameos en Afec» (2 Reyes 13:17).

En este pasaje, Eliseo le dio al rey una palabra profética. Le dio exactamente lo que necesitaba en medio de una crisis: la capacidad de ver el aspecto espiritual del problema. Si lo único que usted ve es el problema en sí mismo, inevitablemente verá la derrota. Pero, cuando es capaz de ver lo que Dios ve, eso le da la oportunidad de conducirse a la luz de esa verdad. No obstante, recuerde que es solo una oportunidad, porque Dios nunca lo obliga a que tenga fe. Si lo hiciera, eso invalidaría la misma fe que él lo obliga a tener.

Después de esto, Eliseo le dijo al rey que sacara las flechas que le quedaban, cosa que hizo. Eliseo le indicó que las golpeara contra el piso, y el rey así también lo hizo (vea 2 Reyes 13:18). Pero entonces vino el problema. En el apuro del rey, inducido por el miedo o por su propio instinto de preservación (no sabemos cuál), el rey no actuó de acuerdo con la palabra profética que Eliseo acababa de darle, que le declaraba la victoria. En lugar de eso, el pasaje nos dice que «el rey golpeó el suelo tres veces, y se detuvo» (2 Reyes 13:18, DHH).

Esto hizo enojar mucho a Eliseo, quien reprendió a Joás diciendo: «¡Tendrías que haber golpeado el piso cinco o seis veces! Así habrías vencido a Aram hasta destruirlo por completo. Ahora saldrás vencedor solamente tres veces» (2 Reyes 13:19).

Padres del reino, la lección del rey Joás nos enseña lo siguiente: la mayoría de las veces, las promesas de Dios están a su alcance. No las tiene en la mano. Como Josué, que había recibido la promesa de que recibiría cada lugar que pisaran las plantas de sus pies (vea Josué 1:1-3), y como este rey, usted tiene que salir y conseguirlas. Las promesas de Dios para su familia, su futuro, sus hijos y más no llegan simplemente porque usted se siente a esperarlas.

Es necesario que actúe en fe, que viva los principios enseñados en este libro y más: que prepare diligentemente a sus hijos en la verdad de Dios.

Con la primera flecha, que Eliseo llamó «la flecha del Señor, una flecha de victoria» (2 Reyes 13:17), se había establecido la promesa de la victoria del rey Joás. Sin embargo, le dijo al rey que disparara más flechas por la ventana. Sabemos que tenía como mínimo seis flechas en su aljaba por lo que Eliseo le dijo. Pero el rey decidió disparar sola-

Las promesas de Dios para su familia, su futuro, sus hijos y más no llegan simplemente porque usted se siente a esperarlas. Es necesario que actúe en fe.

mente tres flechas. A lo mejor, quiso reservar las que le quedaban para la próxima batalla. Quizás no quería que se dañaran, o no quería tener que recuperarlas ni perderlas por completo. Obviamente, el rey estaba protegiéndose a sí mismo al reservarse algunas flechas. Sea por lo que sea, el profeta le había dado instrucciones, y él se refrenó. Se rindió mucho antes de lo que debería de haberlo hecho.

Como padres, todos podemos sentirnos identificados con este rey, de una manera u otra. Después de todo, la Biblia dice que los hijos son como flechas en nuestra aljaba:

> Los hijos son un regalo del Señor;
>   son una recompensa de su parte.
> Los hijos que le nacen a un hombre joven
>   son como flechas en manos de un guerrero.
> ¡Qué feliz es el hombre que tiene su aljaba llena de ellos!
>   No pasará vergüenza cuando enfrente a sus acusadores en las puertas
>   de la ciudad. (Salmo 127:3-5)

En algún momento, todos nos hemos visto siendo atacados: agobiados por las circunstancias y por las situaciones que se presentaban contra nuestra familia y nuestro hogar y aun contra nuestros hijos, sin ver ninguna solución concreta. Nunca hubo una época como esta en nuestro país, en la que tantos padres se sienten tan incapaces y vencidos. De mil maneras, muchas familias hoy en día son un reflejo de este rey, porque están preocupadas por los ataques que enfrentan.

Sin embargo, muchos padres también se rinden demasiado pronto.

Entregar el testigo
por Tony Evans

En cualquier carrera de relevos, el resultado depende completamente de la entrega del testigo. Si falla en esto, todo lo demás es una pérdida de tiempo. En la crianza de los hijos, pasarles el testigo a sus hijos incluye transferirles los valores del reino. De esta manera, usted prepara a la próxima generación para correr y continuar bien en la carrera del reino. Esto debe ser parte de la herencia que los padres tienen que dejarles no solo a sus hijos, sino, también, a sus nietos (vea Proverbios 13:22).

Esperamos que usted considere discipular de manera intencionada a sus hijos durante los años de su crecimiento. Una buena manera de hacerlo es usando materiales como rompecabezas, juegos, devocionales, revistas y cuadernos de ejercicios, tales como nuestras guías estratégicas *Kingdom Quest* (Expedición del reino).

Los hijos son una bendición del Señor, pero, como dije antes en el libro, son la única bendición a la que solemos procurar ponerle un límite. No obstante, cuando vislumbremos el gran llamado y el propósito de la crianza de los hijos a través del cristal del reino del señorío y del avance de la gloria de Cristo, veremos la bendición por todo lo que realmente es y lo que puede llegar a ser.

Mi oración es que, al leer las palabras que escribieron Lois y mis cuatro hijos, se haya inspirado para ver y escuchar que sus propios hijos algún día digan cosas parecidas de usted, y para vivir una vida firmemente arraigada en los cimientos de la Palabra de Dios. No hay nada más satisfactorio que experimentar que sus hijos caminen con el Señor. Que entregue bien el testigo.

Tratan de combinar «la manera de Dios», lanzando algunas flechas por la ventana, con «su manera», asegurándose de que les queden las suficientes, en caso de que necesiten resolverlo ellos mismos. A estos padres, como al rey, los asusta mucho vaciar su aljaba en fe. Cuando la cosa se reduce a si lo harán o no, pocos padres lo hacen.

Igual que el rey de Israel.

Queremos un poquito de Dios.

Y un poquito de nosotros.

Por si las dudas.

Pero raras veces Dios deposita sus promesas en nuestro regazo. Lo que Dios legaliza por medio del amor *checed*[1] de su pacto, usted debe hacerlo literal. Debe bajar su realidad del cielo a la tierra. Tiene que dar lugar a lo que Dios ha prometido para sus hijos, participando del gran drama llamado *movimiento*.

Como él decidió usar solo una parte de lo que tenía, recibió solo una parte de lo que le había sido prometido. No permita que eso le pase a usted mientras eduque a sus hijos.

Las promesas para sus hijos son verdaderas, y son completas. Pero casi nunca vemos que estas promesas se entreguen sin la participación de usted. Debe educar a hijos del reino, no solo traerlos al mundo. A menudo, su nivel de participación en la crianza afecta cómo vivirán las promesas de Dios en su vida dentro del reino. Dios no anula sus promesas; tampoco lo obliga a usted a participar para que reciba plenamente su manifestación.

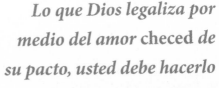

Lo que Dios legaliza por medio del amor checed *de su pacto, usted debe hacerlo literal. Debe bajar su realidad del cielo a la tierra.*

Cuando usted cursaba la escuela secundaria o la universidad, le prometieron un título al completar su carrera. Sin embargo, su participación en el proceso fue lo que dio lugar a la realidad de la promesa.

Si fuera a comprar un tostador y se lo llevara a su casa, la palabrería publicitaria que rodea al tostador prometería proporcionarle pan tostado.

No obstante, igual deberá enchufarlo. Tendrá que poner el pan adentro. Igualmente, deberá presionarlo para que empiece a tostar. Hay cosas que usted debe hacer para recibir el beneficio completo de la promesa del tostador.

El problema del rey Joás era real. Era un gran problema. Sé que lo que sea que esté enfrentando como padre también es real y también es muy grande. Pero no se rinda. No tire la toalla. No deje que los fracasos del pasado anulen su futuro. Dios puede dar en el blanco con un palo torcido. Cuando Dios le muestra cuál es su punto de vista sobre lo que quiere que usted haga, siga adelante. Hágalo. No mezcle lo que él dice con lo que dicen sus amigos, lo que escucha en la televisión o lo que dicen sus hijos... ni siquiera con lo que usted piensa. Ya tiene la respuesta.

Sin embargo, si no ha establecido una conexión espiritual con todo lo que hace en su rol dentro de la crianza de hijos, no verá los caminos de Dios. Eliseo santificó las flechas al colocar sus manos sobre las manos del rey. Como vimos en un capítulo anterior, el Nuevo Testamento nos dice que debemos santificar las cosas mediante «la palabra de Dios y la oración» (1 Timoteo 4:5). Sea lo que sea que esté enfrentando en

No deje que los fracasos del pasado anulen su futuro.

su hogar, busque el punto de vista de Dios sobre el asunto por medio de su Palabra. Y luego, para santificarlo, ore para saber cómo aplicarlo; y luego, hágalo. A lo mejor eso signifique estudiar la Palabra de Dios por su cuenta o junto con otros creyentes, pero sepa que Dios lo guiará y lo dirigirá, si usted lo busca de todo corazón.

Padres, ya no podemos seguir contentándonos con medidas a medias. Si tenemos seis flechas y Dios quiere seis flechas, eso significa que tendremos que disparar seis flechas. Como padres, tenemos que estar al cien por ciento cuando se trata de la crianza de hijos. Debemos criar hijos de manera intencionada, cumpliendo todo lo que Dios ha dispuesto que hagamos para reproducir su imagen en la tierra en nuestros hijos cuando los mandemos al mundo en su nombre. Debemos vaciar bien nuestras aljabas.

Dios no va a imponerle hijos del reino. Usted tiene que educarlos con esmero, con base en lo que él le ha revelado a través de su Palabra y mediante la confirmación de su Espíritu. Es decir, a menos que usted esté satisfecho con tener una especie de hogar mediovictorioso.

Debemos vaciar bien nuestras aljabas.

Muchos hablan sobre una vida victoriosa para sí mismos y para su familia. Pueden volverse elocuentes hablando de la omnipotencia y el poder de Dios. Según el lugar en que esté usted el domingo a la mañana, incluso pueden llegar a gritarlo. Pero son muy pocos los hogares que han experimentado la victoria continua de Dios como algo más que un concepto teórico o un axioma teológico. Son muy pocos los padres y madres que han reclamado su legítima autoridad y su destino como líderes en su hogar. Son muy pocos los padres y madres que plenamente aceptan las promesas de Dios y las combinan con el cumplimiento de sus propias responsabilidades. Son muy pocas las familias que se atreven a vaciar su aljaba en fe. La mayoría de los padres y madres se guardan al alcance de la mano una flecha o dos de sabiduría terrenal, que es exactamente la razón por la que muchos hijos terminan viviendo una vida vacía y derrotada, muchas veces camuflada por las definiciones erróneas del éxito que les da nuestra cultura.

Educar una familia del reino requiere de fe. Requiere de un compromiso pleno y total a la Palabra de Dios y a sus caminos. Requiere de una relación muy íntima con Cristo y una comunión con el Espíritu Santo. Requiere de entrenar y discipular intencionadamente a sus hijos y mantenerlos siempre ante Dios con un corazón de oración. Ningún padre podrá hacerlo a la perfección. Yo sé que no lo hice: cometí muchos errores. Sin embargo, eso es lo maravilloso de Dios: cuando usted le encomienda a él sus caminos y hace de su voluntad y su gloria el deseo de su corazón, él compensa la diferencia en todas las áreas en las que usted falla. Si sus hijos tomaron el mal camino y usted hizo todo lo que Dios le pidió que hiciera, entonces ore para que sople un viento fuerte desde el cielo que los haga volver a él. Asegúrese de dejar siempre la luz encendida para que ellos sepan que su hogar anhela ansiosamente su regreso (Lucas 15:11-32).

Que pueda poner en práctica las verdades de este libro en su aventura como padre o madre y que reciba el favor y la mano de bendición de Dios al hacerlo. Esa es mi oración por usted. Y que realmente pueda educar hijos del reino que sirvan a su Rey con un corazón de fe para que un día sean capaces de vaciar por completo sus propias aljabas.

CONCLUSIÓN

Si usted es un adulto responsable, lo más probable es que tenga un testamento. En su testamento, habrá tomado la iniciativa de dar a conocer a las personas qué deberán hacer con sus bienes y con sus finanzas cuando usted ya no esté aquí. Esta planificación anticipada de su parte evitará confusión, caos y conflictos cuando llegue el momento de legar lo que estará dejando atrás en la tierra.

Así como los adultos hacen su testamento físico para informar a los demás qué debería quedar como herencia para la próxima generación, nosotros, como padres y madres, debemos vivir nuestra vida con el enfoque de un testamento espiritual. Tenemos que enfocarnos en esos atributos, cualidades y principios que queremos dejarle a la próxima generación. Debemos esforzarnos para asegurar estos tesoros espirituales para nosotros mismos y fiarnos de que nuestros hijos y nietos los hereden.

En un testamento físico, usted no tiene la potestad de legar algo que no posee. Uno no incluye los bienes de otras personas en su testamento. De manera similar, como padre o madre que está educando a hijos del reino, lo más importante que puede hacer es mantenerse y crecer en su fe para que tenga algo auténtico para dejarles a sus hijos. Al hacerlo, está legándoles una fe viva. Está entregándoles algo que podrán poseer internamente y que llevarán con ellos por el resto de su vida.

Padres, no se conformen con dejarles algo *a* sus hijos; dejen algo *en* ellos.

Sin importar las demás cosas que deje como herencia para sus hijos, si no les deja el legado espiritual de una fe viva, todo lo demás estará en dificultades. En el libro de Jueces, descubrimos qué pasa cuando no se transmite la fe viva: «Después de que murieron todos los de esa generación, creció otra que no conocía al Señor ni recordaba las cosas poderosas que él había hecho por Israel» (2:10).

Padres, no se conformen con dejarles algo a sus hijos; dejen algo en ellos.

En el resto del libro de Jueces, observamos el desmoronamiento del país, las comunidades, las familias y las personas porque la siguiente generación «no conocía al Señor». La siguiente generación no conocía a Dios ni sus caminos ni sus obras, y el resultado fue un caos en la cultura. Es por eso que la crianza de hijos del reino es tan importante. Como el filtro de agua de su casa, su trabajo como padres es filtrar lo que aleje del Señor a sus hijos para inculcar en su corazón y en su mente la pureza de su Palabra. Como escribió el salmista: «¡Siempre cantaré acerca del amor inagotable del Señor! Jóvenes y ancianos oirán de tu fidelidad» (89:1).

Al revelar su fidelidad en todo lo que haga como padre o madre, estará dándoles el mayor regalo a sus hijos: un testamento espiritual, el legado de una fe viva. Estará, de hecho, educando hijos del reino.

APÉNDICE 1
THE URBAN ALTERNATIVE

El doctor Tony Evans y The Urban Alternative (La alternativa urbana, TUA por sus siglas en inglés) *capacita, empodera* y *une* a personas cristianas con el objetivo de influir en *individuos, familias, iglesias* y *comunidades* a través de una cosmovisión plenamente ligada al programa del reino. Al enseñar la verdad, nos proponemos transformar vidas.

La causa central de los problemas que enfrentamos en nuestra vida personal, nuestros hogares, nuestras iglesias y nuestras sociedades es de índole espiritual; por lo tanto, la única manera de encararla es espiritual. Hasta ahora, hemos intentado hacerlo con un programa político, social, económico y hasta religioso.

Es hora de un *programa del reino*.

El programa del reino puede definirse como la manifestación visible del reinado integral de Dios sobre todas las áreas de la vida.

El tema central que sirve de eje integrador a lo largo de la Biblia es la gloria de Dios y el avance de su reino. El hilo que unifica todo desde Génesis hasta Apocalipsis —de comienzo a fin— se enfoca en una sola cosa: la gloria de Dios por medio del avance de su reino.

Cuando no se ha reconocido este tema, la Biblia se convierte en una sucesión de historias inconexas que sirven de inspiración pero que aparentan no estar vinculadas en propósito ni dirección. La Biblia existe para dar a conocer la acción de Dios en la historia hacia el establecimiento y la expansión de su reino, destacando la conectividad de arriba abajo, lo cual es el reino. Entenderlo aumenta la pertinencia que tiene este manuscrito milenario en nuestra existencia cotidiana porque el reinado no pertenece solo a entonces, sino a ahora.

La falta de influencia del reino en nuestra vida personal y familiar, en nuestras iglesias y comunidades, ha conducido a un deterioro de enormes proporciones en nuestro mundo:

- La gente tiene una existencia segmentada y compartimentada porque carece de la cosmovisión del reino de Dios.
- Las familias se desintegran porque existen para su propia satisfacción y no para el reino.
- Las iglesias tienen una influencia limitada porque no perciben que su meta no es la propia iglesia sino el reino.
- Las comunidades no tienen a dónde recurrir en busca de soluciones reales para personas reales que tienen problemas reales, porque la iglesia está dividida, retraída y es incapaz de transformar el entorno cultural de una manera relevante.

El programa del reino nos ofrece una manera de considerar y vivir la vida con una esperanza sólida al optimizar las soluciones del cielo. Cuando Dios, y su reinado, deja de ser la pauta autoritativa y final bajo la cual todo lo demás cabe, se pierden el orden y la esperanza. Sin embargo, lo contrario también es cierto: en la medida en que usted cuenta con Dios, tiene esperanza. Si Dios se mantiene en la escena, y mientras su programa siga vigente, no todo está perdido.

Aun si colapsan las relaciones, Dios lo sostendrá. Aun si menguan las finanzas, Dios lo guardará. Aun si sus sueños mueren, Dios lo reanimará. Mientras Dios, y su reinado, continúen siendo la norma abarcadora en su vida personal, su familia, su iglesia y su comunidad, siempre habrá esperanza.

Nuestro mundo necesita el programa del Rey. Nuestras iglesias necesitan el programa del Rey. Nuestras familias necesitan el programa del Rey.

En muchas ciudades importantes, existe un circuito que los conductores pueden tomar cuando quieren llegar a un punto al otro lado de la ciudad, evitando el centro. Este circuito lo llevará suficientemente cerca de la ciudad como para ver su silueta y los elevados edificios, pero no lo suficientemente cerca como para vivenciarla en sí.

Esto es precisamente lo que, como cultura, hemos hecho con Dios. Lo hemos puesto en el «circuito» de nuestra vida personal, nuestra familia, nuestra iglesia y nuestra comunidad. Está lo suficientemente cerca como para recurrir a él en una emergencia, pero lo suficientemente lejos como para que no pueda ser el centro de quienes somos.

Queremos a Dios en el «circuito», no como el Rey de la Biblia que se mete al centro de nuestro camino. Dejarlo en el «circuito» acarrea terribles consecuencias, como hemos podido comprobar en nuestra vida y en la de otros. Pero cuando hacemos de Dios, y de su reinado, el centro de todo lo que pensamos, hacemos o decimos, entonces tendremos la experiencia de Dios que él anhela que tengamos.

Él quiere que seamos personas del reino, con una mentalidad del reino, dispuestos a cumplir los propósitos de su reino. Quiere que oremos como lo hizo Jesús: «Que se haga tu voluntad, no la mía». Porque suyo es el reino, el poder y la gloria.

Hay un solo Dios, y nosotros no somos él. Como Rey y Creador, él toma las decisiones. Es solo cuando nos alineamos bajo su control que tendremos acceso a todo su poder y autoridad en todas las esferas de la vida: personal, de familia, de iglesia y de comunidad.

Conforme aprendemos a gobernarnos a nosotros mismos bajo la soberanía de Dios, entonces transformamos a las instituciones de la familia, la iglesia y la sociedad desde una cosmovisión del reino basada en la Biblia.

Bajo su soberanía, tocamos el cielo y transformamos la tierra.

Para alcanzar nuestra meta, utilizamos una variedad de estrategias, enfoques y recursos que nos permitan alcanzar y capacitar a tantas personas como sea posible.

Medios de comunicación

Millones de personas tienen acceso al programa *The Alternative with Dr. Tony Evans* a través de la transmisión radial diaria en casi mil emisoras y en más de cien países. Este programa también puede ser visto en varias redes de televisión y en Internet en el sitio TonyEvans.org. Usted también puede escuchar o ver la emisión diaria descargando la aplicación Tony Evans en forma gratuita en el App store. Se descargan más de cuatro millones de sermones cada año.

Capacitación del liderazgo

El *Tony Evans Training Center* (Centro de Capacitación Tony Evans, TETC por sus siglas en inglés) facilita programas educativos que encarnan la filosofía ministerial del doctor Tony Evans expresada en el programa del reino. Los cursos de capacitación se enfocan en el desarrollo del liderazgo y el discipulado mediante las siguientes cinco vías:

- Biblia y Teología
- Crecimiento personal
- Familia y relaciones
- Salud de la iglesia y desarrollo del liderazgo
- Estrategias de influencia en la comunidad y en la sociedad

El programa TETC incluye cursos presenciales y a distancia por Internet. Además, los programas de TETC incluyen cursos para quienes no son alumnos regulares. Pastores, líderes cristianos y laicos cristianos, tanto locales como a distancia, pueden dedicarse a recibir el Diploma del Programa del Reino por su desarrollo personal, espiritual y profesional. Algunos de los cursos califican para crédito CEU además de ser transferibles para crédito universitario en las instituciones con las que tenemos convenio.

El programa *Kingdom Agenda Pastors* (Pastores con el programa del reino, KAP por sus siglas en inglés) ofrece una red funcional para pastores con mentalidad similar que se comprometen con la filosofía del programa del reino. Los pastores tienen la oportunidad de profundizar con el doctor Tony Evans a medida que reciben mayor conocimiento bíblico, aplicaciones prácticas y recursos para influir en personas, familias, iglesias y comunidades. KAP recibe a pastores principales y adjuntos de todas las iglesias. También organiza una cumbre anual que se realiza en Dallas con seminarios intensivos, talleres y recursos.

El *Pastors' Wives Ministry* (Ministerio para las esposas de pastores), fundado por la doctora Lois Evans, ofrece consejo, aliento y recursos espirituales para las esposas de pastores que sirven con sus cónyuges en el ministerio. El principal énfasis del ministerio es la Cumbre KAP, que brinda a las esposas de pastores principales un ámbito seguro donde puedan reflexionar, renovarse y relajarse, además de recibir capacitación en el desarrollo personal, el crecimiento personal y el cuidado de su bienestar emocional y físico.

Influencia en la comunidad

La *National Church Adopt-A-School Initiative* (Iniciativa nacional de iglesias que adoptan una escuela, NCAASI por sus siglas en inglés) prepara iglesias en todo el país para influir en sus comunidades, utilizando las escuelas públicas como el vehículo principal para producir un cambio social positivo en la juventud y en las familias urbanas. Se capacita a líderes de iglesias, distritos escolares, organizaciones basadas en la fe y otras entidades sin fines de lucro, proporcionando conocimiento y herramientas para forjar vínculos y construir sistemas firmes para el servicio social. Esta capacitación está basada en la estrategia global de influencia de la iglesia en la comunidad impulsada por la Oak Cliff Bible Fellowship. Abarca áreas tales como el desarrollo económico, la educación, la vivienda, la promoción de la salud, la renovación de la familia y la reconciliación racial. Cooperamos con las iglesias en el diseño de un modelo que permita responder a las necesidades concretas de sus comunidades y, a la vez, atender el marco de referencia moral y espiritual. Los encuentros de capacitación se realizan anualmente en la zona de Dallas, en el Oak Cliff Bible Fellowship.

El *Athlete's Impact* (Influencia del atleta, AI por sus siglas en inglés) existe como un alcance hacia y por medio del ámbito deportivo. Los entrenadores son el mayor agente de influencia en la vida de los jóvenes, incluso por encima de sus padres. Con la creciente falta de paternidad en nuestra cultura, cada vez más gente joven recurre a sus entrenadores en busca de orientación, desarrollo del carácter, necesidades prácticas y esperanza. Los atletas siguen a los entrenadores en la escala de influencia. Los atletas (sean profesionales o no) influyen en atletas más jóvenes y en los niños dentro de su ámbito de influencia. Sabiendo esto, nos hemos propuesto capacitar y adiestrar a entrenadores y atletas sobre cómo poner en práctica y utilizar los roles que Dios les ha dado para el beneficio del reino. Nos proponemos llevar esto a cabo a través de nuestra aplicación iCoach y el Congreso weCoach Football, además de recursos como *The Playbook: A Life Strategy Guide for Athletes* (El manual de juego: Una guía de estrategia para la vida de los atletas).

Desarrollo de recursos

Promovemos un vínculo de aprendizaje de por vida con aquellas personas a las cuales servimos, proveyéndoles una variedad de materiales publicados. Con base en su experiencia de más de cuarenta años de prédica, el doctor Evans ha publicado más de cien títulos singulares, ya sea en formato de folletos, libros o guías de estudio bíblico. La meta es fortalecer a las personas en su andar con Dios y su servicio a otros.

* * *

Para más información y para recibir un ejemplar de regalo
del boletín devocional en inglés del doctor Evans,
llame al teléfono (800) 8003222;
o escriba a TUA, PO Box 4000, Dallas, TX 75208;
o entre al sitio de Internet www.TonyEvans.org.

APÉNDICE 2:
UN MENSAJE PARA LOS PADRES
SOLTEROS Y LAS MADRES SOLTERAS

La historia de Agar tiene algunas lecciones de la vida real para los padres solteros y las madres solteras[1]. Conocemos a Agar por primera vez en Génesis 16, donde era la sierva de Sarai, quien junto con su esposo, Abram (esto ocurrió justo antes de que sus nombres se cambiaran), no podía tener hijos.

Según se acostumbraba en esa época, las mujeres estériles que estaban en la situación de Sarai traían a otra mujer para que tuviera el hijo de su esposo y, de esa manera, actuara como una madre de alquiler. Agar fue la madre de alquiler para Sarai.

Cuando Agar quedó embarazada, Sarai se puso celosa y la echó de la casa. Embarazada y sola, sin Abram ni ningún otro hombre que la apoyara y la protegiera, Agar tuvo que deambular por el desierto. Estaba a punto de convertirse en una madre soltera porque había quedado enredada en el plan de otra persona.

Pero el Ángel del Señor (Jesús preencarnado) fue al desierto para ayudar a esta mujer que estaba a punto de ser una madre soltera. En otras palabras, Jesús se manifestó. Eso fue una buena noticia para Agar.

Si usted es una madre soltera o un padre soltero, eso también es una buena noticia para usted. Cuando lo hayan rechazado, cuando el padre o la madre de su hijo o hija no aparece por ninguna parte, Dios conoce cuál es su situación y sabe dónde encontrarlo a usted. Él lo ama y siente una gran compasión por usted. Cuando usted sufre, él lo siente. Él conoce su soledad, su estigma y su dolor. Después de todo, sufrió los tres en abundancia sobre la cruz.

Cuando Dios se manifestó, le dijo a Agar que llamara a su hijo Ismael, que significaba «Dios oye y Dios sabe». Cada vez que ella usara ese nombre, recordaría algo acerca de Dios. Esa es la belleza de la gracia de Dios por una madre soltera o un padre soltero. Agar está a la intemperie, sola, sin ninguna ayuda, pero Dios dice: «Yo sé».

En el versículo 13, Agar respondió. Al llamar a Dios con el nombre El-roi[2], declaró: «Tú eres el Dios que me ve».

¿Sabe usted que Dios lo ve, que él ve las circunstancias en las que usted está, ahí afuera, solo o sola en el desierto, sin nadie que provea para sus necesidades, que le dé una cobertura espiritual y emocional y que lo proteja? Él no ignora lo que usted está sufriendo. A pesar de lo que esté pasando, Dios dice: «Yo veo. Yo oigo. Yo sé».

La saga de Agar no termina ahí. En Génesis 21, vemos que Agar, por indicaciones que el Señor le dio, había vuelto a Sara. Para entonces, Sara ya había tenido a Isaac, el hijo que Dios les había prometido a ella y a Abraham (sus nombres ya habían cambiado).

Un día, cuando Sara vio que Ismael se burlaba de Isaac (versículo 9), exclamó, básicamente: «¡Eso no lo permitiré aquí!». Le dijo a Abraham que los echara. Agar, junto con su hijo, volvió a ser una persona sin hogar, y salieron a dar vueltas por el desierto, ellos dos solos. Ahora, Agar era una madre soltera de verdad.

Esta situación es un clásico de las madres solteras o de los padres solteros (situación que, con algunos cambios de detalles y de geografía, fácilmente podría repetirse hoy). Agar perdió su casa, tenía que encargarse de un hijo adolescente y estaba en la calle, por decirlo así, sin ni un centavo. Tenía sed y probablemente hambre. Tenía miedo de que su hijo pudiera morir. Desesperada, se sentó y lloró.

Cuando el Hijo de Dios volvió a aparecer, le preguntó a Agar: «Agar, ¿qué pasa?» (versículo 17). En efecto, estaba diciendo: «Agar, ¿te olvidaste de lo que hice por ti en el pasado? ¿De cómo te encontré en el desierto, cuando estabas embarazada y Sara te había hecho huir? ¿Crees que me acordaría de ti en un momento y que me olvidaría de ti al minuto siguiente? Tú misma dijiste que yo soy el Dios que ve. ¿Piensas que ahora me quedé ciego?».

Déjeme decirle, Dios no está ciego. Él ve, escucha y sabe. Usted podrá estar en una situación que no es para nada ideal, pero tiene a un Dios ideal.

Madre soltera, lo mejor que puede hacer es apasionarse por Dios, porque cuando se apasiona por Dios, tiene Alguien que será el Padre para su hijo y el Esposo que la protegerá. Padre soltero, cuando usted conoce a Dios, tiene Alguien en quien apoyarse, que comprende su corazón de padre y los deseos que tiene para sus hijos.

Así como estuvo con Agar, de la misma manera está con usted... el Dios que ve, que sabe y a quien le importa.

AGRADECIMIENTOS

Quiero expresar mi sincera gratitud a Enfoque a la Familia y a Tyndale House Publishers por el apoyo, el compromiso y la excelencia que han brindado para este trabajo.

ÍNDICE BÍBLICO

NOTAS

Capítulo 1: Esto no es el Reino Mágico

1. Mike Devlin, «10 Real-Life Disney Deaths» [10 muertes de
   la vida real en Disney], Listverse.com, 27 de marzo del 2013,
   http://listverse.com/2013/03/27/10-real-life-disney-deaths/.

2. *Education Week*, «Dropouts» [Desertores escolares], 2 de agosto del
   2004, actualizado el 16 de junio del 2011, http://www.edweek.org
   /ew/issues/dropouts/; para un cuadro de fácil lectura que resume la
   data del artículo anterior, vea Statistic Brain, «High School Dropout
   Statistics» [Estadísticas del abandono de los estudios], 1 de enero del
   2014, http://www.statisticbrain.com/high-school-dropout-statistics/.

3. The National Campaign to Prevent Teen and Unplanned Pregnancy
   [La campaña nacional para prevenir el embarazo en adolescen-
   tes], «Counting It Up: The Public Costs of Teen Childbearing»
   [Sumando: Los gastos públicos de los partos adolescentes], información accedida el 13 de mayo del 2014, http://thenationalcampaign.
   org/why-it-matters/public-cost#.

4. Steve McSwain, «Why Nobody Wants to Go to Church Anymore»
   [La razón por la que nadie quiere ir a la iglesia en estos días], *The
   Huffington Post*, 14 de octubre del 2013, http://www.huffingtonpost
   .com/steve-mcswain/why-nobody-wants-to-go-to_b_4086016.html.

5. Byron Pitts, «Hidden America: Heroin Use Has Doubled, Spreading
   to Suburbs» [La norteamérica oculta: El uso de la heroína se ha
   duplicado, extendiéndose a los suburbios], *ABC News*, 31 de julio
   del 2013, http://abcnews.go.com/blogs/headlines/2013/07/hidden
   -america-heroin-use-has-doubled-spreading-to-suburbs/.

6. Los Centros para el Control y la Prevención de Enfermedades
   de EE. UU., National Center for Injury Prevention and Control
   [Centro nacional para la prevención y el control de heridas], Web
   -based Injury Statistics Query and Reporting System (WISQARS)
   [Sistema de reportaje y de consultas de estadísticas de heridas basado

en la red] (2010), citado en «Youth Violence: Facts at a Glance, 2012 Report from the National Center for Injury Prevention and Control Division of Violence Prevention» [Violencia juvenil: Un vistazo a los datos, reporte del 2012 del Centro nacional para la prevención y el control de heridas, división de la prevención de la violencia], http://www.cdc.gov/violenceprevention/pdf/yv-datasheet-a.pdf.

7. Katherine Sharpe, «The Medication Generation» [La generación medicada], *Wall Street Journal*, 29 de junio del 2012, https://wsj.com/articles/SB10001424052702303649504577493112618709108.

8. *Concordancia Strong*, s.v. «G0932, *basileia*», información accedida el 24 de octubre del 2017, http://bibliaparalela.com/greek/932.htm.

Capítulo 2: Aser y el elefante

1. Dr. Seuss: *Horton Hatches the Egg* [Horton empolla el huevo] (Nueva York: Random House, 1940), 1.
2. Íbid., 16.
3. *CBSnews.com* Staff, «The Delinquents: A Spate of Rhino Killings» [Los delincuentes: Un aluvión de matanzas de rinocerontes], *60 Minutes*, 22 de agosto del 2000, http://www.cbsnews.com/news/the-delinquents/.
4. *Concordancia Strong*, s.v. «H0836, *Aser*», información accedida el 24 de octubre del 2017, http://bibliaparalela.com/hebrew/836.htm.

Capítulo 4: La vida fuera de las paredes del palacio

1. «Casino Alcohol Policies» [Política de alcohol en los casinos], American Gaming Association [Asociación Norteamericana del Juego], modificada en el 2013, http://www.americangaming.org/industry-resources/research/fact-sheets/casino-alcohol-policies.
2. El personaje de Julieta pronuncia estas palabras en *Romeo y Julieta*, por William Shakespeare, trad. D. Marcelino Menendez Pelayo, accedida el 4 de octubre del 2017, https://books.google.com/books?id=EhEzDQAAQBAJ&printsec=frontcover&source=gbs_ge_summary_r&cad=0#v=onepage&q&f=false. Acto II, escena ii.

Capítulo 5: Transmitir la bendición real

1. Ragnhild Sleire Oyen, «King Olav 5» [El rey Olaf V], *Store Norske*, 30 de diciembre del 2004, http://www.nrk.no/underholdning /store_norske/4356194.html; «King Olav Named Century Norwegian» [El rey Olaf nombrado noruego del siglo], *VG Nyheter*, 17 de diciembre del 2005, http://www.vg.no/nyheter/innenriks /kongehuset/kong-olav-kaaret-til-aarhundrets-nordmann/a/299446/.

2. *Wikipedia*, s.v. «Coronations in Norway» [Coronaciones en Noruega], información accedida el 22 de mayo del 2014, http://en.wikipedia.org/wiki/Coronations_in_Norway#cite_note-5.

3. Jan Sjåvik, *The A to Z of Norway* [De la A a la Z acerca de Noruega] (Lanham, MD: Scarecrow Press, 2008), 154, http://books.google .com/books?id=_lNV6AnqTl4C&printsec=frontcover&dq=the+A+t o+z+of+norway&hl=en&sa=X&ei=NcWEU_zFF8KkyATNsIKAAg &ved=0CCoQ6AEwAA#v=onepage&q=the%.

4. Vince Lombardi, *What It Takes to Be Number One* [Lo que se requiere para ser número uno] (Nashville: Thomas Nelson, 2012), 91.

5. «A Football Life: Vince Lombardi» [Una vida de fútbol americano: Vince Lombardi], NFL Network, 24 de diciembre del 2013, http://www.nfl.com/videos/a-football-life/0ap2000000303829 /A-Football-Life-Vince-Lombardi-Football-is-his-mistress.

Capítulo 7: Los tres pilares de la crianza de hijos

1. *Concordancia Strong*, s.v. «G3962, *patér*», información accedida el 24 de octubre del 2017, http://bibliaparalela.com/greek/3962.htm.

2. Kyla Boyse, «Television and Children» [La televisión y los niños], Sistema de Salud de la Universidad de Michigan, última actualización en agosto del 2010, http://www.med.umich.edu/yourchild /topics/tv.htm.

3. Harold Taylor y Geraldine Taylor, *Hudson Taylor in Early Years: The Growth of a Soul* [Hudson Taylor en los primeros años: La maduración de un alma] (Filadelfia: China Inland Mission, 1912), capítulo 4, «Nurture and Admonition» [Disciplina y amonestación]. Vea

http://www.worldinvisible.com/library/hudsontaylor
/hudsontaylorv1/hudsontaylorv104.htm.

Capítulo 8: La honra y el respeto

1. *Concordancia Strong*, s.v. «G5091, *timaó*», información accedida el
   24 de octubre del 2017, http://bibliaparalela.com/greek/5091.htm.

Capítulo 9: «Kntm xfa»: La cultivación de la comunicación

1. Kevin Eikenberry, «What the Best Leaders Will Learn from Peyton
   Manning (But Most Will Ignore)» [Lo que los mejores líderes
   aprenderán de Peyton Manning (y que la mayoría pasará por alto)],
   Leadership and Learning with Kevin Eikenberry (blog), 27 de enero
   del 2014, http://blog.kevineikenberry.com/leadership/what-the-best
   -leaders-will-learn-from-peyton-manning-but-most-will-ignore/.
2. *Unguarded with Rachel Nichols*, «Interview with Seahawks' Russell
   Wilson» [Entrevista con Russell Wilson del equipo de los Seahawks],
   10 de enero del 2014, http://transcripts.cnn.com
   /TRANSCRIPTS/1401/10/rnu.01.html.

Capítulo 10: La hora de la mesa: La palabra de Dios y la oración

1. Environment News Service, «Celebrating 40 Years of Endangered
   Species Act Success» [Celebrando 40 años de éxito de la legislación
   para las especies en vías de extinción], 13 de diciembre del 2013,
   http://ens-newswire.com/2013/12/31/celebrating-40-years-of
   -endangered-species-act-success/.
2. *Concordancia Strong*, s.v. «G1721, *emphutos*», información accedida
   el 24 de octubre del 2017, http://bibliaparalela.com/greek/1721
   .htm.
3. *Concordancia Strong*, s.v. «G1209, *dechomai*», información accedida
   el 24 de octubre del 2017, http://bibliaparalela.com/greek/1209
   .htm.

4. *Concordancia Strong*, s.v. «G435, *Anér*», información accedida el 24 de octubre del 2017, http://bibliaparalela.com/greek/435.htm.

5. *General Social Survey 2010* [Encuesta general social, 2010], citado en «Frequency of prayer by religion» [Frecuencia de oración según religión] por ARDA: Association of Religion Data Archives [Asociación de archivos de información de religiones], información accedida el 22 de mayo del 2014, http://www.thearda.com/quickstats/qs_104_p.asp.

Capítulo 11: La sabiduría

1. «El santo grial, 1989», video de YouTube, 1:39-1:52, página accedida el 17 de octubre del 2017, https://www.youtube.com/watch?v=-EvzYURFdRo.

Capítulo 12: La integridad

1. Julia Lovell, *The Great Wall: China Against the World, 1000 BC–AD 2000* [La Gran Muralla: China en contra del mundo, 1000 a. C.–2000 d. C.] (Nueva York: Grove/Atlantic, 2006), 252–254, http://books.google.com/books?id=IWS53cuiuVgC&printsec=frontcover&dq=The+great+wall:+china+against+the+world&hl=en&sa=X&ei=oMSEU9z8LIWGyAS_lYGYDQ&ved=oCCoQ6AEwAA#v=onepage&q=The%20great%20wall%3A%20.

Capítulo 14: La resiliencia

1. *Concordancia Strong*, s.v. «G5281, *hupomoné*», combinación de s.v. «G5259, *hupo*» y s.v. «G3306, *menó*», información accedida el 19 de octubre del 2017, http://bibliaparalela.com/greek/5281.htm, http://bibliaparalela.com/greek/5259.htm y http://bibliaparalela.com/greek/3306.htm.

2. *Concordancia Strong*, s.v. «2233, *hégeomai*», información accedida el 20 de octubre del 2017, http://bibliaparalela.com/greek/2233.htm.

Capítulo 15: La pureza

1. *Concordancia Strong*, s.v. «G680, *haptomai*» y s.v. «G681, *haptó*», información accedida el 20 de octubre del 2017, http://bibliaparalela.com/greek/680.htm y http://bibliaparalela.com /greek/681.htm.

2. Rand S. Swenson, «Review of Clinical and Functional Neuroscience» [Resumen de la neurociencia clínica y funcional], Dartmouth Medical School, información accedida el 22 de mayo del 2014, https://www.dartmouth.edu/~rswenson/NeuroSci/index.html.

3. Dirk Scheele, Andrea Wille, Keith M. Kendrick, Birgit Stoffel-Wagner, Benjamin Becker, Onur Güntürkün, Wolfgang Maier y René Hurlemann, «Oxytocin Enhances Brain Reward System Responses in Men Viewing the Face of Their Female Partner» [La oxitocina aumenta las reacciones del sistema de recompensas del cerebro en hombres que miran el rostro de su compañera], *Proceedings of the National Academy of Sciences of the United States of America* [Procedimientos de la academia nacional de ciencias en los Estados Unidos], 110 (50) 20308–20313, 25 de noviembre del 2013, http://www.pnas.org/content/110/50/20308.full?sid=74396885 -99fc-4bfc-b8d4-bd01ece3514a, citado por Brenda Goodman, «How the 'Love Hormone' Works Its Magic» [Cómo desempeña su magia la 'hormona del amor'], WebMD de HealthDay, 25 de noviembre del 2013, http://www.webmd.com/sex-relationships /news/20131125/how-the-love-hormone-works-its-magic.

4. *Concordancia Strong*, s.v. «G2853, *kollaó*», información accedida el 20 de octubre del 2017, http://bibliaparalela.com/greek/2853.htm.

Capítulo 16: El servicio

1. *Concordancia Strong*, s.v. «G1401 *doulos*», información accedida el 20 de octubre del 2017, http://bibliaparalela.com/greek/1401.htm.

2. *Concordancia Strong*, s.v. «G1980, *episkeptomai*», información accedida el 23 de octubre del 2017, http://bibliaparalela.com /greek/1980.htm.

3. Para saber cómo puede implementar un programa de alcance comunitario a través de una colaboración entre su iglesia y un colegio en su zona, visítenos en Internet en www.ChurchAdoptaSchool.org o, si se encuentra en EE. UU., llame al 800-800-3222.

4. IMDb.com, *The Hanging Tree* [El árbol del ahorcado] (1959), información accedida el 26 de mayo del 2014, http://www.imdb.com /title/tt0052876/?ref_=nv_sr_1.

Capítulo 17: Use todas sus flechas

1. Esta palabra significa «misericordia». *Concordancia Strong*, s.v. «H2617, *checed*», información accedida el 23 de octubre del 2017, http://bibliaparalela.com/hebrew/2617.htm.

Apéndice 2: Un mensaje para los padres solteros y las madres solteras

1. Este material fue adaptado del libro *Help and Hope for the Single Parent* [Ayuda y esperanza para el padre soltero o la madre soltera] del Dr. Evans (Chicago: Moody, 2014). Usado con permiso.

2. *Concordancia Strong*, s.v. «H7210 *roi*», información accedida el 24 de octubre del 2017, http://bibliaparalela.com/hebrew/7210.htm.

ACERCA DEL AUTOR

El **Dr. Tony Evans** es fundador y pastor principal de la iglesia Oak Cliff Bible Fellowship (de 9500 miembros) en Dallas. También es el fundador y presidente de The Urban Alternative, excapellán del equipo de los Dallas Cowboys de la NFL y capellán de larga duración del equipo de los Dallas Mavericks de la NBA. Su programa radial, *The Alternative with Dr. Tony Evans* (La alternativa, con el Dr. Tony Evans) se escucha diariamente en unos mil canales radiales en Estados Unidos y, también, en más de 130 países.

El Dr. Evans es un autor prolífico que ha escrito más de setenta libros, incluyendo éxitos de ventas como *Un hombre del reino* y *Una mujer del reino* (escrito junto con su hija Chrystal Evans Hurst).

El Dr. Evans ha recibido muchos honores a lo largo de los años, pero dos de ellos que atesora especialmente son el premio de «Padre del Año», votado por el Comité para el Padre del Año de Dallas y el premio Marian Pfister Anschutz, por su «dedicación a proteger, alentar y fortalecer a la familia estadounidense», recibido del Family Research Center (Centro de Investigación Familiar).

El Dr. Tony Evans está casado con Lois, su esposa y compañera en el ministerio por más de cuarenta años. Son los orgullosos padres de cuatro hijos, que están sirviendo todos en el ministerio: Chrystal Hurst, Priscilla Shirer, Anthony y Jonathan. También son los orgullosos abuelos de once nietos: Kariss, Jessica, Jackson, Jesse III, Jerry Jr., Kanaan, Jude, Joel, Kelsey, Jonathan II y Kamden. Para más información, visite TonyEvans.org.

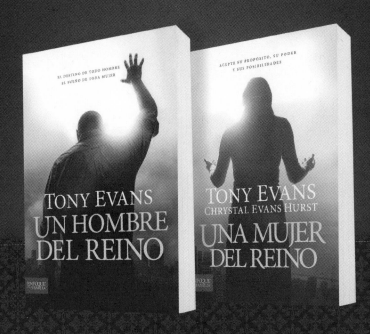

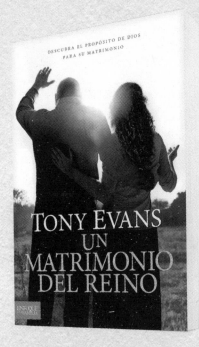